LES CONTES DU DRAPEAU
SECONDE SÉRIE

LA
MÈRE MICHEL
PAR
PONS— DU TERRAIL
ILLUSTRÉ DE VIGNETTES SUR BOIS

PARIS
LIBRAIRIE DE L. HACHETTE ET C.ie
BOULEVARD SAINT-GERMAIN, N° 77
—
1867

PRIX : 3 FR. 50 C.

LES CONTES DU DRAPEAU

SECONDE SÉRIE

LA

MÈRE MICHEL

IMPRIMERIE GÉNÉRALE DE CH. LAHURE
Rue de Fleurus, 9, à Paris

LES CONTES DU DRAPEAU

SECONDE SÉRIE

LA

MÈRE MICHEL

PAR

PONSON DU TERRAIL

ILLUSTRÉE DE 32 VIGNETTES SUR BOIS

PARIS

LIBRAIRIE DE L. HACHETTE ET Cie

BOULEVARD SAINT-GERMAIN, N° 77

1866

Tous droits réservés

LA MÈRE MICHEL.

I

Que s'était-il passé durant cette nuit où les flammes avaient dévoré la forge de Quille-en-Bois ?

C'est ce que la conversation de Coqueluche et du chevalier de Biribi va nous apprendre.

Il était à peine jour lorsque le faux vicomte de Montrevel était rentré quai de l'École.

Le chevalier de Biribi rentrait de son côté.

Chacun d'eux avait passé la nuit dehors.

Biribi dit en riant :

« Tu m'amuses fort dans cette intrigue du faubourg Saint-Antoine ; tu y vas de tout cœur.

— Mon oncle, répondit Coqueluche, vous m'amusez bien davantage, vous.

— Bah ! vraiment ?

— D'abord, vous croyez à la grande politique.

— Et toi ?

— Moi, je crois à la petite.

— Ce sont des mots....

— Et des faits, comme vous allez voir. La grande politique, la vôtre, consiste à avoir des correspondances avec les princes d'une part, avec le ministre de la police de l'autre, à donner mille renseignements qui se contredisent, et à toucher un peu d'argent des deux côtés.

— Après ? fit sèchement Biribi.

— La mienne, reprit Coqueluche, est toute différente. Qu'est-ce que je fais ? J'ameute le faubourg Saint-Antoine tout entier. Contre qui ? Contre les royalistes, vaincus et proscrits aujourd'hui, maîtres de la situation demain. Qu'est-ce qu'il m'a fallu pour cela ? Enlever une petite fille.

— C'est donc fait ?

— Parbleu ! mais laissez-moi donc vous exposer mon plan.

— Je t'écoute ; parle.

— Les Cosaques passeront ; est-ce que l'ennemi reste en France ? Les régiments se succèdent, les drapeaux changent de couleur. Qu'importe ? la France ne change pas !

— La phrase est superbe ! continue....

— Le roi revient, je suppose : tout s'apaise. Les généraux ont fait leur soumission, les maréchaux leur ont donné l'exemple. Ceux qui criaient *vive l'Empereur !* crient vive le roi ! C'est fort bien.

« Mais là-bas, dans un coin de Paris, dans un faubourg, un petit peuple s'agite, impatient du joug honteux de l'étranger, ivre de colère et de rancune, mené par une femme à qui on a pris sa fille adoptive, par un vieux soldat dont on a brûlé la maison.

« Cette poignée d'hommes ne s'est pas inclinée devant le nouveau maître ; elle regrette le soldat heureux que le peuple a porté sur le pavois et que les rois coalisés ont momentanément réduit à l'impuissance.

« Un jour, un homme vient qui leur parle de vengeance, et ils l'écoutent, de conspiration, et ils battent des mains, et ils deviennent conspirateurs, et ils lèvent, à un moment donné, l'étendard de la révolte. »

Coqueluche s'interrompit :

« Suis-tu bien mon raisonnement, mon oncle ?

— A merveille ! continue.

— Le roi est donc revenu. Que fait-il pour toi ? Il te prend pour le vrai Fenouil, le vrai baron dont tu as pris le nom et les papiers et dans la peau duquel tu es si bien entré ; il te donne quelques centaines de pistoles, la croix de Saint-Louis et ta retraite.

« Je vais plus loin. Il marie ta fille. Après ?

— Mais dame ! murmura Biribi, c'est déjà pas mal, ce me semble.

— Oui, mais ce n'est pas assez.

— Que te donnera-t-il donc, à toi ?

— Tout ce que je lui demanderai.

— Allons donc !

— Tes services représentent le passé. On n'a plus besoin de toi.

— Et les tiens ?

— Les miens ? mais ils sont le présent ; je me trompe, ils représentent l'avenir. Je tiens les fils d'une petite conspiration qui peut renverser la monarchie restaurée de la veille et restaurer l'Empire. Je vends ma conspiration ce que je veux.

— Mon neveu, dit gravement Biribi, je vous salue vous êtes un homme plus sérieux que je ne pensais. »

Coqueluche rendit le salut avec la modestie qui sied si bien au vrai mérite.

Biribi continua :

« Tu as donc enlevé la petite ?

— Oui.

— Quand?

— A deux heures du matin.

— Mais, dit Biribi, le chevalier d'Ormignies est rentré avant minuit.

— Je le sais.

— Et il ne paraissait pas si joyeux que cela.

— Le chevalier ne sait rien.

— Plaît-il?

— Mon oncle, reprit Coqueluche, je serais le dernier des cuistres si je m'étais amusé à enlever la petite pour le compte du chevalier. Ce que je veux, c'est qu'on croie que c'est lui. Et pour cela, je l'ai conduit hier chez la mère des compagnons.

— Où on l'a reconnu?

— Non, mais où je suis allé après l'avoir quitté, et où je l'ai si bien recommandé, que tout le monde a su qui il était et ce qu'il était venu faire.

— Mais comment as-tu enlevé la jeune fille?

— Avec le concours de l'Alsacien dont je t'ai parlé et de deux vauriens qui demeurent dans la cour Main-d'Or.

— Cependant le cabaret était plein de monde.

— Oui, mais tu vas voir. Quille-en-Bois avait une habitude. Quand il sortait de chez lui, il ne mettait pas la clef dans sa poche.

— Où la mettait-il donc?

— Sous la porte de sa forge. Tandis qu'il était dans le cabaret, j'ai passé la main sous la porte et je me suis introduit dans la place.

— Bon!

— J'ai pris un charbon dans la forge, je l'ai enveloppé dans de la limaille mouillée, ce qui l'a conservé d'abord et lui a permis de rougir lentement son enveloppe. Puis je l'ai placé dans un tas de fougère qui se trouvait dans un coin, calculant que dans une heure la fougère serait en feu et que, grâce au tumulte occasionné par l'incendie, je pourrais m'emparer de Suzanne.

« Mais, ajouta Coqueluche, les circonstances sont venues à mon aide.

— Ah !

— Caché dans l'ombre d'une porte, j'épiais le moment favorable, reprit Coqueluche.

Jean le manchot et Quille-en-Bois avaient quitté le cabaret.

Mais, tandis que mes hommes attendaient un signal, c'est-à-dire le commencement de l'incendie, j'ai vu de la lumière dans le cabaret dont cependant on avait posé la devanture.

Mon œil collé au trou d'un boulon, j'ai aperçu Blaisot qui faisait son lit, la mère des compagnons qui causait avec animation, tête à tête avec ce fou qu'on nomme Jean de Nivelle, et j'en ai conclu que là-haut, au premier étage, il n'y avait pour garder Suzanne qu'un vieillard fatigué.

Alors j'ai fait dresser l'échelle et je suis monté. Suzanne s'est éveillée comme je coupais la vitre avec le chaton d'une bague.

Elle a bien jeté un cri, mais un seul, car je l'ai prise à la gorge et l'ai menacée de la tuer.

Elle ne s'est pas débattue : l'émotion a même été si vive qu'elle s'est évanouie dans mes bras.

Alors je l'ai roulée dans une couverture, l'ai chargée sur mon épaule et me suis en allé par où j'étais venu.

L'Alsacien et ses deux Allemands m'attendaient en bas.

Ils avaient une voiture au coin de la rue Sainte-Marguerite.

Comme nous y jetions Suzanne, on a commencé à crier au feu.

Mais nous avions filé rapidement.

— Et où as-tu conduit la petite ?

— Chez Cendrinette.

— Bah !

— Mon oncle, dit Coqueluche, je vais te montrer maintenant, que je suis encore plus fort que tu ne penses.

— Vraiment ?

— Oui, car Suzanne et Cendrinette sont les meilleures amies du monde.

— Allons donc !

— Et Suzanne, que j'ai enlevée, voit en moi son libérateur.

— Celle-ci est trop forte ! murmura Biribi. Et si le maréchal Marmont n'était pas aux portes de Paris....

— Le maréchal Marmont ?

— Oui. Mais je te dirai cela plus tard.... continue.... »

Et Biribi se renversa dans son fauteuil pour mieux écouter le récit de Coqueluche.

II

Coqueluche continua :

« L'émotion et l'épouvante avaient déterminé chez Suzanne une syncope, le froid de la nuit prolongea son évanouissement.

Nous roulâmes jusqu'à la rue du Mont-Blanc sans qu'elle reprît connaissance.

Nous étions chez Cendrinette, qu'elle était toujours froide et inanimée.

Cendrinette m'attendait.

— Mais, dit Biribi, interrompant Coqueluche, qu'est-ce que tu lui avais donc dit, à celle-là ?

— Elle m'aime, cela suffit pour qu'elle soit mon esclave.

Nous avons couché Suzanne, et à force de soins, nous l'avons rappelée à la vie.

Quand elle a rouvert les yeux, elle ne s'est d'abord souvenu de rien.

Je me tenais un pas à l'écart; Cendrinette, au contraire, était auprès d'elle.

Elle l'a regardée avec étonnement.

« Mademoiselle, lui a dit Cendrinette avec sa voix la plus douce, son plus joli sourire, et son plus charmant visage, ne vous effrayez pas.... Vous êtes ici en sûreté, et avec des amis. »

Comme elle était couchée dans le lit même de Cendrinette, un lit tout doré, avec un baldaquin représentant des amours, et que les bougies placées sur la cheminée éclairaient un petit nid des plus coquets, il lui était assez difficile de se croire au pouvoir d'une bande de brigands.

Et puis Cendrinette avait un air si doux et si gentil.

« Où suis-je? murmura Suzanne.

— Chez des amis qui vous ont arrachée à un grand danger. »

Sur ces mots de Cendrinette, je fis un pas en avant et mon visage se trouva en pleine lumière.

Suzanne me reconnut et s'écria :

« Monsieur Coqueluche ! »

Mais je vis bien tout de suite à son accent, que, si elle me reconnaissait maintenant, elle ne m'avait pas reconnu lorsque j'étais entré dans sa chambrette, et l'avais menacée de la tuer, si elle criait.

Elle prit son front à deux mains et dit encore :

« Mais où suis-je?... Que s'est-il passé?... Oh! je me souviens.... Mame Toinette?... Mon parrain?... Où êtes-vous? »

Je posai un doigt sur mes lèvres !

« Chut! lui dis-je. Voulez-vous m'écouter? »

Elle continuait à me regarder avec étonnement.

J'étais dans mon costume d'ouvrier, avec mes mains noircies, et ma casquette, que je tortillais gauchement.

« Vous me reconnaissez bien, n'est-ce pas? repris-je. Je suis Coqueluche, l'ami de votre parrain, maître Quille-en-Bois. »

Mais Suzanne poursuivant son idée :

« Oh! je me souviens.... je me souviens.... reprit-elle. Un homme est entré chez moi.... par la fenêtre.... Il m'a prise à la gorge.... Il m'a menacée de me tuer....

— C'était moi, » dis-je vivement.

Elle se dressa comme si elle eût éprouvé un choc électrique....

« Vous! vous! dit-elle, me regardant avec égarement.

— Pour vous sauver, » ajoutai-je.

Et comme elle comprenait de moins en moins, je lui pris la main et lui dis :

« Mamzelle Suzanne, je suis du faubourg, et vous savez bien que tous les enfants du faubourg ont pour vous le plus grand respect.

« Si je suis entré chez vous par la fenêtre, c'est que je ne pouvais entrer par la porte, et si je vous ai emmenée, c'est uniquement pour vous effrayer. Vos cris pouvaient vous perdre.

« — Oh ! » dit-elle d'un air de doute.

« Je poursuivis de mon accent le plus persuasif :

« — Un misérable a voulu vous enlever. Ce misérable, c'est le chevalier d'Ormignies. »

« Suzanne eut un geste qui signifiait que ce nom seul la faisait trembler.

« Vous m'avez vu entrer avec lui dans le cabaret de mame Toinette, vous l'avez reconnu, n'est-ce pas !

— Oui, fit-elle d'un signe de tête.

— Le misérable avait embauché une demi-douzaine de vauriens pour vous enlever. »

On devait mettre le feu à la maison.

« Horreur ! s'écria Suzanne épouvantée.

— J'ai offert mes services à la seule fin de vous sauver. Vous voyez que j'ai réussi.

— Mais, me dit-elle, où suis-je !

— Chez ma sœur.

— Votre.... sœur ?... »

Et le regard de la jeune fille se porta alternativement sur moi vêtu en ouvrier et sur Cendrinette couverte de diamants.

Cendrinette baissa la tête et soupira.

Suzanne avait compris.

Il y eut entre nous trois un moment de silence : puis elle me dit :

« Mais pourquoi, au lieu de vous conduire ainsi, n'avez-vous pas prévenu mon parrain ?

— C'était jouer sa vie.

— La vie de mon parrain ?

— Oui. »

Elle me regarda avec stupeur.

« Écoutez, continuai-je, votre parrain, mame Toinette

et tous les gens du faubourg, s'ils vous avaient défendue, couraient les plus grands dangers. Le chevalier d'Ormignies dispose de terribles influences. Les armées alliées sont aux portes de Paris. »

Elle joignit les mains et me dit :

« Mais mon parrain va venir me chercher ?

— Non, il faut que vous restiez ici.

— Ici !

— Oui, quelques jours du moins....

— Mais mon parrain sait-il ce que je suis devenue ?

— Pas encore, mais il le saura.

— Quand ?

— Aussitôt que vous lui aurez écrit. Je me chargerai de la lettre. »

Coqueluche s'interrompit en riant :

« Tu comprends, mon oncle, dit-il, qu'à partir de ce moment, Suzanne a eu foi en moi.

Cendrinette joue à ravir le rôle de sœur.

Suzanne a écrit à Quille-en-Bois une lettre que je lui ai dictée et qui, tu le devines, n'arrivera pas à son adresse.

— Et le chevalier ? demanda Biribi.

— Mais je compte l'emmener ce soir.

— Au faubourg ?

— Oui.

— Il y sera assommé.

— Nous préviendrons la police, qui le sauvera.

— Pour l'envoyer au champ de Mars se faire fusiller, ricana Biribi.

Coqueluche ne répondit pas.

Biribi reprit :

« Mon cher ami, si tu veux mener ton intrigue à bonne fin, je t'engage à te hâter.

— Pourquoi ?

Le maréchal Marmont. (Page 11.)

— Parce que les alliés cernent Paris, que le maréchal Marmont avec une vingtaine de mille hommes est venu défendre en toute hâte.

— Bah! dit Coqueluche, les ministres, le roi Joseph, le maréchal Moncey, tout cela est encore à Paris, et Paris se défendra.

— Je l'espère bien.... mais le roi Joseph va partir pour Fontainebleau.

— Bah!

— Avec les ministres, et Paris se défendra comme il pourra.

— Alors, dit froidement Coqueluche, je crois qu'il ne faut pas perdre de temps. »

Et tout en causant, il avait fait sa toilette et était redevenu le brillant vicomte de Montrevel.

« Mon oncle, dit-il, éveille le chevalier le plus tard possible.

— Ce gaillard-là, répondit Biribi, a beau être amoureux, il dort comme un loir. »

Puis, voyant que Coqueluche s'apprêtait à sortir de nouveau :

« Eh bien! où vas-tu donc encore?

— Ceci est mon secret, » répondit Coqueluche, qui boutonna sa redingote et prit sa canne à pomme d'or.

III

Où allait Coqueluche?

Il se rendait directement chez Mlle de Bernerie à l'hôtel du Grand-Cerf.

Depuis la veille qu'elle était à Paris, la jeune fille attendait le chevalier de Biribi et ne le voyait point paraître, bien que Coqueluche lui eût annoncé sa visite.

Mais on sait que notre héros s'était bien gardé d'apprendre à celui qu'il appelait son oncle, la présence de Charlotte à Paris.

Coqueluche avait ses plans.

Il s'était même arrangé de manière que Machefer et Biribi ne pussent la voir ; et, pour cela, il avait prévenu la portière de la rue Meslay.

Toute la journée de la veille, Charlotte était donc restée à l'hôtel.

Mais elle avait envoyé Machefer courir Paris.

En venant protéger le chevalier d'Ormignies, Charlotte n'accomplissait qu'un devoir.

On sait que son cousin lui était odieux.

Cependant la jeune fille avait passé la journée dans une anxiété extraordinaire.

Pourquoi ?

C'est que les nouvelles des derniers jours étaient de plus en plus alarmantes.

Il n'y avait plus d'illusions possibles ; la France était aux mains des étrangers.

Napoléon, malgré son génie, cédait peu à peu à cette force invincible qu'on nomme la fatalité.

Rejeté de l'autre côté de la Marne et de l'Aube, séparé de Marmont par Blücher, réduit à une armée affaiblie et décimée, il se repliait lentement vers Fontainebleau, renonçant à venir défendre Paris.

Et Paris, que l'ennemi n'occupait pas encore, était envahi déjà par des hommes qui attendaient avec impatience ce nouveau régime, qu'on prévoyait dans un avenir très-prochain.

Toute la journée, l'hôtel du Grand-Cerf avait vu arriver des provinciaux, royalistes pour la plupart.

Ils ne se cachaient point pour prédire tout haut la chute imminente de l'*usurpateur*, comme on appelait l'Empereur maintenant que le sort se prononçait contre lui.

Le vidame de Saint-Florentin et le baron de Courfeuilles, le chevalier du Plan et le marquis du Clos s'étaient levés de table et s'étaient promenés bruyamment dans la cour de l'hôtel, faisant sonner des éperons que jamais n'avait noircis la fumée d'un champ de bataille.

Le vidame disait que le comte d'Artois était à Bordeaux, le baron soutenait que le duc d'Angoulême se trouvait au quartier général de Blücher.

Le marquis allait plus loin, et prétendait que le roi Louis XVIII entrerait dans Paris le lendemain.

Tous ces bruits, toutes ces rumeurs, tous ces cris montaient, par la fenêtre, aux oreilles de Charlotte, qui n'avait pas quitté sa chambre.

Un gros fermier des environs de Melun était arrivé vers le soir, et avait dit que la veille Napoléon avait livré une dernière bataille, et que les débris de son armée étaient anéantis.

Et Charlotte avait passé une nuit affreuse, car depuis huit jours, Raoul de Vauxchamps, devenu colonel, avait rejoint son régiment, lequel était auprès de l'Empereur.

Raoul vivait-il encore?

Dès le matin, avant le jour même, Machefer s'était de nouveau mis en campagne à travers Paris.

Un peu après son départ, une grande rumeur s'était faite dans l'hôtel.

Abritée derrière ses persiennes, Charlotte avait vu

le vicomte de Saint-Florentin arriver tout essoufflé en disant :

« Victoire ! victoire ! Vivent les Cosaques ! »

Une troupe de hussards qui descendait la rue Saint-Martin au galop, passait en ce moment.

« Ils fuient ! ils fuient ! s'écria le baron qui était accouru sur le seuil de l'hôtel. Vive l'empereur Alexandre ! Vivent les alliés ! »

Mais, en ce moment aussi, Machefer arriva.

Charlotte jeta un cri de joie en le voyant entrer.

« Vivant ! dit Machefer.

— De qui parles-tu, du chevalier ? dit-elle avec angoisse....

— De monsieur Raoul, pardieu ! »

Charlotte joignit les mains.

« Vivant, et à Paris, reprit Machefer.

— Mon Dieu !

— Il vient d'y entrer à la tête de son régiment.

— Son régiment ? exclama Mlle de Bernerie. Mais alors, ce n'est donc pas vrai....

— Quoi donc, mademoiselle ?

— Ce que disent les gens là-bas ?

— Que disent-ils ?

— Que les Russes sont entrés dans Paris, chassant devant eux une poignée de soldats....

— Oh ! pas encore, dit Machefer. Ce n'est pas les Russes qui sont entrés, — ils ne sont pas loin, c'est vrai, et ils campent même sur les hauteurs de Romainville. Mais Paris est toujours à nous.

— Et Raoul est ici ?

— Il est entré ce matin, avec le corps d'armée du maréchal Marmont, qui vient défendre Paris.

— Cher Raoul ! Et l'as-tu vu ?

— J'ai fait mieux que cela.... Je lui ai parlé.... reprit Machefer avec enthousiasme. J'ai fendu la foule, je suis arrivé jusqu'à lui. Les soldats voulaient m'empêcher d'avancer, mais il m'a reconnu.... ce cher monsieur Raoul, et on m'a laissé arriver jusqu'à lui.

— Et tu lui as dis que j'étais ici?

— Pardi ! »

Comme Machefer achevait, la porte s'ouvrit et Raoul tomba dans les bras de Mlle de Bernerie.

Il y eut entre eux une longue étreinte.

Charlotte fondait en larmes, et l'œil du jeune et vaillant officier était humide.

« Je n'ai qu'une minute, dit-il. Je dois rejoindre mon poste.

Nous allons essayer de défendre Paris de rue en rue, de maison en maison. Charlotte, mon enfant, mon amie, ma bien-aimée, il faut partir.

— Partir! dit-elle.

— Oui, on vous laissera sortir de Paris, les Russes vous laisseront passer. Il ne faut pas, je ne veux pas que vous soyez ici au milieu de ce carnage qui va avoir lieu.

— Et moi, dit-elle fièrement, je ne veux pas quitter Paris, Raoul, ne suis-je pas votre femme devant Dieu? Là où vous êtes, là où vous combattez, je veux être et combattre. Je ne suis pas une faible femme, Raoul, je suis une âme vaillante.

— Oh ! je le sais, dit-il, mais....

— Tais-toi ! » dit-elle, en lui posant sa jolie main sur la bouche.

Il la serra de nouveau dans ses bras :

« Au revoir donc ! dit-il. Je m'échapperai dix fois par jour, pendant le combat pour venir te voir.... Mais tu resteras ici, n'est-ce pas ?

— Je te le promets. » Et Raoul s'en alla.

Le vicomte de Saint-Florentin était dans la cour de l'hôtel quand Raoul remonta à cheval.

Le baron lui frappa sur l'épaule :

« Hé ! hé ! mon cher vicomte, dit-il, voilà un bel officier de Bonaparte, qu'en dis-tu ?

— Je dis, répondit le vicomte, que les officiers russes ont meilleure façon que les hussards. »

Machefer entendit ces mots et s'approcha :

« Hé ! vous autres, dit-il en regardant les deux gentillâtres dans le blanc des yeux, prenez donc garde au fiancé de Mlle de Bernerie, ou je vous saute à la gorge. »

Coqueluche qui entrait, en ce moment, et avait vu le jeune officier, se trouva fixé sur-le-champ.

Le beau colonel était Raoul.

Raoul, le fiancé de Charlotte, à qui Coqueluche songeait vaguement depuis la veille.

« Hé ! hé ! murmura-t-il, voilà un des obstacles les plus sérieux de la route que je veux suivre. Il faudrait voir à le supprimer. »

Et, au lieu de traverser la cour et de se rendre auprès de Mlle de Bernerie, Coqueluche rebroussa chemin.

Puis il se mit à suivre de loin le brillant colonel, dont le cheval arrachait des étincelles aux pavés de la rue Saint-Martin.

Machefer n'avait pas fait attention à Coqueluche.

IV

Coqueluche suivit donc le brillant colonel en courant.

Mais il n'eût pu le suivre longtemps si un encombrement, causé dans le haut de la rue Saint-Martin par le passage de deux caissons d'artillerie, n'avait forcé le cavalier de s'arrêter un moment.

Coqueluche se mêla à la foule qui s'était groupée à l'entour de Raoul.

Cent voix s'élevaient à la fois pour demander au jeune officier des nouvelles.

Il l'examina bien attentivement de façon à le reconnaître.

Raoul, blessé à l'affaire de Fontenelle, on s'en souvient, était encore pâle et défait, mais il avait repris son service, sa force d'âme et son courage venant au secours de ce corps affaibli.

Lorsque Coqueluche se fut bien gravé ses traits dans la mémoire, il s'esquiva, rebroussa chemin et s'en revint à l'hôtel du Grand-Cerf.

Le vidame de Saint-Florentin et ses trois amis tenaient un véritable conciliabule dans la cour.

« Vraiment! disait le vidame, c'est grand'pitié, mes très-chers, de voir une fille de bonne maison s'amouracher de ce soldat empanaché.

— Il est certain, dit le baron de Courfeuilles, que les Bernerie sont d'excellents gentilshommes de Champagne.

— Oui, mais le grand-père a mal tourné, dit le marquis du Clos. Il a donné à plein collier dans la Révolution.

— Le fils s'est mieux conduit, reprit le vidame.

— Ah!

— Il a émigré, il était à Coblentz.

— Mais le petit-fils s'est enrôlé dans les armées de Bonaparte.

— Bon!

— Et il s'est fait tuer à je ne sais quelle bataille. C'était, du reste, le frère de la demoiselle qui nous occupe. A propos, l'avez-vous vue ?

— Parbleu ! Je l'ai aperçue à sa fenêtre, tout à l'heure. Elle est fort jolie.

— En vérité !

— Et si vous m'en croyez, messieurs, nous ferons quelque chose pour elle.

— Hein? dit le marquis.

— Pour elle, non, pour la noblesse de France.

— Explique-toi donc, baron, dit le vidame de Saint-Florentin.

— Ce beau soudard doit avoir les mœurs de ses pareils?

— Naturellement.

— Je gage que nous le trouverons ce soir au café Lemblin qui, vous le savez, est celui des militaires.

— Je le crois aussi.

— Si nous lui cherchions une bonne petite querelle tous les quatre, nous sommes de fines lames.

— Sans doute.

— Ces officiers de Bonaparte, fort braves du reste, sur un champ de bataille, n'ont pas eu le temps, comme nous, de fréquenter les salles d'armes.

— Et ils tirent mal?...

— C'est-à-dire qu'ils ne tirent pas du tout.

— On pourrait le coucher sur le pré d'un bon coup de quarte. Qu'en pensez-vous, mes amis ?

— Mais où serait l'utilité d'un pareil résultat, demanda le vidame, qui ne tenait pas beaucoup à croiser le fer.

— Comment, où serait l'utilité ?

— Sans doute.

— Mais, mon cher bon, à empêcher une fille de bonne maison de se mésallier.

— Tu ne sais donc pas comment il s'appelle, ce soudard?

— Non.

— Il est marquis et se nomme Raoul de Vauxchamps.

— Mais il est imbu des idées révolutionnaires.

— D'accord.

— Donc, en le supprimant, nous rendons un grand service à la noblesse qu'il déshonore.

— C'est vrai. »

Coqueluche, qui s'était tenu à distance et paraissait attendre quelqu'un, n'avait pas perdu un mot de cette conversation :

« Ma parole d'honneur ! murmura-t-il, je crois que le hasard se mêle singulièrement de mes affaires. Laissons donc faire le hasard. »

Il avisa ce gros garçon d'écurie rougeaud qui la veille lui avait donné de si précieux renseignements, et il lui fit un signe.

Le garçon d'écurie arriva.

« Tu écoutes ce que disent ces messieurs, n'est-ce pas?

— Parbleu ! il faut toujours écouter.

— Tu auras un bel écu neuf si tu me rapportes fidèlement tout ce qu'ils auront dit. »

Le garçon salua.

« Maintenant, un mot encore. L'*autre* est-il là-haut?

— M. Machefer?

— Oui.

— Il vient de ressortir.

— C'est parfait, » murmura Coqueluche.

Et il se dirigea vers l'escalier, monta au premier étage et frappa à la porte de l'appartement occupé par Mlle de Bernerie.

Charlotte était encore émue de son entrevue avec Raoul de Vauxchamps.

« Ah ! vous voilà ! » monsieur le vicomte, dit-elle en voyant entrer Coqueluche.

Le prétendu vicomte de Montrevel baisa galamment la main que la jeune fille lui tendit.

« Mademoiselle, dit-il, je vous apporte toutes les excuses de mon oncle le chevalier.

— Je l'ai vainement attendu hier, monsieur.

— Hélas ! je le sais, mademoiselle ; mais si mon oncle n'a pu venir, du moins il vous a servie.

— Ah !

— Nous sommes sur les traces du chevalier d'Ormignies.

— Vraiment ?

— Il est à Paris depuis deux jours.

— J'en étais sûre.

— Du reste, mademoiselle, fit Coqueluche avec tristesse, il ne court plus grand danger, à présent. Vous savez que les ministres quittent Paris....

— Oui, dit-elle, mais je sais aussi que le général Marmont vient d'y entrer.

— Et il défendra vaillamment Paris, soyez-en sûre, dit Coqueluche devenant tout à fait bonapartiste, à la seule fin de plaire à Charlotte.

— Mais, où est-il, mon cousin ? demanda-t-elle.

— Il est caché dans le faubourg Saint-Antoine. »

Charlotte tressaillit.

« Il est venu à Paris, ayant une amourette en tête. »

Charlotte se mordit les lèvres, puis elle eut un sourire dédaigneux.

« En vérité ! dit-elle.

— Il se cache donc dans le faubourg Saint-Antoine pour être à proximité de ses amours. Que dois-je faire ?

— Le chercher et me l'amener, dit Charlotte. J'ai promis à sa mère de lui faire quitter Paris.

— Je vous obéirai, mademoiselle, » répondit Coqueluche.

Et le brillant vicomte de Montrevel laissant un moment le chevalier d'Ormignies, parla du siége de Paris qui allait avoir lieu, et il fit des vœux pour l'Empereur tant et si bien, que lorsqu'il partit, Mlle de Bernerie lui serra la main avec un cordial abandon.

Quand il traversa de nouveau la cour, le vicomte de Saint-Florentin et ses amis n'y étaient plus.

Mais le garçon d'écurie s'approcha de lui en tortillant sa casquette.

« Ces messieurs sont partis, dit-il.

— Où sont-ils allés ?

— Au café Lemblin.

— Ah !

— Il paraît qu'ils veulent tuer l'officier qui est venu tout à l'heure.

— Vraiment ?

— C'est comme j'ai l'honneur de vous le dire. »

Et le bonhomme tendit la main.

Au lieu d'un écu, Coqueluche lui en donna deux.

Puis il s'éloigna en se disant :

« Moi aussi, je vais faire un tour au café Lemblin. »

V

L'émotion de Paris était au comble.

Cependant le canon ne tonnait pas et la journée s'était presque écoulée tout entière.

Les Russes occupaient les hauteurs de Romainville,

l'extrémité de la plaine Saint-Denis, Fontenay-sous-Bois, et une partie de la forêt de Vincennes.

Les Prussiens, avant-garde de Blücher, étaient avec eux.

Pourtant ni les Prussiens, ni les Russes, qui avaient pris ces positions durant la nuit précédente, n'avaient fait un pas en avant.

On eût dit qu'ils n'osaient pas attaquer Paris.

Les maréchaux Moncey et Marmont avaient pris leurs précautions, et ils attendaient.

Paris, du reste, n'était pas fortifié alors, et n'avait pour protection que ce faible mur d'enceinte dont les fermiers-généraux l'avaient jadis entouré.

Mais, en revanche, il avait une population énergique et prête à tout.

Du faubourg Saint-Martin au faubourg Saint-Antoine, Paris offrait ce soir-là un spectacle d'une éloquente originalité ; et deux hommes qui cheminaient de rue en rue et de groupe en groupe, causant à voix basse, en avaient fait la remarque.

Ces deux hommes étaient Coqueluche et le chevalier d'Ormignies, tous deux vêtus en ouvriers et se dirigeant vers le faubourg Saint-Antoine.

Coqueluche avait eu une existence bien occupée ce jour-là.

Nous savons ce qu'il avait fait le matin et la nuit précédente ; mais nous l'avons perdu de vue au seuil de l'hôtel du Grand-Cerf.

Coqueluche était allé au café Lemblin.

Le café Lemblin était plein de monde.

Montés sur des tables, en guise de tribunes, plusieurs habitués péroraient.

Quelques officiers tordaient silencieusement leurs moustaches.

Le vidame de Saint-Florentin et ses trois amis ne se gênaient pas pour exprimer tout haut leur satisfaction.

Plusieurs fois quelques jeunes officiers avaient frémi d'impatience et porté la main à la garde de leurs épées.

Mais un regard énergique et sévère d'un colonel assis dans un coin et fumant silencieusement, en parcourant une gazette, les avait arrêtés.

Le vidame avait dit à un certain moment :

« Messieurs, je crois que le roi *Louis le Désiré* couchera aux Tuileries demain. »

Quelques murmures, quelques protestations sourdes avaient accueilli cette prédiction.

Néanmoins, le colonel n'avait pas soufflé mot.

C'était en ce moment que Coqueluche, c'est-à-dire le fringant vicomte de Montrevel, était entré.

On connaissait le vicomte au café Lemblin.

Cependant, personne ne savait au juste son opinion. Mais comme il avait dans sa tournure, dans ses habits, dans ses airs impertinents quelque chose de frondeur, le vidame de Saint-Florentin, qui le voyait ou plutôt qui le remarquait pour la première fois, avait cru deviner en lui un auxiliaire.

Les bourgeois, c'est-à-dire les pékins, étaient en majorité dans le café.

Il n'y avait guère que cinq ou six officiers, y compris le colonel, lequel, on le devine, n'était autre que Raoul de Vauxchamps.

Cette majorité d'une part, et le voisinage des Russes, doublaient l'audace et l'impertinence des quatre gentilshommes qui avaient fait si héroïquement serment de purger la noblesse française d'un hérétique, d'un soldat de Bonaparte qui la déshonorait.

« Tiens, c'est Montrevel, avaient dit plusieurs habitués en voyant entrer Coqueluche.

— Bonjour, messieurs, répondit Coqueluche.

— As-tu des nouvelles? demanda un vieux chevalier de Saint-Louis qui jouait aux dominos.

— Celles que vous avez, nous allons être attaqués au premier moment. »

Raoul de Vauxchamps avait, un moment, levé les yeux sur le nouveau venu.

Puis, comme Coqueluche lui était inconnu, il avait repris la lecture de sa gazette.

Le vidame de Saint-Florentin s'était échauffé de plus en plus.

Après avoir annoncé l'arrivée prochaine de Louis XVIII, il avait parlé d'une cage de fer pour y enfermer le tyran.

Cette fois, Raoul de Vauxchamps avait posé sa gazette sur la table.

Puis il s'était approché des quatre gentilshommes provocateurs, et, s'adressant au vidame :

« Monsieur, lui avait-il dit, vous oubliez singulièrement une chose.

— Laquelle? avait demandé le vidame d'un ton impertinent.

— C'est que vous parlez devant moi.

— Mais non. »

Les officiers s'étaient levés en tumulte, la main sur la garde de leur épée.

Raoul leur imposa silence d'un geste.

Puis, regardant fixement le vidame :

« Est-ce une querelle que vous cherchez ?

— Peut-être, dit le baron de Courfeuilles.

— Évidemment, » dirent le marquis du Clos et le chevalier du Plan.

Coqueluche, qui ne demandait pas mieux que de jouer un rôle, ajouta :

« Vous avez tort.

— Hein ? fit le vidame, qui regarda Coqueluche de travers.

— Vous pensez bien, reprit Coqueluche, que M. le colonel a autre chose à faire, aujourd'hui. Un soldat doit tout son sang à la patrie. »

Jamais on n'avait entendu Coqueluche parler ainsi.

Le chevalier de Saint-Louis s'écria, en jetant ses dominos à terre :

« Ce petit Montrevel perd la tête. »

Raoul remercia d'un regard Coqueluche ; puis, s'adressant toujours au vidame :

« Monsieur, lui dit-il, quand nous aurons repoussé les Russes, je serai à votre disposition.

— En vérité ! ricana le baron.

— Et à celle de vos amis, dit encore Raoul.

— On ne repousse pas les Russes, dit railleusement le vidame.

— Mais en attendant qu'ils soient entrés dans Paris, ajouta froidement Raoul, si vous prononcez encore une parole séditieuse, je vous fais fusiller. »

Coqueluche s'approcha de Raoul.

« Colonel, dit-il, je suis à votre disposition, et je serais heureux de vous servir de témoin. »

Sur ces mots, il avait donné sa carte à Raoul et était sorti du café, se disant :

« Plus que jamais, me voici l'ami de Mlle Charlotte de Bernerie. Maintenant, occupons-nous de son cousin le chevalier. »

Et Coqueluche était retourné au quai de l'École, où Biribi tenait compagnie à Justin d'Ormignies.

« Mon très-cher, avait-il dit à Justin, je crois que le moment est venu....

— Ah !

— D'enlever vos amours. Jamais l'occasion n'a été si belle. »

Justin d'Ormignies s'était pris à tressaillir, et il s'était levé vivement.

Coqueluche avait continué :

« Le faubourg est en armes; les Russes vont nous attaquer. Pendant la bagarre, rien ne sera plus aisé. »

Il avait, en parlant ainsi, échangé un regard rapide avec Biribi.

Celui-ci dit à son tour :

« Je suis de l'avis du vicomte. L'occasion est bonne. »

Et Coqueluche et le chevalier, déguisés en ouvriers, s'en étaient donc allés dans Paris, traversant successivement le faubourg Saint-Martin et le faubourg du Temple.

En traversant le boulevard de ce nom, Coqueluche avait remarqué un pauvre ouvrier qu'il reconnaissait pour un forgeron de Quille-en-Bois.

Il lui fit un signe.

L'ouvrier s'approcha.

Coqueluche lui donna une poignée de main.

Puis, comme le chevalier s'approchait d'un groupe où l'on parlait des Russes, Coqueluche dit vivement à l'ouvrier :

« Cours au faubourg et dis à ton patron que je vais lui livrer le ravisseur de Mlle Suzanne. »

L'ouvrier se perdit dans la foule, et Coqueluche et le chevalier continuèrent leur chemin.

VI

Le faubourg Saint-Antoine présentait un aspect tout militaire.

Cependant les troupes étaient rares dans Paris.

Le maréchal Marmont y était entré avec vingt mille hommes à peine.

Mais le peuple de Paris s'était armé.

Tandis que les troupes régulières se portaient depuis le matin vers les barrières, les ouvriers se groupaient par petites troupes, se nommant des chefs, et se donnant des mots d'ordre.

Le cabaret de mame Toinette était devenu un centre de ralliement.

La rue était encombrée, et cependant on n'entendait pas un cri. Tous ceux qui avaient pu trouver un fusil s'en étaient emparés.

Les autres avaient mis des compas au bout de leurs longues cannes de compagnon.

Jean le manchot s'était saisi d'un énorme marteau, le plus gros de la forge.

Quille-en-Bois brandissait un sabre.

Au milieu des forgerons, mame Toinette, sa croix sur la poitrine, parlait avec la concision et la netteté d'un chef donnant des ordres.

« Mes enfants, disait Jean le manchot, il ne faut quitter le faubourg qu'au dernier moment.

Quand nous entendrons le canon des Russes, nous

monterons par la rue de Reuilly, en bon ordre, comme de vrais soldats.

Mais d'ici là il faut rester ici.

— Tu ne fais pas attention, dit Jean le manchot, qu'il est presque nuit.

— Eh bien?

— Les Russes attendront demain matin pour attaquer.

— Nous passerons la nuit sous les armes, en ce cas. »

Les forgerons et les menuisiers s'étaient donné la main ; ils avaient abjuré leurs vieilles querelles devant le péril commun.

Les derniers même avaient reconnu aux premiers un certain droit de commandement.

Une batterie d'artillerie descendait le faubourg au grand trot, se dirigeant vers la barrière du Trône.

Un jeune officier la commandait.

Quille-en-Bois se porta à sa rencontre.

L'officier s'arrêta.

« Capitaine, lui dit l'invalide, ne pouvez-vous nous donner un officier pour nous commander?

— Je n'en ai aucun à ma disposition, répondit l'officier; mais vous saurez bien vous commander vous-mêmes. »

Et il continua sa route.

Mais à peine était-il parti que les compagnons battirent des mains.

Un jeune homme en uniforme venait de surgir au milieu d'eux.

C'était Saturnin, le frère de Suzanne, le fils adoptif de mame Toinette et de Quille-en-Bois.

« Mes amis, dit-il, voulez-vous de moi pour général? Élevé par vous, aux frais des compagnons, je viens vous apporter le fruit de l'éducation que vous m'avez donnée.

— Vive Saturnin ! vive notre général ! » crièrent les compagnons.

Quille-en-Bois s'approcha de lui d'un air sombre :

« Sais-tu où est ta sœur ? » dit-il.

Saturnin tressaillit :

« Ma sœur ! s'écria-t-il, ma sœur !

— Enlevée ! » dit Quille-en-Bois.

Puis il étendit la main vers les ruines de sa maison et ajouta :

« Tandis qu'on incendiait la forge. »

Saturnin jeta un cri de rage. Il arrivait et ne savait rien des événements de la nuit.

« Ce sont les royalistes, dit Quille-en-Bois.

— Quels royalistes ?

— Le chevalier d'Ormignies et ses complices. »

Comme il achevait, Quille-en-Bois se sentit frapper sur l'épaule, il se retourna et vit un de ses forgerons.

C'était celui que Coqueluche avait rencontré sur le boulevard du Temple.

Il arrivait en toute hâte pour s'acquitter de sa mission.

Penché à l'oreille de Quille-en-Bois, il lui dit quelques mots.

L'invalide dressa vivement la tête.

« Est-ce bien vrai, ce que tu me dis là ? fit-il.

— Parfaitement vrai. Du reste, ajouta le même forgeron, Coqueluche marchait derrière moi, il n'est pas loin :

— Il est même fort près, » dit une voix derrière Quille-en-Bois.

Celui-ci se retourna et vit Coqueluche.

Coqueluche avait devancé le chevalier, lui conseillant de se faufiler à travers les compagnons et lui disant :

« Avant une heure, tous ces gens-là, électrisés par les conseils de résistance qu'on leur donne, prendront le chemin des barrières. Alors je vous rejoindrai et nous agirons. »

Et il avait doublé le pas, laissant le chevalier en arrière.

Quille-en-Bois secoua rudement la main de Coqueluche et lui dit :

« Ah! si je t'avais écouté hier.... Mais je n'ai pas suivi ton conseil.

— Heureusement, répondit rapidement Coqueluche, qu'il n'y a pas de mal encore. »

Les yeux de Quille-en-Bois eurent un rayon d'espoir.

« Il a bien enlevé mamzelle Suzanne, dit encore Coqueluche, mais c'est comme si elle n'avait pas quitté votre maison.

— Dieu t'entende! Et sais-tu où elle est?

— Non, mais il faudra bien qu'il nous le dise.

— Alors.... comment sais-tu?...

— Par l'Alsacien qui était son complice.

— Le misérable!

— Ah! dame! fit naïvement Coqueluche, pour dire la vérité vraie, c'est de la jolie canaille, tous ces gens-là.... mais.... chut! »

Et Coqueluche poussa Quille-en-Bois du coude.

Puis il se perdit dans un groupe de compagnons.

Quille-en-Bois avait suivi du regard le geste rapide de Coqueluche, et il avait tressailli soudain.

Le chevalier d'Ormignies, mal à l'aise dans ses habits d'ouvrier, marchait avec une certaine hésitation au milieu de cette population belliqueuse, qui faisait le serment de mourir avant que l'étranger ait souillé le sol de Paris.

Quille-en-Bois le reconnut parfaitement.

Quille-en-Bois fendit la foule arriva jusqu'à lui, et le saisit à la gorge.
(Page 31.)

C'était bien l'homme qui était venu la veille, en compagnie de Coqueluche, dans le cabaret de mame Toinette.

Quille-en-Bois fendit la foule, arriva jusqu'à lui et le saisit à la gorge en criant :

« A moi, compagnons ! »

Le chevalier fut un peu interdit de cette brusque agression.

« Que me voulez-vous ? dit-il.

— Tu me le demandes, misérable ?

— Lâchez-moi !... » balbutia le chevalier à demi étranglé par le poignet de fer de Quille-en-Bois.

Les compagnons étaient accourus et Saturnin à leur tête.

« Mes enfants ! s'écria Quille-en-Bois, voyez-vous cet homme ? C'est le chevalier d'Ormignies !

— Un noble ? fit-on étonné.

— C'est le traître qui a livré mon village aux Russes, » poursuivit Quille-en-Bois.

Le chevalier était devenu livide.

Mame Toinette s'approcha et dit :

« C'est bien lui, je le reconnais. »

Quand mame Toinette affirmait une chose, qui donc en eût douté ?

Un murmure de réprobation se fit entendre autour de Justin d'Ormignies.

Quille-en-Bois continua :

« C'est l'homme qui a mis le feu à la forge. »

Et comme le chevalier protestait contre cette accusation :

« C'est le ravisseur de Suzanne.

— Suzanne ! s'écria le chevalier.

— Ah ! misérable ! exclama Quille-en-Bois, tu t'es trahi.

— A mort ! à mort ! » hurlaient les compagnons.

Le chevalier fut entouré, vingt baïonnettes menacèrent sa poitrine ; il se vit perdu.

Mais mame Toinette s'approcha ; elle fit un geste et les baïonnettes s'abaissèrent.

« Vous ne tuerez point cet homme ! dit-elle.

— Et pourquoi donc ? rugit Jean le manchot qui brandissait son marteau.

— Parce qu'il dira ce qu'il a fait de Suzanne, répondit mame Toinette.

— C'est vrai.... c'est vrai....

— Monsieur, reprit la mère des compagnons, dites-nous ce que vous avez fait de Suzanne.

— Mais je ne l'ai point vue.... je ne l'ai point enlevée.... protesta le chevalier.

— Le misérable ! il ose nier !... hurla Quille-en-Bois.

— Certainement.... » balbutia le chevalier.

Jean leva son marteau :

« Je te donne cinq minutes, dit-il. Si tu ne dis pas où est Suzanne, je te casse la tête. »

Et, comme le chevalier essayait de protester encore, deux hommes fendirent la foule.

Ces deux hommes étaient revêtus d'un uniforme, et appartenaient à ce qu'on appelait la Garde de Paris.

« Arrière ! dit l'un d'eux, ne touchez pas à cet homme.... c'est un coupable.... c'est un condamné.... il appartient à la loi.... »

M. d'Ormignies sentit ses jambes fléchir.

Il avait à peine tremblé devant les menaces des compagnons ; mais, en présence de ces hommes qui venaient le réclamer au nom de la loi martiale, qui l'avait condamné à être fusillé, il se trouva sans force et sans courage.

L'un des deux municipaux était avancé, et parlait à la foule, au seuil du cabaret. (Page 33.)

Coqueluche mêlé à la foule murmurait:
« Voici le premier acte joué, passons au second. »
Il joua des coudes et s'éloigna rapidement.

VII

A de certaines heures solennelles, le peuple de Paris est discipliné comme une armée.

L'ennemi était proche, le pouvoir impérial affaibli.

C'était le moment ou jamais de respecter la loi et ceux qui l'invoquaient.

Deux minutes auparavant, les forgerons eussent massacré Justin d'Ormignies, sur un signe de Quille-en-Bois.

Maintenant, deux hommes se présentaient pour emmener le chevalier qui n'appartenait plus qu'à la loi, et Quille-en-Bois s'écria :

« Mes amis, ces messieurs ont raison. Ne touchez pas à cet homme. »

L'un des deux municipaux s'était avancé, et parlait à la foule, au seuil du cabaret.

« Depuis trois jours, disait-il, on a averti la police de la présence de cet homme à Paris.

La volonté de l'Empereur est qu'il soit fusillé, et ce n'est pas aujourd'hui, que l'ennemi est aux portes de Paris, qu'on lui fera grâce. »

La mère des compagnons regardait Justin d'Ormignies avec une sorte de stupeur.

Cet homme qu'on accusait d'avoir enlevé Suzanne,

d'avoir mis le feu à la forge de Quille-en-Bois, cet homme qui niait tout cela, même en présence d'une menace de mort, n'était-il pas le petit-fils de M. de Bernerie, c'est-à-dire le cousin de Mlle Charlotte et de Martial ?

Et mame Toinette s'avança vers lui, disant :

« Monsieur, vous me connaissez, et vous savez que tout ce qui est ici m'obéit. J'aurais pu faire un signe tout à l'heure, et vous étiez mort. Je ne l'ai pas fait. Je suis même prête à demander votre grâce, mais, au nom du ciel, dites-moi où est Suzanne ? »

Mame Toinette parlait d'une voix suppliante.

Quille-en-Bois ajouta :

« On va vous fusiller.... Vous ne la reverrez donc pas.... Monsieur, dites-moi où elle est, rendez-nous-la, et je vous pardonnerai le mal que vous m'avez fait.

— A vous ? » fit le chevalier d'une voix altérée.

La colère étreignit de nouveau Quille-en-Bois à la gorge :

« Misérable ! dit-il, tu as mis le feu à ma maison, la nuit dernière !

— Moi ?... »

Et dans ce seul mot, le chevalier mit un tel accent que la mère et les compagnons se regardèrent.

Ils étaient ébranlés dans leur conviction.

« Qu'avez-vous fait de Suzanne ? » reprit la mère avec angoisse.

Justin d'Ormignies se tourna vers les municipaux et leur dit :

« Messieurs, je suis prêt à vous suivre ; mais, je vous en prie, laissez-moi m'expliquer avec ces braves gens qui m'accusent d'un crime que je n'ai point commis.

— Faites, dit un des municipaux ; mais hâtez-vous... nous n'avons pas le temps de rester ici.

— Madame, dit le chevalier, je vous jure que je vous dis la vérité. J'aime la jeune fille que vous appelez Suzanne.

— Ah! Il en convient, entends-tu? s'écria Jean le manchot en brandissant son marteau.

— Il ose en convenir, l'infâme! dit Quille-en-Bois.

— Mais je ne l'ai point enlevée, dit le chevalier.

— Tu mens! cria Jean.

— Je ne sais où elle est, continua le chevalier.

— Tu mens! répéta Quille-en-Bois.

— Et si je suis ici, acheva Justin d'Ormignies avec calme, c'est que j'espérais l'apercevoir. »

Cette dernière raison était assez logique et ébranla de plus en plus la conviction de Mme Toinette.

Mais Quille-en-Bois dit encore :

« Tu es venu voir si on t'accusait....

— Mais.... de quoi ? »

Et l'accent du chevalier était indigné.

« D'avoir mis le feu à ma forge.

— C'est faux!

— D'avoir enlevé Suzanne.

— C'est faux! »

Toute cette foule d'ouvriers qui entourait Mme Toinette avait assisté à cette scène, silencieuse, et comme si elle eût voulu, elle aussi, se faire une conviction.

Mais, en ce moment, un homme qui était jusque-là resté dans le cabaret et avait paru indifférent à ce qui se passait, joua des coudes, cria : place! et vint droit au chevalier.

« Le fou! » murmura Justin d'Ormignies en reconnaissant Jean de Nivelle.

Celui-ci secoua la tête.

« Je ne suis plus fou, » dit-il.

Puis, laissant peser sur le jeune homme un regard calme et investigateur :

« Tu ne sais pas qui je suis? dit-il.

— Tu te nommes Jean de Nivelle.

— Ce n'est pas mon vrai nom.... j'en ai un autre.

— Ah! fit le chevalier avec indifférence.... Eh bien! qu'est-ce que cela me fait?

— Regarde-moi bien.... je suis défiguré.... mais quelque chose de mon visage d'autrefois doit m'être resté.... ne me reconnais-tu pas?

— Je vous reconnais pour vous avoir vu dans les rues de Fontenelle.

— Tendant la main, n'est-ce pas? et riant d'un rire idiot, fit Jean de Nivelle avec amertume.

— Oui, dit le chevalier.

— Alors, reprit Jean de Nivelle, puisque tu ne devines pas mon nom, je vais te le dire. Je m'appelle Martial de Bernerie. »

Justin étouffa un cri.

« Je suis ton cousin, » dit le fou avec un accent solennel.

Et comme le chevalier faisait un geste de dénégation, mame Toinette dit :

« C'est vrai.

— Je suis ton cousin, reprit Martial, et au nom du sang qui coule dans nos veines, sur l'honneur de nos pères communs, je t'adjure de dire la vérité.

— Foi de gentilhomme! dit Justin, je la dirai.

— Parle.

— Je n'ai pas mis le feu à la forge,... je ne suis pas un incendiaire, dit le chevalier.

— Après?

— Je n'ai pas enlevé Suzanne. »

Quille-en-Bois et Jean le manchot voulurent protester, mais le fou les domina de son regard plein d'éclairs.

— Jure-le! dit-il à Justin d'Ormignies.

— Sur la cendre de mes aïeux, je le jure! répondit ce dernier.

— C'est bien, dit le fou, je te crois. »

Et il se tourna vers mame Toinette, et répéta :

« Je le crois!

— Mais alors, s'écria Quille-en-Bois, où donc est Suzanne?

— Je ne sais pas, dit le chevalier.

— Qui donc l'a enlevée?

— Je ne sais pas.

— Oh! je voudrais vous croire.... et cependant...

— Voyons, fit un des deux municipaux, nous ne pouvons pas rester ici. »

A ces mots, mame Toinette et ceux qui l'entouraient se regardèrent avec une certaine anxiété.

Tout à l'heure on haïssait le chevalier et on demandait sa tête.

Maintenant on avait peur de le voir emmener et fusiller.

« Ce que ces gens-là vous reprochent ne nous regarde pas, dit le municipal, mais êtes-vous bien le chevalier d'Ormignies?

— Oui, répondit fièrement Justin.

— C'est bien vous qui êtes condamné à mort?

— Oui.

— Alors, suivez-nous....

— Un moment.... dit la mère des compagnons avec une certaine angoisse.

— Pas une minute! dit le municipal, place, mes amis!

—Monsieur, dit Justin, je suis prêt à vous suivre.... »

Et il fit un geste d'adieu....

Mais à ce moment-là un nouveau personnage intervint.

C'était un jeune homme qui entra brusquement dans le cercle formé autour du chevalier et de la mère des compagnons.

Ce jeune homme, mame Toinette et les autres le reconnurent.

C'était Machefer.

Et derrière Machefer, une femme arriva tout émue en disant :

« Mon cousin !

— Mademoiselle Charlotte ! » murmurèrent à la fois Quille-en-Bois et mame Toinette.

VIII

L'arrivée de Machefer et de Mlle de Bernerie était-elle l'œuvre de Coqueluche !

Non.

Coqueluche qui avait prévenu les municipaux et tenu depuis la veille tous les fils de cette intrigue n'avait pas prévu cette complication de hasard.

Coqueluche, en ce moment, courait à l'hôtel du Grand-Cerf où il espérait trouver Mlle de Bernerie, et il se croisait avec elle.

Ce qui avait fait fuir Mlle de Bernerie au faubourg Saint-Antoine, c'était une tout autre aventure.

Charlotte n'était pas sortie de la journée.

Seulement, abritée derrière la persienne de sa croisée, elle avait prêté l'oreille aux mille rumeurs de l'hôtel.

Le vidame de Saint-Florentin et ses trois amis étaient entrés et sortis vingt fois dans la journée.

L'un d'eux avait prononcé tout haut le nom de Raoul de Vauxchamps et ce nom était venu frapper l'oreille inquiète de Charlotte.

Le garçon d'écurie qu'on appelait Pacôme et qui avait reçu déjà plusieurs écus de Coqueluche ne s'était pas gêné de causer avec une maritorne de cuisine, en lui disant :

« Je crois bien qu'ils veulent faire un mauvais parti au beau colonel. »

Machefer était rentré.

Machefer apportait des nouvelles de la défense que Paris organisait.

L'intrépide garde-chasse était allé partout. Il avait tout vu.

Les Russes et les Prussiens occupaient les hauteurs de Romainville, mais ils ne paraissaient pas vouloir attaquer avant le lendemain.

De son côté, le maréchal Marmont avait fait ranger toute l'artillerie dont il disposait aux barrières du nord de Paris, mis sous les armes la garde nationale et organisé des bataillons d'ouvriers convertis en volontaires.

Le rappel battait dans toutes les rues, chaque place, chaque boulevard était encombré de bivuacs.

Paris tout entier était sous les armes.

Machefer avait vu le colonel Raoul se diriger, à cheval, vers la place de la Bastille et l'occuper avec deux escadrons de son régiment.

Comme le matin, le jeune homme avait fendu la foule

pour aborder le colonel et échanger quelques mots avec lui.

« Veille bien sur Charlotte.

— Oh ! soyez tranquille, répondit Machefer, je réponds d'elle sur ma tête. Cependant.... »

Et comme il paraissait hésiter :

« Parle, dit Raoul.

— Je l'aimerais mieux ailleurs qu'à l'hôtel du Grand-Cerf.

— Pourquoi ?

— C'est une auberge infestée de royalistes.

— Ah ! ah !

— Il y a un certain vidame de Saint-Florentin.... »

Raoul tressaillit.

« Je le connais, dit-il. Est-ce qu'il est à l'hôtel du Grand-Cerf ?

— Oui, et il a déjà regardé plusieurs fois Mlle Charlotte....

— Vraiment ?

— D'une façon qui me déplaît. »

Raoul fronça le sourcil et crut comprendre le motif de la querelle qu'on lui avait cherchée le matin au café Lemblin.

« Mais, dit-il, où la conduirais-tu pour qu'elle fût en sûreté ?

— Là-bas. »

Et Machefer indiquait le faubourg du doigt.

« Chez la mère des compagnons ? dit Raoul.

— Oui.

— Eh bien ! va, » dit Raoul.

Machefer était retourné tout courant à l'hôtel du Grand-Cerf où Charlotte était de plus en plus inquiète ; et il lui avait dit :

« Mademoiselle, monsieur Raoul ne veut pas que vous restiez ici.

— Pourquoi ?

— Il vous veut entourée d'amis et de gens dévoués.

— Tu l'as donc vu ?

— Je le quitte.

— Mais, dit Charlotte, je n'ai pas d'amis à Paris.

— Vous vous trompez, nous en avons, mademoiselle. Et mame Toinette ?... et Quille-en-Bois ?... »

Mlle Charlotte hésitait encore à quitter l'hôtel du Grand-Cerf, en pensant au comte de Montrevel qui lui devait apporter des nouvelles de son cousin le chevalier.

Mais Machefer lui dit encore :

« Quand vous serez au milieu des forgerons de Quille-en-Bois et de mame Toinette, vous serez aussi en sûreté que dans le village de Fontenelle. Alors je reviendrai ici guetter la personne que vous attendez.

— Et tu dis que Raoul est sur la place de la Bastille, Machefer ?

— Oui, mademoiselle. »

Cette réponse détermina Charlotte.

« Partons ! » dit-elle.

Elle prit le bras de Machefer et quitta l'hôtel du Grand-Cerf.

Mais Raoul et ses lanciers, n'étaient plus là où Machefer les avait laissés.

Sur un ordre reçu de la place, Raoul s'était porté vers la barrière du Trône, non point par le faubourg Saint-Antoine, mais par la rue de Reuilly.

Machefer, arrivé sur la place de la Bastille demanda à des gardes nationaux ce qu'étaient devenus les lanciers.

« Barrière du Trône ! » lui répondit-on.

Machefer fit prendre le faubourg à Mlle de Bernerie.

La nuit était venue, et ce fut au moment où on allait emmener le chevalier d'Ormignies que Mlle de Bernerie arriva au cabaret de mame Toinette.

D'un coup d'œil elle eut tout deviné.

Le chevalier était aux mains des municipaux, le chevalier était prisonnier....

Le chevalier était perdu !

Et Charlotte jeta un cri en se souvenant qu'elle avait promis à sa tante et à son père de sauver son cousin.

Le chevalier d'Ormignies avait retrouvé cette bravoure qui le caractérisait.

Il regarda Charlotte avec étonnement et lui dit :

« Est-ce que vous venez défendre Paris, ma cousine ?

— J'étais venue vous sauver, répondit Charlotte.

— Vous arrivez un peu tard....

— Qui sait? fit-elle avec émotion.

— On me fusillera aux flambeaux, dit-il.

— Non.... j'obtiendrai votre grâce. »

Les municipaux secouèrent la tête.

« Allons ! reprit l'un d'eux, partons !

— Je vous suis.... Adieu, ma cousine.... »

Et Justin fit un pas.

« Arrêtez ! » dit Charlotte avec angoisse.

Puis s'adressant aux municipaux :

« Où conduisez-vous monsieur ?

— A l'état-major de la place. »

Charlotte songea à Raoul, et se tournant vers Machefer :

« Si tu pouvais rejoindre M. de Vauxchamps ?...

— Je cours après lui.... » répondit Machefer.

Mais Justin d'Ormignies dit avec dédain :

« Charlotte, ne me reconnaîtras-tu donc pas, toi aussi ? » (Page 43.)

« Ah! vous n'espérez pas, ma cousine, que j'accepterais ma grâce de M. de Vauxchamps?

— Votre grâce, répondit-elle, ne dépend pas de lui. Mais un sursis....

— Je n'en veux pas!

— Et moi, dit Charlotte avec énergie, j'ai promis à votre mère de vous sauver..... »

Elle fit un signe à Machefer.

Machefer partit comme un trait.

Mais les municipaux répétaient :

« Place! place! »

Cette fois, la foule compacte qui les entourait s'écarta..

Ils passèrent, emmenant le chevalier qui s'était placé au milieu d'eux.

« Adieu, cousine, répéta Justin d'Ormignies, nous ne nous reverrons plus.... Je vous charge de tous mes compliments pour le colonel. »

La haine dominait, en ce moment, toute autre émotion, même la crainte instinctive de la mort.

« Je vous sauverai! » répéta Charlotte.

Mais elle était si émue en prononçant ces mots, qu'elle s'appuya sur Quille-en-Bois.

Et tandis que les forgerons et tous ces hommes armés à la diable, qui d'un fusil, qui d'un vieux sabre ou d'une hallebarde, regardaient avec un douloureux respect cette belle jeune fille, le fou Jean de Nivelle s'approcha, vint se placer devant elle, et lui dit avec tristesse :

« Charlotte, ne me reconnaîtras-tu donc pas, toi aussi? »

IX

« Jean de Nivelle ! »

Telle fut la première exclamation de Mlle de Bernerie.

A Fontenelle, le pauvre idiot, de même qu'il faisait un détour en passant devant le château, avait soin d'éviter tout ce qui en venait, tout ce qui l'habitait.

Charlotte avait vu le fou de loin, bien souvent, mais rarement de près.

Cependant, une fois, elle lui avait jeté une pièce d'or.

Mais, comme en la ramassant, l'idiot riait, elle ne l'avait pas regardé attentivement.

« Oui, dit-il avec amertume, pour toi aussi je suis Jean de Nivelle. »

Le son de cette voix fit tressaillir Charlotte.

« Mon Dieu ! fit-elle.

— Je suis hideux, n'est-ce pas ! » reprit-il.

Elle s'écria avec un redoublement d'émotion :

« Parlez, parlez encore !...

— Ah ! tu veux que je parle....

— Mon Dieu ! cette voix....

— Tu l'as entendue bien souvent dans ton enfance, ma petite Charlotte, reprit-il. Car j'ai seize ans de plus que toi.... car je t'ai bercée sur mes genoux.... car je t'ai portée dans mes bras.... »

Charlotte était d'une pâleur mortelle.

Et tous ces hommes grossiers qui entouraient cette jeune fille qu'un homme en haillons tutoyait, faisaient silence, et dans ce faubourg Saint-Antoine, si bruyant d'ordinaire, on eût entendu le vol d'un oiseau.

Le fou continua avec une poésie sauvage :

« Comme tu es grande et belle, ma Charlotte... comme tu es bien la fille des Bernerie.... Oh! tu es Française, toi.... tu aimes le pays.... et l'Empereur.... et notre drapeau.... tu n'as pas tendu la main aux Cosaques! »

Charlotte jeta un cri.

« Oh! cette voix, dit-elle, cette voix, je la connais.... et si tu n'as plus son visage....

— J'ai toujours sa voix, dit-il souriant.

— La voix de Martial! dit-elle avec explosion. Mon frère!... tu es mon frère!...

— Oh! elle me reconnaît! » s'écria le fou avec une joie délirante.

Et il la prit dans ses bras.

Et pendant un moment Charlotte oublia tout, père, mère, cousin qu'on allait fusiller, même son bien-aimé, Raoul, qui marchait au combat.

Mais Machefer revint.

Machefer avait rejoint Raoul.

Il avait passé partout, à travers les haies de la garde nationale, à travers les postes d'ouvriers armés, au milieu des fourgons de l'ambulance et des caissons de l'artillerie; il était arrivé jusqu'à la place du Trône, où Raoul établissait son bivac.

Et, en dix paroles, il lui avait tout appris.

Raoul avait réfléchi quelques secondes, le sourcil froncé.

Puis il s'était dit :

« On a bien autre chose à faire en ce moment que de

fusiller le chevalier d'Ormignies. Je m'étonne même qu'on l'ait arrêté. »

Et comme Machefer lui disait qu'on allait conduire le chevalier à l'état-major de la place, Raoul avait pris un crayon, déchiré une page d'un petit agenda qu'il avait sur lui, et dit à Machefer :

« Tu vas aller à la place et tu demanderas le général D.... »

En même temps, Raoul écrivait au général :

« Mon cher général,

« Le chevalier d'Ormignies vient d'être arrêté. Je
« dois voir le maréchal à ce sujet. D'ici là, je vous en
« prie, ne donnez aucun ordre. »

Puis Raoul avait transmis à Machefer le mot d'ordre qui devait lui permettre d'arriver jusqu'au général.

Machefer rapportait donc le mot d'ordre et le billet.

Charlotte dit au fou :

« Viens avec moi, Martial, il faut sauver notre cousin.

— Non, répondit le fou. Ma place est ici. Je dois tout mon sang à la France.... Adieu, Charlotte, et que Dieu te garde ! »

Mlle de Bernerie était partie avec Machefer.

A mesure que la nuit avançait, il était plus difficile de circuler dans Paris.

De rue en rue, la jeune fille et son guide rencontraient des postes.

Partout il fallait dire le mot d'ordre et montrer le billet de Raoul adressé au général D....

Du faubourg à la place, ils mirent près de deux heures.

Enfin, quand ils arrivèrent, il fallut parlementer longtemps avec les factionnaires.

Cet officier d'ordonnance, c'était le brillant comte de Montrevel, c'était Coqueluche. (Page 47.)

Le dernier, celui qui était à la porte même du général était un Alsacien qui savait à peine quelques mots de français, ne connaissait que sa consigne, et se refusait obstinément à laisser passer Mlle de Bernerie.

Mais comme elle insistait avec une certaine hauteur, élevant la voix, la porte du général s'ouvrit, et un officier d'ordonnance se montra.

Charlotte étouffa un cri.

L'officier était un jeune homme.

Il avait un doigt sur ses lèvres et regardait Mlle de Bernerie d'un air mystérieux.

Charlotte le reconnut, malgré cet uniforme tout chamarré dont il était revêtu.

Cet officier d'ordonnance, c'était le brillant vicomte de Montrevel.

C'était Coqueluche.

« Mademoiselle, dit-il, j'ai les instructions du général. Veuillez me suivre. »

Et il lui offrit le bras.

Charlotte, interdite, le prit.

« Suivez-moi, dit Coqueluche, tout bas, et tâchez de dominer votre émotion. »

Machefer, stupéfait, regardait Coqueluche et murmurait :

« Bom ! ce matin, il était royaliste, et le voici maintenant habillé en officier de l'Empereur. Je commence à m'en méfier drôlement de ce particulier-là. »

Coqueluche fit traverser de nouveau à Charlotte les galeries, les corridors et les grilles qu'elle avait déjà parcourus.

Tous les factionnaires lui portèrent les armes.

Ils arrivèrent ainsi à la porte, et se trouvèrent dans la rue.

Alors Coqueluche dit à Charlotte :

« Vous êtes étonnée mademoiselle, n'est-ce pas ?

— En effet, dit-elle, je ne vous savais pas au service de l'Empereur, monsieur.

— J'y suis aujourd'hui pour la première fois. »

Et comme son étonnement redoublait :

« Dans un pareil moment de trouble, reprit-il, tous les déguisements sont possibles. Il fallait sauver votre cousin....

— Et bien ? fit-elle avec anxiété.

— Je l'ai sauvé. »

Et il ajouta simplement :

« Venez, éloignons-nous, car je ne pourrais pas jouer longtemps le rôle d'officier d'ordonnance sans risquer le conseil de guerre. »

Et il entraîna la jeune fille dans ce dédale de petites ruelles obscures qui entouraient le Palais-Royal.

« Vous l'avez sauvé ! s'écria Charlotte.

— Oui.

— Mais quand....

— Il y a une heure.

— Comment ?

— Grâce à cet uniforme. Je me le suis fait rendre par les deux municipaux qui le conduisaient.

— Ah ! monsieur !

— Je l'ai mis en sûreté. Il est caché chez mon oncle, le chevalier de Biribi. S'il y reste quarante-huit heures....

— Eh bien ?

— Il est tout à fait sauvé. »

Ici Coqueluche baissa la voix et dit avec tristesse :

« Paris tiendra-t-il quarante-huit heures ? je n'ose l'espérer....

— Oh ! dit Charlotte, qui sentit se réveiller tout son patriotisme.

— Hélas! mademoiselle, soupira Coqueluche, Paris n'est pas fortifié. Paris n'a qu'une faible garnison, et il y a deux cent mille hommes autour de son enceinte. »

Et comme il disait ces mots, on entendit un coup de canon dans le lointain, vers le Nord.

« C'est le canon des Russes ? » dit Coqueluche, continuant à entraîner la jeune fille.

X

Coqueluche continuait à entraîner Mlle de Bernerie. Il était alors un peu plus de deux heures du matin.

Mais Paris était vivant comme en plein jour; Paris avait la fièvre de l'anxiété et de l'épouvante.

Qu'allait-il arriver?

Les femmes, les enfants se lamentaient.

Les hommes couraient aux armes, sombres et recueillis.

Les trois quarts de la population tenaient encore pour l'Empereur.

Mais le quatrième quart se réjouissait de l'invasion des Russes.

D'une part, le désespoir morne, la terreur, l'angoisse.

De l'autre la joie sans pudeur.

La jeune fille et son guide passèrent devant le Palais-Royal.

L'uniforme menteur de Coqueluche lui faisait faire de la place.

Si on songe que l'armée qui défendait Paris se composait des débris de dix armées, réunis à la hâte, aux portes de la capitale, par le maréchal Marmont, on comprendra sans peine qu'il était difficile, à un soldat ou à un officier, de constater que Coqueluche usurpait une qualité qui ne lui appartenait pas.

« Où dois-je vous conduire, mademoiselle? demanda Coqueluche.

— Je ne sais pas.... » répondit-elle.

Chaque rue était transformée en caserne; on avait allumé des feux de bivac.

Infanterie, cavalerie, garde nationale campaient pêle-mêle.

Au lointain, retentissait le canon des Russes qui n'avaient pas voulu attendre le jour pour commencer l'attaque.

« Ah! si j'étais homme! murmurait l'intrépide jeune fille.

— Mademoiselle, lui dit Machefer qui marchait respectueusement derrière elle, vous devriez reprendre vos habits masculins.

— Tu as raison, » répondit-elle.

Et elle dit à Coqueluche :

« Ramenez-moi à l'hôtel du Grand-Cerf, monsieur.

— Et vous y resterez, n'est-ce pas? dit Coqueluche. Il ne fait pas bon courir les rues, en ce moment. On se bat aux barrières, en pleine nuit, que sera-ce au point du jour!

— Monsieur, répliqua fièrement Mlle de Bernerie, quand j'étais dans mon village, les Russes l'ont envahi et je ne suis pas restée chez moi.

« Il y a un homme que j'aime et qui se bat pour la France, je dois faire comme lui.

— Mais.... mademoiselle....

Une cantinière qui donnait à boire aux soldats lui tendit son bidon, en lui disant : « As-tu soif, madame ? » (Page 54.)

— Vous m'avez dit que mon cousin était en sûreté ?

— Je vous l'affirme de nouveau.

— Eh bien ! ma mission est accomplie en ce qui le concerne. Permettez-moi donc de ne plus m'occuper de lui.

— Mais où voulez-vous que je vous conduise ? demanda Coqueluche.

— A l'auberge du Grand-Cerf d'abord, où je reprendrai mes habits d'homme.

— Et puis ?

— Ensuite, dit Charlotte, je veux voir la bataille, je veux assister à la défense de mon pays. »

Coqueluche fit cette réflexion, rapide comme l'éclair :

« Si je refuse, elle me croira lâche. Risquons une balle perdue et passons pour un héros. »

Ils se mirent en route pour la porte Saint-Martin.

Partout, sur leur passage, les soldats, les gardes nationaux, le peuple, saluaient cette belle jeune fille à l'œil plein d'éclairs.

Une cantinière qui donnait à boire aux soldats lui tendit son bidon, en lui disant :

« As-tu soif, madame ? »

Charlotte porta le bidon à ses lèvres, et les soldats battirent des mains.

Coqueluche, dans son uniforme, avait pris des airs militaires qui lui seyaient à ravir.

On eût dit un véritable officier.

De rue en rue, de barricade en barricade et de bivac en bivac, ils arrivèrent à la rue Saint-Martin.

La cour de l'hôtel du Grand-Cerf était encombrée.

Pacôme se tenait sur la porte.

Coqueluche le vit faire un mouvement de surprise, et pensa que son uniforme en était la cause.

Aussi mit-il rapidement un doigt sur ses lèvres.

Pacôme comprit qu'il pourrait y avoir quelques beaux écus pour lui dans l'avenir, et il reprit son attitude indifférente.

Mais Machefer, qui ne partageait point la confiance que Mlle de Bernerie paraissait avoir dans Coqueluche avait surpris le signe d'intelligence adressé au garçon d'écurie.

Et Machefer s'était dit :

« Je ne quitterais pas, cette nuit, mademoiselle pour un empire. »

La cohue qui emplissait la cour du Grand-Cerf était un attroupement royaliste.

Le vidame de Saint-Florentin pérorait au milieu.

« Oui, mes amis, disait-il, encore quelques heures, et Paris sera délivré du joug de la tyrannie. L'usurpateur, arrêté au delà de la Marne, séparé de ses généraux, n'a pu venir défendre Paris, et Paris va ouvrir ses portes, n'en doutez pas, aux armées libératrices de nos bons amis les alliés.

Paris est mal défendu ; Marmont n'a pas compris son rôle.

Au lieu de se porter hors de Paris et de livrer bataille demain matin, sur les hauteurs de Charonne et de Belleville, comme il a l'intention de le faire, il devrait rester dans la capitale, concentrer toute la défense en deçà du mur d'enceinte, barricader les maisons, les rues, les carrefours. »

Un des auditeurs du vidame lui coupa la parole :

« C'est ce qu'il a fait, dit-il.

— Oui mais il est sorti de Paris.

— Eh bien ?

— Il livrera donc bataille en rase campagne, et il a vingt-cinq mille hommes à peine.

— Vingt-cinq mille hommes déterminés.

— Soit, mais qui seront écrasés. Alors Paris en sera réduit au peuple des faubourgs, à ses gardes nationaux que commande le maréchal Moncey, et qui manquent de fusils.

Ce sera l'affaire de quelques heures.

Je crois donc pouvoir vous affirmer dès à présent, mes amis, acheva le vidame de Saint-Florentin que l'heure est venue de crier *vive le roi!*

— Pas encore! » dit une voix derrière lui.

Le vidame se retourna vivement.

Coqueluche venait de lui poser la main sur l'épaule.

Coqueluche avait, sous son uniforme, une physionomie toute différente de celle du matin et le vidame, qui l'avait vu au café Lemblin, ne le reconnut pas.

« Un officier de l'usurpateur! exclama le vidame.

— Un officier français qui va vous faire fusiller, si vous continuez à tenir des propos séditieux. »

En même temps Coqueluche courut à la porte de l'hôtel et appela une patrouille de garde nationale qui passait.

Le sergent qui la commandait prit Coqueluche pour un véritable officier d'ordonnance et il fit le salut militaire.

« Empoignez-moi cet homme-là! » dit Coqueluche en désignant le vidame.

Celui-ci pâlit et fit un pas en arrière.

Le sergent lui mit la main au collet.

« Prenez garde à ce que vous allez faire! s'écria le vidame.

— Je prends tout sur moi, répondit Coqueluche.

— Que faut-il faire de cet homme? demanda le sergent.

— Le fusiller, » dit Coqueluche.

Le vidame se crut perdu, il jeta autour de lui un

regard désespéré et rencontra le visage de Mlle de Bernerie.

« Madame! s'écria-t-il, laisserez-vous massacrer un malheureux gentilhomme! »

Charlotte était peut-être, en ce moment, le seul appui sur lequel pût compter le vidame.

Ses bons amis de tout à l'heure, qui avaient applaudi à son royalisme, se tenaient prudemment à l'écart.

Charlotte leva sur Coqueluche un éloquent regard.

Coqueluche lui dit :

« Je veux bien faire grâce, mademoiselle, mais c'est à la condition que ce misérable rentrera dans sa chambre et s'y tiendra tranquille au lieu de fomenter ici des rébellions. »

Le vidame en était quitte à bon marché. Il promit tout ce qu'on voulut.

Quant à Mlle de Bernerie, elle était enchantée du patriotisme de Coqueluche.

« Hé! hé! murmurait le drôle, il me semble que je marche à pas de géant. Continuons.... »

XI

Une heure plus tard, Mlle de Bernerie en habit d'homme, conduite par Coqueluche et escortée par Machefer, se dirigeait vers le nord de Paris où la bataille était commencée.

Il n'était pas jour encore, il n'était déjà plus nuit.

Le ciel était couvert.

Coqueluche avait conservé son uniforme, seulement il avait posé sur sa lèvre une grosse paire de moustaches qui le rendait méconnaissable.

Paris, à cette heure matinale, offrait un aspect solennellement désespéré; chaque rue était barricadée, chaque maison avait ouvert ses fenêtres hérissées de canons de fusil.

Sur chaque barricade les gardes nationaux et les ouvriers se tenaient pêle-mêle, s'encourageant du geste et de la voix à la résistance.

L'armée était au dehors.

Marmont avait voulu sauver Paris sans que Paris engageât la lutte.

Il occupait Belleville, l'avenue de Vincennes, les barrières du Trône et de Charonne, et les Prés-Saint-Gervais.

Le maréchal Mortier était avec lui.

La garde nationale, une division de la jeune garde et quelques centaines de vétérans défendaient le village des Batignolles et le plateau de l'Étoile.

Charlotte s'était armée d'un fusil de chasse. Coqueluche avait l'épée à la main.

Ils arrivèrent ainsi dans le faubourg du Temple.

Le canon se faisait entendre dans le lointain, sur les hauteurs des Buttes Saint-Chaumont.

« Marchons! disait la jeune fille avec enthousiasme, je ne suis plus une femme, à présent, je suis un homme, je suis un soldat.

— Chaque fois que mademoiselle épaulera, dit Machefer, ce sera un Russe flambé, vous verrez. »

Comme les premières heures de l'aube glissaient du faîte des toits dans les rues, et tandis que Mlle de Bernerie passait le pont du canal, une troupe sombre, pressée, s'avançait silencieuse, au pas de course.

Charlotte se retourna.

C'étaient les élèves de l'École polytechnique qui montaient aux buttes Saint-Chaumont.

Puis, derrière eux, une autre cohorte, celle-là sans uniforme et portant tous les costumes, armée de toute sorte d'armes.

Une femme marchait à sa tête, ayant à sa droite un invalide, à sa gauche un tout jeune homme portant l'uniforme des vélites.

Charlotte les reconnut.

C'étaient la mère des compagnons, Saturnin et Quille-en-Bois.

Coqueluche fit la grimace et se tint à l'écart.

Coqueluche n'aurait pas voulu être reconnu.

Mais Charlotte courut à la mère des compagnons en lui disant :

« Voici un soldat de plus. »

Mame Toinette regarda ce jeune homme qui lui adressait la parole, et, dans ce jeune homme, elle reconnut Mlle de Bernerie.

« Vous ! dit-elle.

— Oui, je veux me battre, comme les autres, répondit fièrement Charlotte.

— Une femme ! murmura Quille-en-Bois.

— Et celle-là ? » fit Charlotte.

Elle montrait en souriant la mère des compagnons.

« Avez-vous donc sauvé le chevalier ? demanda tout bas Quille-en-Bois.

— Oui. »

Et Charlotte, jetant un regard au travers du bataillon de volontaires que commandait mame Toinette :

« Je ne vois pas mon frère, dit-elle.

— Votre frère n'est plus fou, répondit mame Toinette ; il a pris le commandement d'une autre troupe ; il monte par la rue de Charonne avec elle.

— Allons! marchons! » dit Jean le manchot, car la petite armée avait fait halte un moment.

« Maintenant que nous avons retrouvé Suzanne, nous n'avons plus qu'à nous faire tuer bravement pour la patrie.

— Vous avez retrouvé Suzanne? s'écria Charlotte.

— Oui, elle est revenue.... il y a une heure.... »

Coqueluche entendit ces paroles et tressaillit.

« Ce n'est pas le chevalier qui l'avait enlevée, dit Quille-en-Bois, mais un vaurien.... un drôle.... un agent de police.... que j'avais pris pour un bon ouvrier....

— Un misérable appelé Coqueluche, » ajouta Jean le manchot.

Le faux officier d'ordonnance pâlit sous ses grosses moustaches; mais comme il se tenait toujours en arrière, personne ne prit garde à lui.

« Hum! murmura-t-il, Cendrinette m'aurait-elle donc trahi? »

Et, comme la petite troupe se mettait en marche, il demeura immobile et la laissa passer.

Charlotte s'était placée à côté de la mère des compagnons.

Tout à coup, elle se retourna et ne vit plus Coqueluche.

« Où est-il? demanda-t-elle à Machefer.

— Je ne sais pas, dit le garde-chasse.

— Qui donc? fit Quille-en-Bois.

— L'officier qui était avec moi. »

Coqueluche avait disparu.

Comme Charlotte de Bernerie ne le connaissait que sous le nom de Montrevel, elle n'avait pas soupçonné un seul instant que c'était de lui que parlait Quille-en-Bois.

« Mais où est-elle, Suzanne? demanda Mlle de Bernerie.

— A la maison, répondit mame Toinette. Deux compagnons la gardent et me répondent d'elle.

— Marchons! » répéta Jean le manchot, qui n'avait d'autre arme que son terrible marteau.

Et les forgerons continuèrent à monter le faubourg du Temple, en haut duquel s'était engagée une vive fusillade ; et Mlle de Bernerie les suivit, son fusil de chasse sur l'épaule.

. . . .

Pendant ce temps, Coqueluche s'esquivait en sens inverse.

Il marchait d'un pas rapide, sautant par-dessus les barricades et se laissant porter les armes.

Il franchit de nouveau le canal, arriva au boulevard et s'y arrêta un moment.

« Ah! murmura-t-il, Cendrinette m'a trahi? Nous allons bien voir. »

Les insignes qu'il avait usurpés, en cet instant de trouble, lui permettaient de passer partout.

Il remonta le boulevard, à travers les troupes qui le garnissaient, jusqu'à la rue du Mont-Blanc.

C'était dans cette rue, on s'en souvient, que demeurait Cendrinette.

La porte était ouverte.

Coqueluche enfila l'escalier et sonna.

On ne répondit point tout d'abord. Alors, il sonna une seconde fois et d'une façon impérieuse.

Un maître ou un amant jaloux pouvaient seuls sonner ainsi.

La porte s'ouvrit.

Ce fut la soubrette qui reçut Coqueluche.

Comme Charlotte, comme le valet d'écurie Pacône,

la camérière fut un peu étonnée de cet uniforme chamarré qui couvrait Coqueluche.

Mais ce dernier la poussa à l'intérieur de l'appartement, ferma la porte et lui dit :

« Où est ta maîtresse ?

— Partie avec la petite.

— Comment ? Pourquoi ? »

Et en faisant ces questions, Coqueluche parcourait l'appartement et s'assurait que Cendrinette n'y était pas.

« Monsieur, répondit la soubrette, connaissez-vous une femme qu'on appelle la *baronne* ?

— Oui.

— Eh bien ! elle est venue ici.

— Quand ?

— Hier soir. Et elle a parlé avec madame.

— Longtemps ?

— Plus d'une heure.

— Que lui a-t-elle dit ?

— Je ne sais pas. Cependant, j'écoute toujours aux portes. Mais je n'ai rien pu entendre, tant elles parlaient bas.

— Et puis ?

— A la suite de leur conversation, madame m'a sonnée. Je suis entrée ; madame avait l'air fort ému.

— Ah !

— Elle m'a commandé de l'habiller ; puis elle m'a envoyée chercher une voiture. Mais il n'y avait plus de voitures, les rues étaient pleines de barricades.

— Et alors ? demanda Coqueluche de plus en plus inquiet.

— Alors, elles sont parties toutes trois, madame, la baronne et la petite ouvrière.

— Et tu ne sais pas où elles sont allées ?

— Non. »

Tandis que la soubrette parlait, Coqueluche entendit retentir un violent coup de sonnette.

« Est-ce elle? fit-il.

— Non, répondit la soubrette. Madame a une clef. Faut-il ouvrir? »

Coqueluche hésita.

« Tout à l'heure, » dit-il.

Et il s'enferma dans le boudoir de Cendrinette.

XII

Que s'était-il passé?

C'est ce que nous allons raconter en peu de mots.

La veille au soir, vers dix heures, Suzanne et Cendrinette causaient.

Cendrinette avait fait asseoir la jeune fille auprès d'elle, et tenait une de ses mains dans les siennes.

Suzanne lui disait :

« Mais, madame, pourquoi votre frère n'est-il pas revenu aujourd'hui? »

On s'en souvient, poussée par le vaurien, Cendrinette avait prétendu que Coqueluche était son frère.

Et Coqueluche, après avoir prouvé clair comme le jour à Suzanne qu'elle devait rester auprès de Cendrinette, sous peine de tomber entre les mains de l'infâme chevalier d'Ormignies, et d'exposer aux plus grands dangers sa mère adoptive, mame Toinette et son parrain, maître Quille-en-Bois; après avoir en outre

Cendrinette avait fait asseoir la jeune fille auprès d'elle. (Page 60).

démontré à Suzanne, qu'il était son sauveur, s'était chargé d'une lettre d'elle pour le maître forgeron et lui avait promis de lui rapporter avant peu des nouvelles du faubourg.

Suzanne s'étonnait donc que Coqueluche ne fût pas revenu.

A quoi Cendrinette répondit :

« Je connais mon frère, c'est un garçon prudent. Peut-être le chevalier le fait-il suivre par quelqu'un de sa bande. Il viendra tôt ou tard, soyez-en sûre, mon enfant. »

Ce fut à ce moment que la camérière entra.

« Qu'est-ce donc? demanda Cendrinette.

— C'est la *baronne* qui veut voir madame. »

Cendrinette eut un petit geste de dépit; mais elle n'osa refuser sa porte.

La baronne entra.

Nous avons entendu cette femme raconter sa navrante et terrible histoire, sa haine pour Napoléon et son dédain de toute chose.

Elle était belle, d'une beauté fatale et sombre toujours.

Mais ce soir-là, cette beauté avait un éclat inaccoutumé.

Pâle, les yeux pleins d'éclairs, le geste brusque, la voix brève et sifflante, elle regarda à peine Suzanne et dit à Cendrinette :

« J'ai à te parler, et cela, sur-le-champ.

— A moi seule? fit Cendrinette étonnée.

— A toi seule.

— J'écoute. »

Sur un signe de Cendrinette, Suzanne était entrée dans la pièce voisine.

Alors la baronne s'assit auprès de Cendrinette :

« Je viens te sauver, dit-elle.
— Me sauver !
— Oui.
— Mais de quel danger ?
— D'un danger de mort. Tu as suivi Biribi il y a deux jours ?
— Oui. Eh bien ?
— Tu as surpris le secret de sa demeure ?
— Sans doute.
— Et tu lui as dit : je suis folle d'un jeune homme que j'ai vu avec vous ?
— Tout cela est vrai, mais comment le sais-tu ?
— Peu importe ! je le sais. Ce jeune homme, dans le monde, s'appelle le vicomte de Montrevel.
— C'est bien cela, murmura Cendrinette dont les joues s'empourprèrent.
— Ailleurs, on le nomme Coqueluche.
— Cela m'est égal.
— Et l'aimes-tu ?
— Oh ! fit Cendrinette.
— Il t'a amené, ce matin, une jeune fille qu'il avait enlevée, et grâce à un tissu de mensonges....
— Mais.... c'est pour la sauver. »
La *baronne* haussa les épaules.
« Tu as une jolie tête, petite, dit-elle et ce serait dommage qu'elle fît divorce avec tes épaules. »
Cendrinette jeta un cri et se leva tout effrayée :
« Mais tu ne sais donc pas ce que c'est que Biribi et son âme damnée Coqueluche ? »
Cendrinette regardait toujours la baronne.
« Non dit-elle.
— Biribi est un homme de la police, c'est lui qui a livré l'homme que j'aimais.
— Horreur !

— C'est lui qui m'a faite veuve.

— Oui..... mais Coqueluche?...

— Coqueluche est son agent le plus actif. Veux-tu savoir la vérité tout entière?

— Mais parle.... parle donc....

— Écoute, poursuivit la baronne. Les armées alliées sont aux portes de Paris, mais elles n'y sont point entrées encore. Napoléon tombera-t-il? je l'espère et n'ose y croire. En attendant, Biribi et son complice cherchent une conspiration. On trouve à la police qu'ils ne sont pas assez zélés et qu'ils volent leur argent, comprends-tu?

— Pas encore.... »

La baronne se leva, alla droit à la cheminée, puis s'arrêtant :

« Biribi est venu chez toi, il y a deux jours, n'est-ce pas?

— Oui.

— Sais-tu ce qu'il est venu y faire?

— Mais....

— Tiens! tu vas voir.... »

Et la baronne souleva la tablette de la cheminée et retira les papiers qu'y avait placés Biribi.

Et comme Cendrinette paraissait de plus en plus étonnée, car elle n'avait jamais eu connaissance de l'existence de ces papiers :

« Une seule de ces lettres, dit la baronne, peut t'envoyer à l'échafaud. »

Cendrinette frissonna.

« Et tu iras, acheva la baronne, si Napoléon règne huit jours. Tu iras, si Napoléon abdique et si le roi revient. Tu iras, ma fille, parce que tu as osé pénétrer le mystère dont s'enveloppe Biribi, et aimer ce misérable imposteur qu'on appelle le vicomte de Montrevel. »

Cendrinette jeta un cri d'horreur et d'épouvante.

La baronne reprit.

« Le point de départ de la conspiration, c'est cette jeune fille.

— Elle ! elle ! fit Cendrinette.

— Son enlèvement a tout préparé. ... Si tu tiens à ta vie.

— Eh bien ?

— Tu la rendras à ses parents, non point demain, non point dans une heure, mais tout de suite....

— Mais, dit Cendrinette avec un redoublement d'effroi, si je les trahis.... eux.... ils me tueront.

— Moins sûrement que si tu les sers

— Et qui donc me protégera contre eux ?

— Moi.

— Toi ! » exclama Cendrinette étonnée.

Un sourire passa sur les lèvres de la baronne, un sourire funeste s'il en fut.

« Ah ! dit-elle, crois-tu donc que je soupe quelquefois avec Biribi, au sortir d'un bal, que je touche sa main ensanglantée, le front calme et le sourire aux lèvres, sans avoir juré la mort de cet homme ? Non, non, j'ai lentement préparé une vengeance.... et elle éclatera un jour, terrible et foudroyante....

« Tu es une bonne fille, j'ai voulu te sauver.... Maintenant réfléchis.... si tu restes ici, c'est la mort.... si tu me suis, c'est le salut. »

Cendrinette sonna et envoya chercher une voiture.

Puis s'emparant des lettres découvertes par la baronne, elle voulut les jeter au feu.

Mais celle-ci l'arrêta.

« Non pas, dit-elle, je les garde.

— Qu'en veux-tu donc faire ?

La soubrette alla ouvrir et se trouva face à face avec le chevalier de Biribi. (Page 65.)

— Les ajouter au dossier terrible que j'ai contre cet homme. »

Cendrinette était pâle et frissonnante.

« Es-tu guérie de ton amour, lui demanda encore la baronne.

— Oh ! oui....

— Eh bien ! appelle cette jeune fille.... et partons ? »

La soubrette revint, il n'y avait pas de voitures dans les rues déjà hérissées de barricades.

« Nous irons à pied, » dit Cendrinette.

Et elle appela Suzanne :

« Mon enfant, lui dit-elle, vous allez venir avec moi.

— Où donc, madame ?

— Au faubourg Saint-Antoine, chez vos parents.

— Mais.... votre frère.... ne disait-il pas ce matin ?...

— Il n'y a plus de danger, venez.... »

Et Cendrinette jeta un châle sur les épaules de Suzanne étonnée, et les deux femmes sortirent en toute hâte, emmenant la jeune fille.

Cendrinette n'avait pas dit si elle rentrerait.

Et, comme on l'a vu, lorsque Coqueluche arriva, la soubrette ne put lui dire au juste ce qu'était devenue sa maîtresse.

XIII

Après un moment d'hésitation, la soubrette alla ouvrir et se trouva face à face avec le chevalier de Biribi.

Biribi avait fait sa toilette de nuit.

C'est-à-dire qu'il était comme aux premiers jours de cette histoire, en incroyable du Directoire, les oreilles garnies de larges anneaux, le cou enfoncé dans une immense cravate, et les deux goussets ornés de chaînes de montre.

Son habit gorge-de-pigeon balayait le sol de ses deux basques pointues, et son chapeau évasé, incliné sur le côté gauche de la tête, donnait à ce vieux beau un air de crânerie superbe.

Biribi prit le menton de la soubrette d'un air caressant et lui dit:

« Ma petite, ta maîtresse est-elle ici?

— Non, monsieur.

— Bah! à cette heure....

— Je vous assure qu'elle est sortie.

— Mais M. de Montrevel y est?

— Certainement, » répondit Coqueluche, qui entrebâilla la porte du boudoir.

Biribi eut un geste de surprise à la vue de Coqueluche, toujours en uniforme.

« Qu'est-ce que cet accoutrement? fit-il.

— Mon oncle, répondit Coqueluche, je suis comme toi. Je change d'habits selon les circonstances.

— Surtout quand il s'agit de conduire Mlle de Bernerie à travers Paris hérissé de barricades, n'est-ce pas?» ricana Biribi.

Coqueluche tressaillit.

« Tu sais cela? fit-il.

— Est-ce que je ne sais pas tout, monsieur mon neveu? »

En même temps Biribi poussa Coqueluche dans le boudoir et ferma la porte.

« Çà, dit-il, expliquons-nous. »

Et il se jeta sur un siège.

« Nous expliquer ? dit Coqueluche. A propos de quoi, mon oncle.

— Mais.... à propos du jeu que tu joues sans ma permission. »

Et Biribi laissa peser sur son élève un regard inquisiteur.

« Quel jeu ? fit Coqueluche, soutenant ce regard.

— Tu savais que Mlle de Bernerie était à Paris.

— Bon ! Après ?

— Tu me l'as caché....

— Je comptais te le dire. »

Biribi haussa les épaules.

« Les soldats qui ont arrêté le chevalier d'Ormignies, poursuivit Biribi, ne sont pas de vrais soldats, et tu n'as eu aucune peine à le délivrer. Ces gens-là étaient tes complices.

— Qu'est-ce que cela te fait, mon oncle, puisque le chevalier a cru le contraire ?

— Attends.... attends.... ricana Biribi. Ce n'est pas tout. Voici le raisonnement que tu t'es fait : Pour mener à bien l'affaire Bernerie, je n'ai pas besoin de ce vieil imbécile que j'appelle mon oncle, et à qui je dois tout.

— Oh !

— C'est pour cela que tu as cru pouvoir te passer de moi, délivrer le chevalier après lui avoir fait courir un danger imaginaire ; et te créer des titres à la reconnaissance de la belle héritière.

— Ils ne sont pas très-sérieux, répondit Coqueluche.

— Tu crois ?

— Dame ! puisqu'elle n'aime pas le chevalier.

— Oui, mais elle aime le colonel Raoul.

— Eh bien ?

— A qui tu as offert tes services ?...

— Comment tu sais aussi cela? fit Coqueluche stupéfait.

— Je sais, en outre, que tu espères bien que le colonel sera tué en défendant Paris.

— Quel intérêt ai-je à cela?

— Mais de même que tu voulais épouser Juliette, il y a trois jours.... maintenant tu vises plus haut. »

Coqueluche pâlit.

« Malheureusement, dit Biribi, tu as compté sans ton oncle, qui sait tout, devine tout.

— Tout? fit Coqueluche d'un ton railleur.

— Je m'en flatte.

— Sais-tu même que Cendrinette est partie d'un trait, rendant la liberté à Suzanne que je lui avais confiée?

— J'avoue que j'ignorais cela!

— Et qu'elle est partie avec une femme appelée la *baronne*, après avoir eu avec elle un long conciliabule? »

Ce fut au tour de Biribi, à pâlir.

« La baronne? dit-il, la baronne est venue ici?

— Oui.

— Comment le sais-tu?

— Demande à la femme de chambre. »

Mais Biribi courut à la cheminée et en souleva la tablette.

Les papiers destinés à perdre Cendrinette avaient disparu.

« Mon oncle, ricana Coqueluche, je crois que les armes que tu as fournies tournent contre toi; et si tu ne devines pas, je devine, moi.

— Quoi donc? fit Biribi ému.

— Tu as été l'ami de l'homme que la *baronne* aimait.

— Parbleu!

— Tu l'as livré à la police.

— Tu le sais bien, puisque tu m'as aidé.

— Eh bien! la baronne, qui ne s'était probablement jamais défiée de toi, sait toute la vérité, maintenant. De là, ce qui s'est passé. Comprends-tu? »

Biribi fronçait le sourcil.

« Or, reprit Coqueluche, une femme comme celle-là à nos trousses, c'est pire qu'une armée.

« Je te conseille donc, mon oncle, de me laisser tranquille et de t'occuper de toi.

— Ah! tu me conseilles cela?

— Sans doute.

— Tu crois donc que la baronne ne te poursuivra pas, toi aussi?

— Elle ne doit haïr que toi, et puis moi je suis de force à me défendre.

— Bah! »

Et Biribi toisa Coqueluche d'un air moqueur.

« Je ne crois pas, reprit-il que tu pares aisément la botte que je t'ai portée, il y a une heure.

— Qu'as-tu donc fait? demanda Coqueluche inquiet.

— Tu m'avais confié le chevalier d'Ormignies?

— Oui.

— Et tu avais assuré Mlle de Bernerie qu'il était en sûreté?

— Parbleu!

— Eh bien! le chevalier d'Ormignies n'est plus chez moi.

— Allons donc!

— Il a été arrêté au petit jour.

— Par qui?

— Par la police que j'ai prévenue....

— Misérable! s'écria Coqueluche furieux.

— Mon pauvre neveu, ricana Biribi, je crois que tu

n'as plus qu'une chose à faire, c'est d'aller trouver Mlle de Bernerie et de lui dire : »

Je ne suis qu'un imbécile ! Je vous avais promis de sauver votre cousin, et on le fusillera aujourd'hui même avant midi.

« Mon oncle ! s'écria Coqueluche, je suis plus jeune et plus fort que toi. J'ai envie de t'étrangler. »

Et il s'avança vers lui, menaçant.

Mais prompt comme l'éclair, Biribi ouvrit son habit, prit un pistolet à sa ceinture et le braqua sur Coqueluche :

« Niais ! dit-il, tu ferais bien mieux de me faire ta soumission. »

Coqueluche était pâle de rage ; mais le pistolet le tenait en respect.

« Mon petit, ajouta Biribi, tu as oublié que tu me devais tout. Tu es un ingrat, cependant je veux bien te pardonner, mais tu subiras mes conditions maintenant. »

Coqueluche baissa la tête et se tut.

« Tu as raison, soupira-t-il, je suis un niais. »

Et, après un silence, il ajouta :

« Parle, mon oncle, j'obéirai. »

XIV

Les Russes et les Prussiens ont entouré Paris d'un cercle de fer et de feu.

Commencé avant le jour, le combat s'est prolongé jusqu'au soir.

Après avoir livré bataille sur le plateau de Romainville, le maréchal Marmont s'est replié sur le faubourg du Temple, hérissé de barricades et défendu par les ouvriers.

Les élèves de l'École polytechnique ont défendu les buttes Saint-Chaumont pendant douze heures ; ils y seraient morts jusqu'au dernier, si l'empereur Alexandre n'eût donné l'ordre d'épargner ces enfants héroïques.

Le vieux Moncey et sa garde nationale se sont battus à Clichy tout le jour.

Les Batignolles sont prises, mais le mur d'enceinte est toujours à la France.

A la Barrière de Belleville, une maison a fait feu sans relâche par toutes ses croisées ouvertes, et ses murs sont criblés de balles et de boulets.

Quels étaient donc les soldats qui la défendaient ?

Deux femmes et une douzaine d'ouvriers.

L'une de ces deux femmes est mame Toinette, la mère des compagnons.

L'autre, dont on devine le sexe, en dépit de ses habits, est cette vaillante Charlotte de Bernerie que nous avons vue, le matin, accompagner les forgerons.

Toute la journée, un fusil de chasse à la main, bravant la grêle de balles qui pleuvaient autour d'elle, se découvrant sans cesse avec un dédain suprême de la mort, l'héroïne a fait feu sur les Cosaques comme sur une compagnie de perdreaux.

Machefer, son frère de lait, était auprès d'elle.

Comme lui, Charlotte a le coup d'œil sûr.

En vain, plusieurs fois, Quille-en-Bois et Jean le manchot ont-ils voulu arracher la jeune fille au poste périlleux qu'elle avait choisi.

Charlotte leur a répondu avec un fier sourire :

« Je fais mon devoir. »

Le soir est venu, puis la nuit.

Une nuit sombre que les éclairs du canon, tonnant toujours sur les hauteurs, illuminent parfois.

Les assiégeants sont plus las que les assiégés.

Une trêve tacite s'est établie entre eux. Les blessés sont transportés aux ambulances.

Soldats tout à l'heure, les deux femmes sont devenues sœurs de charité.

Mame Toinette et Charlotte font de la charpie, et la maison qui tout à l'heure soutenait un siége est convertie en ambulance.

Sur un ordre de Charlotte, Machefer est parti.

Où est-il allé?

Charlotte, qui s'est battue tout le jour, ne sait rien des événements accomplis loin d'elle.

Où est Raoul?

C'est pour le savoir que Machefer s'en va maintenant à l'aventure, à travers les barricades et les bivacs.

Le matin, les lanciers de Raoul occupaient les abords de la barrière du Trône.

Où sont-ils maintenant?

Machefer l'ignore, mais il va devant lui toujours, marchant dans le sang, se heurtant aux cadavres, assourdi par les plaintes déchirantes des blessés.

A la barrière de Charonne, il est un moment arrêté.

« Où vas-tu camarade? lui demande un ouvrier qui est devenu chef de poste.

— Devant moi, à la barrière du Trône.

— Tu ne passeras pas.

— Pourquoi?

— Les Russes ont pris la barrière, ils sont les maîtres.

— Je passerai au travers des Russes. »

Et Machefer continue son chemin.

L'ouvrier avait raison. A deux cents pas plus loin, Machefer trouve une sentinelle russe.

La sentinelle croise la baïonnette.

« Laisse-moi passer ! » dit Machefer.

Le Russe ne comprend pas. Machefer prend son fusil par le canon et le brandit pour assommer la sentinelle d'un coup de crosse.

Mais derrière la sentinelle se dresse un officier russe, et Machefer ne frappe point.

Cet officier, à la lueur d'une torche, Machefer l'a reconnu.

C'est le lieutenant Pétrowitz, du corps d'armée du général Oulsawieff.

Pétrowitz, ce jeune fou qui avait joué la Nanette à pile ou face et qui, deux jours plus tard, avait servi de guide, à travers l'armée russe, à la mère des compagnons et à ceux qui la suivaient.

Les deux jeunes gens se sont reconnus.

« Arrête ! dit Pétrowitz, que veux-tu ?

— Passer, répond Machefer.

— Pourquoi ?

— J'obéis aux ordres que j'ai reçus.

— De qui ?

— De ma maîtresse, Mlle de Bernerie.

— La jolie fille du château de Fontenelle ?

— Oui. »

Pétrowitz pose sa main sur l'épaule de Machefer.

« Tu ne peux pas aller plus loin, dit-il. Nous sommes maîtres du terrain. Tu ne feras pas cent pas. Tu serais tué ou prisonnier.

— Il faut pourtant que j'obéisse.

— Mais où veux-tu aller ?

— A la barrière du Trône.

— Pourquoi faire ?

— Pour savoir ce qu'est devenu monsieur Raoul.

— Le commandant de lanciers?

— Il est colonel à présent.

— Peut-être n'est-il plus rien du tout, à présent, » dit tristement Pétrowitz.

Et comme Machefer pâlit, le jeune Russe ajouta.

« Les lanciers ont été fortement engagés et à peu près détruits par notre artillerie. La place du Trône est couverte de leurs cadavres. Si le colonel a survécu, c'est un miracle!...

— N'importe! répond Machefer, mort ou vivant il faut que je le retrouve! »

Pétrowitz regarde Machefer :

« Tu es un brave, dit-il ; et je ne veux pas qu'on te tue! »

En même temps il appelle un soldat.

Celui-ci accourt.

Pétrowitz lui montre Machefer et lui dit quelques mots en langue russe.

Puis, s'adressant à Machefer :

« Suis cet homme, il a le mot de passe, et tu pourras circuler librement dans nos avant-postes. Mais il faut que tu rendes ton fusil.

— Le voilà, » dit Machefer.

Et il suit le soldat et serre la main de Pétrowitz.

Pendant une heure, à chaque poste, à chaque sentinelle, Machefer est obligé de s'arrêter un moment.

Mais le Cosaque a le mot de passe, et Machefer poursuit sa route.

Il arrive ainsi par le mur de ceinture jusqu'à la place du Trône.

Les Russes y sont campés. Mais Pétrowitz a dit la vérité : la place est jonchée de cadavres d'hommes et de chevaux, et l'uniforme rouge et blanc des lanciers recouvre les hommes pour la plupart.

C'est alors un spectacle poignant et terrible de voir ce Français et ce Russe, une torche à la main, s'approcher de chaque cadavre et l'examiner.

Souvent Machefer a frissonné des pieds à la tête et ses cheveux se sont hérissés.

Il avait vu briller des épaulettes....

N'étaient-ce pas celles de Raoul.

Et Machefer et le Cosaque continuent leur recherche.

Soudain Machefer s'arrête brusquement, à deux pas d'un monceau de cadavres.

Une plainte, un gémissement, un râle d'agonie peut-être, a frappé son oreille.

Et Machefer s'approche et la plainte devient plus distincte.

Machefer fait un pas encore et un nom prononcé par une voix mourante arrive jusqu'à lui :

« Charlotte ! »

Et Machefer n'a plus de doute....

Sous les cadavres, il y a un homme qui vit encore.

Cet homme qui murmure le nom de Charlotte comme un suprême adieu, qui donc serait-ce, si ce n'était le colonel Raoul de Vauxchamps ?

Et Machefer s'élance et dégage du milieu des morts, le brave et malheureux jeune homme qui peut-être, lui aussi, va mourir.

Raoul est pâle, ses yeux sont voilés, le sang coule de sa poitrine par dix blessures.

Mais il a reconnu Machefer....

Et une fois encore, le jeune colonel murmure le nom adoré :

« Charlotte ! »

Le Cosaque qui tient la torche a senti une larme rouler sur sa joue.

XV

Machefer a donc retiré le colonel Raoul de Vauxchamps du milieu des morts.

Le Cosaque l'éclaire avec sa torche.

Une douzaine de soldats russes, campés non loin de là, se sont approchés.

Le colonel respire encore et le nom de Charlotte glisse toujours sur ses lèvres.

Alors Machefer oublie que les hommes qui l'entourent sont des ennemis.

Il se tourne vers les Cosaques et implore du geste et du regard leur humanité.

Les Cosaques du Don et de l'Ukraine sont gens de cœur.

L'un d'eux s'écrie :

« C'est ce vaillant officier qui s'est défendu tout seul si longtemps. »

Un autre ajoute :

« C'est lui qui a refusé de se rendre.

— C'est un héros ! » répètent-ils tous ensemble.

L'animosité du combat n'existe plus.

L'humanité a repris ses droits.

On forme une civière à la hâte avec des lances et des fusils croisés.

Puis on place dessus le colonel.

Où le transportera-t-on ?

Tandis que les soldats hésitent, un officier russe s'approche et adresse la parole à Machefer, en langue française :

« Qui es-tu ? lui dit-il.

— Le serviteur du colonel.

— Comment es-tu parvenu jusqu'ici ? »

Machefer répond que le lieutenant Pétrowitz lui a donné un Cosaque pour guide.

En effet, à l'uniforme de ce dernier, il est facile de constater qu'il n'appartient pas au régiment qui occupe la place du Trône.

« Eh bien ! répond l'officier, que cet homme te guide de nouveau. Je te promets de faire transporter ton maître où bon te semblera. »

Machefer pousse un cri de joie.

Lui aussi, il songe à Mlle Charlotte, et il n'a plus qu'une crainte, c'est que le malheureux Raoul n'expire durant le trajet, c'est que Charlotte ne puisse recueillir son dernier soupir.

Alors commence une véritable odyssée à travers ce champ de bataille des rues de Paris.

Quatre soldats russes portent le colonel, Machefer et son Cosaque marchent en avant.

Partout le Cosaque prononce le mot de passe et les sentinelles russes s'inclinent.

La bravoure est de tous les pays ; en voyant passer ce beau jeune homme dont le front semble déjà voilé par la mort, officiers et soldats s'inclinent avec respect.

Le triste cortège a traversé ainsi tous les avant-postes russes et prussiens ; il arrive aux barricades que défendent encore les gardes nationaux français.

Là Machefer échange quelques mots avec un officier qui les commande.

On a laissé passer librement le Français au milieu des Russes ; les Français laisseront les Cosaques retourner à leur poste.

Les quatre soldats russes sont remplacés au brancard improvisé par quatre gardes nationaux.

Et Machefer donne une poignée de main au Cosaque qui l'a conduit, et le quitte en lui disant :

« Désormais, nous sommes frères, tu es sacré pour moi. »

Le cortége continue sa marche.

De temps en temps, Machefer s'approche du brancard et regarde Raoul avec anxiété.

Raoul n'est pas mort ; il a les yeux ouverts ; l'espérance de revoir Charlotte le soutient.

Enfin, au bout d'une heure, le brancard s'arrête à la porte de cette maison où Mlle de Bernerie et mame Toinette se sont battues tout le jour.

Et Charlotte jette un cri et penche son front baigné de larmes sur son Raoul bien-aimé.

. . . .

La nuit s'est écoulée.

Aux premières clartés du matin, le combat a recommencé, terrible, acharné, sans merci.

Marmont est rentré dans Paris, le général Mortier l'a suivi.

Après une lutte héroïque devant la barrière Clichy, le brave général Moncey a été obligé de se replier.

Les Russes ont emporté les hauteurs de Belleville ; les positions fortifiées de la grande et de la petite Villette.

Le canal de l'Ourcq est à eux.

Un Français, indigne de ce nom, un homme traître à la patrie, Langeron est à la tête de l'ennemi.

Il a gravi Montmartre, il est maître sur ce point.

Épisode de la défense de Paris. (Page 78)

Clichy est aux Russes et aux Prussiens, les hauteurs de l'Étoile sont occupées par les Anglais; Ménilmontant et Charonne ont résisté quelque temps encore....

Mais il a fallu se rendre....

Une seule rue et une seule maison se défendent encore.

C'est la maison où mame Toinette a rencontré ce qu'il reste de forgerons décimés par un combat de trente-six heures.

Raoul, couché sur un lit, mais toujours vivant, suit des yeux les péripéties de cette lutte suprême.

Charlotte a repris son poste de bataille, maître Quille-en-Bois toujours debout et mame Toinette blessée à la tête par un éclat d'obus.

On a cerné la maison, mais les Russes hésitent à la battre en brèche avec du canon, ils ont vu une femme parmi les défenseurs de ce dernier asile de la résistance; et, l'empereur Alexandre, à qui on en a référé, a répondu :

« Je voudrais qu'on prît cette femme vivante. Je voudrais la voir.... »

Les balles pleuvent, les forgerons tombent un à un.

Enfin les Russes hissent le drapeau blanc des parlementaires.

« Ils veulent que nous nous rendions? murmure Quille-en-Bois. Plutôt mourir!... »

Cependant, à la vue du drapeau, le feu a cessé.

Un officier russe s'avance; un homme est auprès de lui.

Charlotte de Bernerie tressaille en le reconnaissant.

Cet homme qui porte un uniforme français, c'est Coqueluche, ou plutôt c'est le vicomte de Montrevel, car Charlotte ne lui connaît pas d'autre nom.

L'uniforme est en lambeaux, les épaulettes sont noircies, et ses grosses moustaches achèvent de rendre Coqueluche méconnaissable pour Quille-en-Bois, mame Toinette et les forgerons.

C'est Charlotte qui est allée au-devant des parlementaires.

« Mademoiselle, lui dit l'officier russe, il est inutile de faire tuer ces braves gens jusqu'au dernier. Paris a capitulé.

— C'est impossible ! s'écrie Charlotte.

— C'est vrai, » répond le faux vicomte de Montrevel.

Charlotte l'examine avec plus d'attention et s'aperçoit alors qu'il est sans épée.

Coqueluche s'est rendu.

Et Mlle de Bernerie, folle de douleur, s'écrie :

« O mon Dieu ! faites que je meure dans les bras de Raoul. La France est terrassée....

— Feu ! feu ! » hurle Quille-en-Bois par une des fenêtres.

Mais un autre homme apparaît à côté de lui, sanglant, pâle, épuisé....

C'est Raoul.

« Mes enfants, au nom de l'Empereur notre maître, au nom de la France, je vous en conjure.... ne prolongez pas une résistance insensée.... Conservez les quelques gouttes de sang généreux qui vous restent encore.... les maréchaux qui commandaient Paris ont capitulé, obéissez tous.... »

Et Raoul tombe évanoui dans les bras de Charlotte de Bernerie.

Entrée de l'empereur Alexandre à Paris. (Page 81.)

XVI

Abandonnons un moment le récit des événements intimes et laissons le pas à l'histoire.

Nous sommes au *trente mars*, date fatale par la capitulation de Paris.

Pendant toute la matinée, Paris consterné, épouvanté, ne pouvant croire encore à son humiliation, a vu défiler les armées alliées sur les boulevards.

L'empereur Alexandre, et le prince de Schwartzenberg, et le maréchal Blücher, et le duc d'Yorck, généralissime des Anglais, sont entrés à leur tête.

Alexandre a pris Paris sous sa protection.

Le roi du Nord, l'homme à demi-barbare, donne aux peuples civilisés un grand exemple.

Il a défendu le pillage, il ne veut pas que la capitale du monde, c'est ainsi qu'il nomme Paris, subisse l'humiliation de la défaite.

« Parisiens ! a-t-il dit en entrant dans la grande ville, je ne suis pas un vainqueur, je suis un hôte.

« Après avoir été l'ami de l'empereur Napoléon, je suis devenu son ennemi; mais tout en poursuivant la destruction de mon ennemi, je respecterai le pays dont la diplomatie a accepté la langue, comme le langage véritablement universel. »

Tous les vieux partis s'agitent depuis quelques heures autour de l'empereur Alexandre, toutes les ambitions se remuent, toutes les prétentions se font jour.

Les royalistes ont promené le drapeau blanc dans Paris, mais on les a arrêtés, et l'empereur Alexandre a dit tout haut :

« Napoléon n'est point déchu : il n'a pas abdiqué; et, s'il abdiquait, ne serait-ce pas en faveur d'une régence ? »

Mais les Prussiens, mais les Anglais, en haine de l'Empire qui les a fait trembler si longtemps, protégent les royalistes.

On voit partout ces derniers, dans le jardin du Palais-Royal, sur les boulevards, dans les cafés, au milieu des places publiques, annonçant tout haut le retour de Louis le Désiré.

Le vidame de Saint-Florentin, le marquis du Clos et leurs amis ont fait merveille depuis la capitulation.

Ils sont allés à droite et à gauche, ils ont revêtu de vieux uniformes à épaulettes pendantes qui rappellent l'armée de Condé.

Un autre personnage, plus sérieux et moins grotesque, n'a pas perdu son temps non plus.

Celui-là dort peu; il passe les nuits hors de chez lui, et maintenant, il ne se croit plus obligé de disparaître au lever du soleil sous l'apparence bénévole du vieux marquis de Fenouil-Caradeuc.

Or donc, ce jour-là, à quatre heures de l'après-midi, toujours revêtu de son costume d'incroyable, portant haut la tête et marchant d'un air conquérant, le chevalier de Biribi entra dans la cour d'un vaste hôtel, rue Saint-Florentin, à deux pas du garde-meuble et de cette place de la Concorde qui, après avoir porté le nom du roi Louis XV, avait vu tomber la tête de son petit-fils.

Cet hôtel était celui d'un homme fameux depuis vingt ans et qui devait l'être plus encore. M. de Talleyrand, ancien évêque auteur, ancien conventionnel, ministre de Napoléon, la veille, et daignant utiliser les modestes talents du chevalier de Biribi !

Celui-ci s'arrêta au seuil de la cour, un peu étonné.

Une armée de laquais et de palefreniers s'agitait, portait des malles et des paquets, et les chargeait sur une massive chaise de poste tout attelée.

Les quatre chevaux piaffaient d'impatience, les deux postillons étaient en selle.

« Oh ! oh ! murmura Biribi, qu'est-ce que cela ? »

Un valet qui le connaissait pour l'avoir vu venir souvent le matin faire certains rapports à son maître, s'approche et lui dit :

« C'est monseigneur qui s'en va.

— Comment ? fit Biribi stupéfait.

— C'est comme j'ai l'honneur de vous le dire. »

En ce moment, le prince de Talleyrand parut sur le perron.

Biribi s'approcha et salua avec respect.

Le prince lui dit :

« Ah ! c'est vous....

— Oui, monseigneur. Mais....

— Dites-moi ce qu'il y a de nouveau dans Paris, poursuivit M. de Talleyrand d'un ton aigre.

— Votre Excellence le sait aussi bien que moi.

— C'est-à-dire.... à peu près.... les alliés sont entrés....

— Oui, monseigneur.

— Les soldats bivaquent dans les rues....

— Oui, monseigneur.

— Paris est tranquille ?

— Oui, mais Paris attend....

— Quoi donc ? »

Biribi regarda le prince.

Ce dernier était calme, presque indifférent.

« Mais, balbutia Biribi, Paris attend un gouvernement.

— Vraiment? fit Talleyrand avec ironie. Eh bien! là, à qui penseriez-vous, chevalier?

— Mais, monseigneur.... le roi...

— Ta! ta! ta! dit Talleyrand avec un accent de persiflage hautain, vous tournez trop vite, mon cher. Prenez garde, il n'est pas encore question du roi.... »

Biribi se mordit les lèvres.

« De la régence, je ne dis pas, reprit Talleyrand. Mais du roi.... pas encore.... on verra plus tard.... faites vos évolutions plus sagement, chevalier.... vous allez trop vite.... »

Et comme Biribi regardait avec un étonnement croissant tous ces préparatifs de départ :

« Je déménage, mon cher, dit le prince.

— Mais, monseigneur...,

— L'empereur Alexandre, aujourd'hui seigneur et maître, m'a fait dire qu'il trouvait mon hôtel à son goût, et qu'il y ferait volontiers sa résidence. Un chétif comme moi ne peut que s'incliner. Je cède la place au Czar.

— Mais où va Votre excellence? demanda Biribi, que cette explication ne satisfaisait qu'à moitié.

— Je ne sais.... je quitte Paris....

— Votre Excellence quitte Paris?

— Sans doute.... Ne suis-je pas le dernier ministre de l'empereur Napoléon? »

Et comme la stupéfaction de Biribi était au comble, Talleyrand eut un fin sourire.

« Je vous assure qu'à moins qu'on ne veuille pas me laisser sortir, je coucherai ce soir à Fontainebleau. Venez donc avec moi, Biribi.

— Mais, monseigneur....

— Venez.... venez.... je puis avoir besoin de vous.... tenez ! vous monterez, avec mes deux secrétaires, dans la voiture que voilà et qui suivra ma chaise. »

Le prince montrait une seconde voiture attelée dans un coin de la cour.

Biribi s'inclina.

Talleyrand poursuivit :

« Il est fort libéral, l'empereur Alexandre.

— En vérité ! murmura Biribi.

— Il a voulu que les gardes nationaux conservassent leurs armes après la capitulation.

— Je sais cela, monseigneur.

— Et ce sont eux qui gardent les barrières de Paris.

— Ah ! »

Un valet apporta à M. de Talleyrand une vaste pelisse dans laquelle il s'enveloppa ; puis il descendit les marches du perron en traînant un peu son fameux pied-bot.

Et, montant en voiture, il cria aux postillons :

« Barrière de Fontainebleau !

— J'ai pourtant bien à faire à Paris. » murmurait à part soi le digne chevalier de Biribi, tandis qu'il prenait place à côté des deux secrétaires dans la seconde voiture.

Mais résister à un homme comme Talleyrand, à un ministre qui l'avait si souvent employé, si largement rétribué de ses services ? Était-ce possible ?

Biribi n'y songea pas une minute.

La chaise de poste du prince et la voiture des secrétaires sortirent bruyamment de l'hôtel, prirent la rue Saint-Honoré, puis les quais, puis le pont Neuf, la Vallée et la rue Saint-Jacques.

Les deux secrétaires causaient en gens qui ne se préoccupent de rien.

« Tous ces hommes qui vont rejoindre Napoléon, ils me paraissent bien tranquilles, » se dit Biribi, qui tombait d'étonnements en étonnements.

La chaise de poste et la voiture de voyage avaient monté la rue Saint-Jacques sans encombre.

Les alliés ayant attaqué Paris par le nord et la rive droite, il s'ensuivait que la rive gauche de la Seine et le sud de la capitale avaient une physionomie accoutumée, sauf de nombreux postes de gardes nationaux échelonnés de distance en distance.

Une compagnie tout entière gardait la barrière de Fontainebleau.

Les grilles étaient fermées.

Les postillons du prince firent claquer leurs fouets, crièrent bien fort :

« Place ! place ! »

Mais les grilles ne s'ouvrirent point et les gardes nationaux croisèrent la baïonnette.

Le prince mit la tête à la portière et dit d'un ton railleur :

« Comment ! est-ce qu'on ne voudrait pas me laisser sortir, par hasard ? »

Et Biribi, qui avait imité le prince et venait d'entendre ces paroles, murmura :

« Oh ! oh ! est-ce que je commencerais à comprendre ? »

Un officier s'avança et répondit : « Nous avons reçu l'ordre de ne laisser sortir personne. » (Page 87)

XVII

Biribi regardait attentivement ce qui se passait.

Les gardes nationaux entouraient la chaise de poste et criaient très-haut.

Un flot de peuple se trouvait derrière eux, et murmurait plus haut encore.

M. de Talleyrand, penché à la portière, tenait tête à tout ce monde.

« Mes amis, disait-il, je suis le ministre Talleyrand-Périgord; laissez-moi passer. »

Un officier s'avança et répondit :

« Nous avons reçu l'ordre de ne laisser sortir personne.

— Pas même un ministre?

— Non, pas même. »

Un garde national, qui était royaliste enragé, s'écria :

« De qui êtes-vous donc ministre?

— Mais.... de l'Empereur.... je suppose....

— Lequel?

— Je n'en connais qu'un, dit froidement le diplomate.

— Il y en a trois à présent, ou plutôt, il n'y en a plus que deux, l'empereur d'Autriche et l'empereur de Russie.

— Je suis le ministre du troisième, en ce cas, » répliqua Talleyrand sans se déconcerter.

Un homme du peuple, qui était parvenu à franchir le cercle formé par les gardes nationaux, s'écria :

« C'est un évêque défroqué : laissez-le passer, nous n'avons pas besoin de lui. »

Le peuple se mit à huer.

Talleyrand continuait, avec le plus grand calme :

« Puisque je suis un ministre du régime que vous proclamez tombé, il est tout naturel que vous me laissiez partir.

« Mon maître, l'empereur Napoléon, m'attend à Fontainebleau. »

L'officier qui commandait la compagnie répondit d'un ton respectueux, mais ferme :

« J'ai reçu un ordre formel du général Sacken, nommé commandant de la place de Paris.

— Cet ordre ne me concerne pas, j'imagine ! fit M. de Talleyrand, qui prit un air inquiet.

— Cet ordre consiste à ne laisser sortir de Paris que les gens munis d'un passe-port ; si Votre Excellence est dans ce cas, je vais faire ouvrir les grilles.

— J'ai donné des passe-ports, je n'en ai jamais eu, fit le prince avec hauteur.

— Alors, monseigneur, souffrez que je fasse mon devoir, » dit l'officier.

Le prince se pencha tout à fait hors de la portière et dit :

« Mes amis, vous le voyez, on me fait violence ! »

La foule répondit par des huées.

« Excellent peuple ! » murmura le prince d'un ton railleur.

Et il cria à ses postillons :

« Tournez bride, et retournez à l'hôtel. »

En même temps, il échangea avec l'officier de garde nationale un salut presque maçonnique.

Ce salut fut surpris par l'excellent chevalier de Biribi, qui murmura :

« Je ne m'étais pas trompé? M. de Talleyrand vient de me donner une leçon de haute comédie. Le voilà en règle avec Napoléon, et ce n'est pas sa faute s'il n'a pu faire son devoir. »

Cette opinion que Biribi s'émettait à lui-même était confirmée, du reste, par l'attitude flegmatique des deux secrétaires.

Ni l'un ni l'autre ne manifesta la moindre émotion, le plus léger étonnement.

Le peuple lui-même, qui avait hué Talleyrand, se calma tout aussitôt, et les voitures redescendirent la rue Saint-Jacques.

Vingt minutes après, le prince rentrait dans son hôtel de la rue Saint-Florentin.

L'empereur Alexandre venait d'y arriver.

« Sire, lui dit Talleyrand, croiriez-vous qu'on ne veut pas me laisser sortir de Paris? »

Le Czar sourit.

« Les Parisiens tiennent à vous, mon cher prince, répondit-il.

— Mais ils m'empêchent de faire mon devoir.

— Bah !

— Que vais-je devenir à présent? où aller? fit Talleyrand d'un ton piteux.

— Mais, restez ici, dit le Czar, car vos conseils me sont trop précieux pour que je m'en prive. »

Biribi, qui était descendu de voiture et se tenait à distance, avait un sourire sur les lèvres.

« M. de Talleyrand, pensait-il, ne peut pas se faire à l'idée de n'être plus ministre. Il conservera son portefeuille, et il n'y aura de changé que le souverain. »

Le prince échangea quelques mots avec le Czar; puis ce dernier le congédia d'un geste.

Alors, Talleyrand s'approcha de Biribi, qui attendait ses ordres.

« Vous le voyez, mon pauvre chevalier, lui dit-il, on ne fait pas ce qu'on veut, dans le siècle où nous vivons.

— Vraiment ! » fit Biribi d'un ton railleur.

Le prince sourit malicieusement.

« Il ne faut pas se presser, poursuivit-il.

— Qu'ordonne Votre Excellence?

— Mais je ne suis plus ministre.... mon cher....

— Bah?

— Vous voulez donc demeurer au service d'un homme disgracié?

— Les disgrâces de ce genre, monseigneur, feraient l'affaire de bien des gens.

— Vous êtes un homme d'esprit, chevalier.

— Et dévoué, monseigneur.

— Peuh! vous savez une devise : *Pas de zèle?*

— Oui, monseigneur, j'attends....

— Quoi donc?

— Des ordres. »

Et Biribi parut décidé à ne s'en aller que chargé d'une mission.

« Diable d'homme ! murmura le prince, souriant toujours, vous croyez donc bien à mon étoile?

— Comme à la lumière du soleil.

— Prenez garde! dit Talleyrand en souriant, le temps se couvre, il va pleuvoir. »

Mais Biribi ne bougea pas.

« Écoutez, chevalier, reprit Talleyrand, vous devriez bien courir un peu Paris, ce soir.

— Bien, monseigneur.

— Vous assurer s'il y a autant de royalistes qu'on le dit.

— Il y en a beaucoup....

— Et si les partisans d'une régence ne sont pas plus nombreux.

— Je ne le pense pas, monseigneur.

— Eh bien ! voyez ... examinez.... vous me ferez un rapport. »

Biribi s'inclina et sortit de la cour de l'hôtel sans dire un mot de plus.

Seulement, quand il fut dans la rue, il respira bruyamment et se dit :

« Dans quarante-huit heures au plus tard, il y aura dans Paris un gouvernement provisoire dont M. de Talleyrand sera le chef. J'ai bien fait de venir ici prendre le vent. »

Il gagna la rue Saint-Honoré et le Palais-Royal.

Là, il entra au café Lemblin.

L'uniforme français en avait disparu.

En revanche, les habits verts des Russes, les plastrons rouges des Anglais et les casques de laiton à pointe des Prussiens y resplendissaient.

Quelques habits blancs représentaient l'élégance Autrichienne.

Au travers de ces traîneurs de sabre, quelques hommes à cheveux gris, portant la queue sur le dos d'uniformes de fantaisie, coiffés de tricornes antiques, allaient et venaient, paraissant fort à leur aise.

Parmi eux, le vidame de Saint-Florentin parlait très-haut, et criait : vive le roi! à pleins poumons.

Biribi se glissa modestement dans un coin, et s'assit auprès d'un groupe d'Autrichiens.

Les Autrichiens tenaient pour la fille de leur souverain et parlaient de régence.

Les Russes étaient silencieux et sobres de gestes.

Les Anglais et les Prussiens, les Gascons du nord, ne parlaient de rien moins que de partager la France.

Biribi écoutait attentivement.

Le vidame de Saint-Florentin vint à lui et lui tendit la main.

« Vous êtes le chevalier de Biribi? lui dit-il.

— Pour vous servir, monsieur.

— Je suis le vidame de Saint-Florentin, répondit le gentillâtre, et je sais ce que la *bonne cause* vous doit. »

Biribi sourit d'un air modeste.

« Mais, reprit le vidame, vous avez un neveu qui a bien mal tourné.

— Plaît-il? fit le chevalier.

— N'êtes-vous pas l'oncle du vicomte de Montrevel?

— Sans doute.

— Eh bien! il a passé à l'ennemi.

— Comment cela? »

Et Biribi regarda le vidame avec étonnement.

XVIII

Le vidame de Saint-Florentin poursuivit :

« Oui, votre neveu a mal tourné.

— Qu'a-t-il donc fait? demanda Biribi.

— Il s'est lié avec un officier de Buonaparte.

— Vraiment?

— C'est comme j'ai l'honneur de vous le dire.

— Savez-vous son nom?

Biribi et le vidame de St-Flour pain au café Lemblin.
(Page 92.)

— C'est un colonel nommé Vauxchamps.
— Ah! bien.... je sais....
— Le colonel est à moitié mort, poursuivit le vidame.
— Il a été blessé?
— Mortellement, je l'espère....
— Alors, fit Biribi d'un ton moqueur, l'amitié de mon neveu n'ira pas loin.
— Vous vous trompez....
— Ah! »
Le vidame prit un air confidentiel et rusé :
« Je soupçonne votre neveu d'être un fin diplomate.
— Comment cela?
— Le colonel est aimé.... »
Biribi demeura impassible.
« D'une jeune et belle héritière qui aura cent mille livres de rente au moins. On me le disait hier encore, à l'hôtel du Grand-Cerf où je suis descendu.
— Eh bien?
— Si le colonel meurt, votre neveu qui s'est installé auprès de lui et ne quitte pas son chevet....
— Mais depuis quand tout cela? demanda Biribi. Car hier encore j'ai vu Montrevel, et il ne m'a pas dit un mot de cette histoire.
— Depuis la nuit dernière. Il s'est battu contre les alliés.
— Oh! fi! est-ce possible? fit Biribi jouant la plus vive indignation.
— C'est la vérité pure. Après ça, je crois bien que c'était pour plaire à l'héritière qui a des opinions.... »
Biribi savait tout ce que le vidame paraissait lui apprendre, sauf une chose, peut-être : le lieu où se trouvait Coqueluche, c'est-à-dire l'endroit où on avait transporté le colonel blessé, et où Coqueluche devait être avec Mlle de Bernerie éplorée.

Mais le chevalier était un homme prudent : il savait, par expérience, que le moyen de ne rien savoir est de questionner.

Aussi prit-il un air tout à fait indifférent, et dit-il au vidame en se levant :

« Montrevel est ambitieux. Il n'a pas de fortune. De plus, il est peut-être amoureux.... mais je réponds, quoi qu'il puisse faire, de la loyauté de ses opinions. C'est un vrai gentilhomme. Au revoir, cher monsieur ! »

Et il salua le vidame assez froidement.

Puis il paya le verre d'eau sucrée qu'il avait bu, et sortit du café Lemblin.

Une fois dans la rue, Biribi se dit :

« Coqueluche va bien. Je le laisse faire, sûr que je suis que, tôt ou tard, il sera obligé de compter avec moi. »

Le chevalier n'avait garde d'oublier la mission que lui avait donnée le prince de Talleyrand; mais comme il n'était pas rentré chez lui depuis la veille, il éprouva le besoin d'aller faire une courte apparition au quai de l'École.

Paris avait un aspect tout autre que celui qu'il présentait la veille.

Les bourgeois étonnés plutôt qu'épouvantés, se montraient au seuil de leur porte, aux fenêtres et dans les rues.

Les rues étaient encombrées de peuple qui regardait curieusement ce salmigondis d'uniformes de toutes couleurs.

Ce qui restait de troupes françaises avait capitulé, le matin même, et se trouvait par conséquent consigné dans les casernes.

Paris était livré aux étrangers.

Le Palais-Royal avait vomi dans les rues voisines cette fange humaine qui s'abritait d'ordinaire sous les galeries de bois.

On voyait des Prussiens ivres donnant le bras à des princesses de carrefour enrubanées.

Les maisons de jeu, fermées depuis deux jours, avaient rouvert leurs portes.

Les bijoutiers étalaient leurs marchandises, et les changeurs leurs sebiles pleines d'or, depuis qu'on leur avait promis au nom de l'empereur Alexandre, que les propriétés seraient respectées.

Quelques ouvriers, mornes de honte et de douleur, passaient au travers de cette foule, comme les ombres vengeresses de l'honneur national compromis.

Mais le bourgeois, le bon bourgeois de Paris, qui, avant tout veut être tranquille, avait déjà pris son parti du nouveau régime.

Biribi parcourut lentement la distance qui séparait le Palais-Royal du quai de l'École.

Il observa, il écouta, il prit une foule de notes intéressantes.

Mais enfin, il arriva chez lui, — ou plutôt à la porte de la maison qu'habitait le soi-disant vicomte de Montrevel.

Quand Biribi entrait avant le jour, il passait par son propre escalier, sûr qu'il était de ne pas être rencontré et reconnu.

Mais quand il revenait de jour, ce qui était rare, il passait par la maison de Montrevel, ne voulant pas à tout prix qu'on reconnût dans le chevalier Biribi le respectable baron de Fenouil-Caradeuc.

Biribi avait, du reste, une clef de l'appartement de Coqueluche.

Et cet appartement, on le sait, communiquait avec le

sien, par une porte mystérieuse, dissimulée derrière les draperies de son lit.

Le chevalier grimpa lestement l'escalier.

Il savait bien, par la conversation qu'il avait eue au café Lemblin avec le vidame de Saint-Florentin, que Coqueluche ne pouvait être chez lui; mais peu lui importait, du reste.

Il fut donc assez étonné de voir entre-bâillée la porte d'entrée.

Il la poussa et appela :

« Coqueluche? »

Personne ne répondit.

Biribi regarda la porte avec soin, et tressaillit en reconnaissant qu'elle avait été forcée.

Un noir pressentiment s'empara de lui.

Il traversa l'antichambre, et entra vivement dans la vaste pièce que Coqueluche appelait son cabinet.

Là, un spectacle étrange s'offrit à ses yeux.

La pièce était bouleversée.

On avait forcé les tiroirs des meubles, dispersé les papiers qui couvraient la table, et soustrait un coffret de fer, dont lui seul, Biribi, avait la clef.

Ce coffret renfermait des papiers fort compromettants pour le chevalier.

Biribi sentit une sueur glacée inonder son front.

Qui donc était entré dans cet appartement?

Et Biribi s'élança vers le couloir au bout duquel se trouvait la porte mystérieuse.

Cette porte était ouverte.

Biribi entra, appelant :

« Juliette! Juliette! »

Juliette ne répondit pas.

Mais à la voix de Biribi, un gémissement se fit entendre.

Ce gémissement partait de la cuisine.

Le chevalier y courut.

La vieille Gertrude, la gouvernante de Juliette, était là, couchée sur le côté et garrottée.

On lui avait enfoncé un mouchoir dans la bouche, pour l'empêcher de crier.

Biribi la délia et, l'œil hagard, la voix étranglée :

« Où est Juliette ? » dit-il.

La servante était à demi folle.

« Je ne sais pas, » répondit-elle.

Biribi parcourut l'appartement, ouvrit toutes les portes, fouilla tous les recoins.

Juliette avait disparu.

Il revint vers la servante, menaçant, terrible :

« Mais que s'est-il donc passé ?

— Je ne sais pas.... répéta-t-elle avec obstination.... je dormais.... ils sont entrés....

— Mais qui ?...

— La femme et les hommes masqués.... je ne sais plus.... ils ont voulu me tuer. »

Biribi avait pris son front à deux mains et contemplait Gertrude affolée, avec un sombre désespoir.

Que s'était-il donc passé ?

XIX

Vers dix heures du soir, tandis que le combat s'apaisait aux barrières du nord de Paris, pour recommencer le lendemain, trois personnages gagnaient mystérieusement la Cité et le quai de l'École, — deux hommes et une femme.

La femme marchait en avant.

Elle avait sur le visage un petit loup de velours.

Les hommes, qui l'accompagnaient, avaient la tête si profondément enfoncée sous les amples collets de leurs carricks, qu'il eût été impossible, à dix pas, de dire s'ils étaient ou non pareillement masqués.

Au coin du quai de l'École, la femme qui marchait un peu en avant s'arrêta, et fit signe aux deux hommes, qui la rejoignirent.

« C'est une belle nuit aux aventures, dit-elle d'un ton railleur.

— Il est certain, répondit un des deux hommes, que la police de Paris, aujourd'hui, ne se mêle ni des voleurs, ni des assassins, ni des conspirateurs.

— Ni de ceux qui se vengent, » fit la femme avec un accent de sombre haine.

Puis après un silence et ayant fait deux pas encore :

« Singulière ville, dit-elle d'un ton d'amertume, que celle qui dort au sud, tandis qu'au nord on se bat. » Voyez ce quartier.... Ne dirait-on pas un paisible village de la Suisse ou des Alpes qui dort sous la protection de son bourgmestre ?

En effet, la Cité était à peu près déserte, et sur le quai de l'École il n'y avait pas un passant. Seulement, quelques têtes effarées, inquiètes, prêtant l'oreille aux derniers bruits de la fusillade, se montraient aux fenêtres des maisons.

La femme masquée et les deux hommes hâtèrent le pas ; puis la première s'arrêta à la porte de la maison qu'habitait Coqueluche.

Là, un des deux hommes dit :

« Qui sait ? le lièvre est peut-être au gîte. »

Une femme marchait en avant; elle avait sur le visage un petit loup de velours. (Page 98.)

La femme secoua la tête.

« Je ne crois pas, dit-elle.

— Pourquoi?

— Mais parce que, pour continuer la comparaison, je te dirai que le lièvre quitte son gîte la nuit, et ne rentre qu'au jour.

— Toute règle peut avoir une exception.

Soit, mais pas aujourd'hui, dans tous les cas.

— Comment?

— Biribi sait faire son vil métier d'espion, avec plus de zèle encore que de coutume. Qui sert-il? je ne sais pas.... Napoléon qui tombe ou le roi qui se montre dans le lointain?

— Peut-être tous les deux, fit un des deux hommes.

— C'est fort possible.

— Ce qui fait qu'il les trahit l'un et l'autre.

— A-t-il donc jamais fait autre chose? » murmura la femme avec un accent de cruelle ironie.

Celui des deux hommes, qui avait pris la parole le premier, continua :

« Mais enfin, si, par impossible, il était chez lui?

— Alors, il aurait un bénéfice.... »

Et la voix de la femme devint d'une raillerie sanglante.

« Quel bénéfice?

— Celui de ne pas attendre le châtiment que je lui réserve.

— Ah!

— Et de mourir tout de suite; car nous le tuerions, j'imagine.

— Si cela te fait plaisir, chère belle, répondit le premier avec insouciance.

— Mais, dit encore l'autre, si Coqueluche est chez lui....

— Tant pis!

— Il est jeune.... il est fort..... il résistera.....
— Tu crois? ricana la femme.
— Il appellera au secours....
— As-tu donc peur, cher ami?
— Non certes.
— Eh bien ! marche alors.... c'est-à-dire, entrons.... »

La femme tira alors de sa poche une clef qu'elle introduisit dans la serrure de la porte d'entrée. La clef tourna, le pêne glissa, la porte s'ouvrit. Une allée étroite, sans quinquet, sans lumière, s'offrit alors à la vue de ces trois personnages mystérieux.

La femme entra la première :

« Suivez-moi, dit-elle, et que l'un de vous me donne la main. Je connais les êtres. »

En effet, elle marcha sans hésitation jusqu'à l'escalier, et en gravit les premières marches.

« A quel étage? demanda tout bas un de ses compagnons.

— Au troisième. »

Ils continuèrent à monter.

Arrivés au second étage, l'un d'eux tira de sa poche un briquet et se procura de la lumière en allumant une petite mèche soufrée, de celles qu'on nomme *rat de cave*.

Il n'y avait personne dans l'escalier, et le portier, dont la loge était au premier étage, n'avait entendu aucun bruit.

La femme s'était emparée de la mèche, et guidait toujours ses compagnons.

Quand elle fut parvenue à la porte de l'appartement de Coqueluche, elle dit :

« Charles, dépêche-toi. Une fois dans l'appartement, nous en prendrons plus à notre aise.

— Et surtout pas de bruit, » ajouta l'autre.

Celui que la femme avait appelé Charles tira alors de dessous son carrick un ciseau à froid, d'un pied de longueur, et un trousseau de fausses clefs.

« Voilà des outils qui me connaissent et qui m'obéissent, » dit-il.

Il introduisit toutes ses fausses clefs successivement dans la serrure.

Mais la serrure résista.

« Dépêche donc! répéta la femme.

— Ma foi! répondit-il, aux grands maux les grands remèdes. »

Et avec le ciseau à froid, en trois pesées, il fit sauter la serrure.

A peine un léger craquement s'était-il fait entendre, et ce craquement n'éveilla personne dans la maison.

Les trois mystérieux personnages entrèrent dans l'appartement de Coqueluche, la femme marchant toujours en tête.

Coqueluche, comme on le pense bien, n'y était pas.

Le domestique qu'il avait à son service ne couchait point dans l'appartement.

Biribi avait exigé que *son neveu* le congédiât chaque soir.

« Maintenant, mes amis, dit la femme, il s'agit de ne pas nous en aller sans le coffret aux papiers.

— Et sans la fille.... dit celui qu'elle avait appelé Charles.

— Naturellement, » répondit l'autre.

Les deux hommes se débarrassèrent de leurs carricks. Chacun avait deux pistolets et un poignard à la ceinture.

La femme ôta son masque.

Les habitués du local Tivoli l'eussent reconnue avec quelque étonnement.

C'était cette femme étrange et fatale, qui vivait avec un mort dans le cœur, et qu'on appelait la *Baronne*.

Les deux hommes étaient jeunes tous deux.

Tous deux, ils avaient le regard énergique, et paraissaient aveuglément dévoués à cette femme.

« Charles, dit alors la baronne, tu vas rester à la porte, toi.

— Bon.

— Si Coqueluche ou Biribi rentraient....

— Je ferais feu, dit-il en caressant la crosse de ses pistolets.

— Non, j'aimerais mieux le poignard; j'ai horreur du bruit.

— Soit. »

Et il prit son poignard, et se plaça derrière la porte d'entrée.

La baronne alluma deux flambeaux qui se trouvaient sur la cheminée, et éteignit son rat de cave.

Puis, elle dit à son deuxième compagnon :

« A nous, maintenant, et à l'œuvre ! »

XX

Celui des deux hommes que la *baronne* avait appelé Charles, se tenait dans le couloir, derrière la porte, son poignard à la main, prêt à frapper celui ou celle qui se présenterait, et troublerait ces singuliers malfaiteurs dans leur besogne.

L'autre, à qui la *baronne* donnait le nom d'Armand, s'était emparé du ciseau à froid avec lequel on avait forcé la porte d'entrée.

La *baronne* jeta autour d'elle ce regard assuré des gens de police habitués aux perquisitions.

« Ce que je viens chercher ici, dit-elle, ce n'est ni de l'argent, ni des valeurs, c'est l'instrument de ma vengeance.

— Faut-il ouvrir le secrétaire? demanda Armand.

— Oui, mais ce n'est pas là que nous trouverons les papiers. Je ne le crois pas du moins. »

Armand fit sauter la serrure du secrétaire; il en ouvrit successivement tous les tiroirs.

La *baronne* fouillait d'une main fiévreuse, et ne trouvait rien.

Elle bouscula les papiers qui couvraient la table.

« Non, dit-elle, non, ce n'est pas cela.... »

Elle fit le tour du cabinet, sondant les murs, de son poing fermé.

Deux placards furent ouverts.

« Ce n'est pas cela encore, » dit-elle avec dépit.

Tout à coup ses yeux s'arrêtèrent sur une grande potiche chinoise placée sur la cheminée, à la place d'une pendule.

Elle monta sur une chaise, et souleva le couvercle de la potiche.

A première vue, la potiche était vide.

Elle y plongea la main, mais, chose extraordinaire, sa main rencontra une petite arête qui indiquait une solution de continuité.

La potiche avait un double fond.

L'émotion joyeuse qu'éprouva la *baronne* en faisant cette découverte, fut telle, qu'au lieu de s'emparer de la potiche avec précaution, elle la jeta par terre.

La potiche se brisa, et de ses flancs mutilés s'échappa un coffret de fer.

La *baronne* jeta un cri de joie et se précipita sur cet objet.

« C'est bien cela..... dit-elle....

— Mais prends-donc garde ! dit Armand, tu fais un bruit épouvantable.

— Il me semble qu'on monte dans l'escalier, cria Charles du fond du couloir.

— Peu m'importe ! » dit la *baronne*.

Son œil brillait d'une joie sombre.

Elle avait pris le coffret de fer; elle en examinait la serrure et un chiffre entrelacé qui se trouvait au-dessus.

« Mais tu n'en as pas la clef, dit Armand.

— Non, mais nous le briserons : car la serrure résisterait à toutes les fausses clefs.

— Tu crois donc que c'est dans ce coffret ?...

— Dans ce coffret sont des papiers qui feront tomber la tête de Biribi, un jour à quatre heures, en place de Grève. »

Puis elle ajouta :

« Maintenant, nous n'avons plus rien à chercher ici. »

Elle remit son masque.

Le bruit de la potiche se brisant sur le parquet, avait coïncidé avec celui d'un pas dans l'escalier.

Mais ce pas ne s'arrêta point devant la porte derrière laquelle Charles était toujours, son poignard à la main.

Il monta plus haut, puis s'éteignit, et la maison redevint silencieuse.

Tandis que la baronne remettait son masque, les deux hommes avaient repris leur carrick.

Elle avait glissé le coffret sous ses vêtements, et, en leur montrant le couloir :

« Par ici! maintenant, » dit-elle. (Page 105.)

« Par ici ! maintenant, » leur dit-elle.

Elle désignait le chemin que Biribi avait l'habitude de suivre pour passer de chez Coqueluche, chez lui.

Arrivée à cette porte mystérieuse que cachaient les rideaux du lit de M. le baron de Fenouil-Caradeuc, elle s'arrêta et prêta l'oreille.

Un murmure confus de voix lui arriva.

Deux voix de femme sans doute.

« La petite n'est probablement pas couchée encore, » dit-elle.

Il faudrait entrer sans faire du bruit.

Charles, qui avait éteint les flambeaux du cabinet de Coqueluche, avait rallumé le rat de cave....

Il l'approcha de la serrure et dit après un rapide examen :

« Il suffit d'une paille pour ouvrir ça.

— A l'œuvre donc, et pas de bruit, » dit la baronne.

. . . .

Celle qui passait dans le quartier pour la fille du respectable baron de Fenouil-Caradeuc, n'était pas couchée en effet.

Seule avec sa gouvernante, cette admirable enfant, qui répondait au nom de Juliette, avait passé la journée dans l'anxiété la plus grande.

On se battait depuis le matin ; le canon retentissait sans relâche, et Juliette n'avait pas de nouvelles de celui qu'elle appelait son père.

Pourquoi n'était-il pas rentré au petit jour, comme de coutume ?

Juliette aimait Biribi, qu'elle croyait son père.

Et le vieux bandit avait pour elle des tendresses infinies et des adorations sans bornes.

Juliette ne le questionnait jamais sur sa vie mystérieuse.

Biribi, du reste, n'aimait pas les questions indiscrètes, et il s'était borné à lui dire un jour sèchement :

« Je sers le roi ! »

Jamais Juliette n'avait franchi le seuil de cette porte par laquelle Biribi entrait et sortait.

Elle ne connaissait pas Coqueluche ; elle ignorait par qui l'appartement de la maison voisine était habité.

Gertrude était sombre et silencieuse depuis le matin. Juliette lui ayant dit :

« Mais mon père ne rentre pas ! »

La vieille bonne avait répondu avec humeur :

« Il rentrera, mademoiselle, allez, il rentre toujours....

— Comme tu me dis cela ! »

Gertrude avait haussé les épaules sans répondre.

Puis elle était venue s'asseoir auprès de la table à ouvrage de Juliette, et s'était mise à tricoter un bas, comme si de rien n'était.

« Ma bonne Gertrude, avait repris Juliette, d'une voix tremblante, c'est donc vrai qu'on se bat pour le roi ?

— Je ne sais pas pour qui on se bat. Je n'entends rien à la politique, moi.

— Tout à l'heure, reprit la jeune fille, il y avait des hommes sous la fenêtre qui disaient que les Russes allaient entrer dans Paris.

— C'est possible.

— Qu'ils ramenaient le roi.

— Je n'en sais rien.

— Ce qui m'a fait une grande joie et une grande peur tout à la fois.

— Comment cela, mademoiselle ?

— Une grande joie, car si le roi revient, il nous rendra notre château.

— Bon ! après ?

— Une grande peur.... car peut-être mon père se bat avec les Russes.... s'il allait être blessé.... tué peut-être.... »

Et Juliette joignait les mains avec effroi.

« N'ayez pas peur, dit Gertrude avec ironie ; il n'y a pas de danger.... M. Biribi.... est un homme prudent... »

Juliette allait poursuivre sans doute ; mais le bruit du bris de la potiche arriva jusqu'à elle.

« Mon Dieu ! fit-elle.

— C'est dans la maison voisine, » répondit Gertrude.

Le bruit cessa, mais Juliette n'en persista pas moins dans son inquiétude.

« Oh ! j'ai peur.... dit-elle.

— Eh bien ! répondit Gertrude, je ne vous quitterai pas, cette nuit.

— Ah ! ma bonne Gertrude....

— Au lieu de remonter dans ma chambre, je me ferai un lit dans la salle à manger, tout en travers de la porte.

— Vous devriez vous coucher, mademoiselle.

— A quoi bon ? je sais bien que je ne pourrai pas fermer l'œil. »

Puis tressaillant de nouveau :

« As-tu entendu ?

— Quoi donc ?

— Du bruit dans la chambre de mon père.

— Eh bien ! dit Gertrude naïvement, c'est peut-être lui qui rentre. »

Juliette s'élança vers la porte de la chambre où couchait le baron de Fenouil-Caradeuc, quand, toutefois, il couchait chez lui ; et elle y entra sans défiance, en disant :

« Est-ce toi, petit père ? »

Les rideaux du lit s'agitaient dans la pénombre qui régnait dans la chambre.

Puis ils s'ouvrirent brusquement, et Juliette jeta un cri.

La femme masquée venait d'apparaître ; elle avait fait un bond sur Juliette, l'avait prise à la gorge et murmurait :

« Si vous appelez, je vous tue ? »

Mais Gertrude avait entendu le cri, et elle était accourue.

Les deux hommes qui accompagnaient la baronne se jetèrent sur elle.

L'un d'eux lui enfonça un mouchoir dans la bouche.

L'autre la garrotta lestement.

Pendant ce temps, la baronne avait chargé sur son épaule la jeune fille évanouie, et elle regardait le couloir en murmurant.

« Maintenant, Biribi, je te tiens !... et nous allons régler un compte terrible. »

XXI

Quelques jours se sont écoulés.

Paris, la ville Caméléon, a effacé les dernières traces de cette lutte acharnée qu'il a soutenue contre les armées alliées.

Paris est devenu une ville Russe, Allemande et Anglaise; Paris est la possession de l'étranger.

Les ministères, les établissements publics, les théâtres, ont maintenant à leur porte des sentinelles bavaroises, autrichiennes ou cosaques.

Le peuple, gardien fidèle de l'honneur national, s'est retiré morne et fier dans les faubourgs.

L'armée française est sortie de Paris après la capitulation; mais le bourgeois Parisien s'est bien vite humanisé avec les alliés.

C'est le soir, le Palais-Royal étincelle.

Une musique autrichienne joue des valses dans le jardin, pour le plus grand charme des vieilles Parisiennes.

Les galeries de bois sont encombrées de rubans, d'oripeaux et de toilettes provoquantes.

Les galants uniformes de nos bons amis s'y confondent avec la soie et le velours que traînent les prêtresses de la Vénus facile.

Les cafés sont pleins.

Les maisons de jeu regorgent.

Les armuriers eux-mêmes font quelques affaires; ils vendent des épées de combat à ceux qui se sont pris de querelle, et des pistolets à ceux qui ont laissé, sur le tapis vert de la roulette, leur dernier napoléon ou leur dernière guinée.

La *dame verte*, comme on l'a souvent appelée, l'absinthe, coule à pleins bords et distille son affreux poison.

Ils sont deux jeunes gens, à la porte du café de Foy, assis devant une table qui supporte un flacon de la liqueur pernicieuse.

Un flacon presque vide déjà.

Deux jeunes gens en uniforme, l'un blanc, l'autre vert, un Russe et un Autrichien.

Le Russe est calme, l'Autrichien supporte moins bien la dame verte.

Le Russe a cet œil clair et d'une féroce tranquillité qui dénote le buveur d'absinthe endurci.

L'Autrichien est devenu rêveur, mélancolique, et il songe peut-être, en son ivresse, à quelque blonde fiancée laissée dans la vaste Bohême ou dans quelque vieux manoir penché sur le Danube aux flots rapides.

Silencieux tous deux, ils boivent à petites gorgées.

Devant eux passe et repasse la foule bariolée des uniformes et des oripeaux.

Tout à coup, au milieu de cette foule, un murmure s'élève, et ces mots : la voilà ! la voilà ! circulent de bouche en bouche.

Le Russe a posé son verre.

Il suit du regard les indications de la foule, et son regard s'arrête tout à coup sur une femme qui passe en souriant.

La foule murmure son nom :

« Cendrinette ! »

C'est Cendrinette, en effet ; Cendrinette, belle et charmante, comme toujours, et qui vient au Palais-Royal s'assurer de la générosité de ces étrangers qui, dit-on, ont leurs poches pleines d'or.

« Qu'elle est belle ! » murmure le Russe.

Mais l'Autrichien fait une petite moue dédaigneuse.

« J'ai laissé mieux que cela à Vienne, » dit-il.

Le Russe sourit et murmure :

« Sans doute quelque grosse Allemande ? »

L'Autrichien pâlit et porte instinctivement la main à la garde de son épée.

« C'est bien, dit le Russe. Je maintiens le mot.

— Pétrowitz, prenez garde !...

— A quoi, ami Conrad? demande le Russe.

— Vous insultez la femme que j'aime....

— Vous vous permettez bien, vous, de ne pas être de mon goût. »

Et le Russe a pareillement porté la main à la garde de son épée.

« Un moment, dit l'Autrichien, je ne tiens pas à votre vie.

— Ni moi à la vôtre.

— Voulez-vous retirer l'expression dont vous vous êtes servi relativement à ma fiancée?

— Ah! votre fiancée.... »

Et le Russe continue à ricaner.

« Oui, c'est ma fiancée.

— Elle doit avoir les cheveux jaunes et les mains rouges.

— Pétrowitz, vous m'insultez!

— Libre à vous, Conrad, de prendre la chose ainsi. »

L'Autrichien se lève.

« Alors, vous me rendrez raison.

— Quand vous vous voudrez, » répond Pétrowitz.

Et il vide son sixième verre d'absinthe.

Puis, tirant sa montre :

« Il n'est pas minuit, dit-il. Je ne me bats pas avant le jour. Vous avez le temps d'attendre....

— J'attendrai.... »

Cendrinette, qui s'était arrêtée à quelques pas, a deviné qu'elle était la cause première d'une querelle entre ces deux hommes.

Elle s'approche.

« Tu es belle! lui dit Pétrowitz.

— Belle nouvelle! on me l'a déjà dit, mon capitaine.

— Veux-tu m'aimer?

— Tu es donc bien riche?

— J'ai des terres et des esclaves à passer pour un prince, dit Pétrowitz.

— Eh bien ! dit Cendrinette, fais-moi un cadeau. Il y a là, dans cette boutique, un collier de perles pour lequel je me meurs d'envie.

— Il est à toi, » répond Pétrowitz.

Et il se lève et offre le bras à Cendrinette.

Puis, se tournant vers l'Autrichien :

« Ami Conrad, dit-il, quand nous retrouverons-nous ?

— Où vous voudrez, et au point du jour.

— Ici, dans le jardin.... si vous voulez.

— C'est convenu. »

Et le Russe s'éloigne au bras de Cendrinette.

L'Autrichien est ivre de rage.

Pendant une heure, il se promène dans les galeries d'un pas inégal et chancelant ; puis, l'ivresse augmentant, cette horrible ivresse de la dame verte, il gravit précipitamment l'escalier du numéro 113.

Le *cent treize !*

L'antre infernal où s'engloutissaient pêle-mêle la dot de la femme, le pain des vieillards et des enfants, et quelquefois des hommes !

Le capitaine Conrad est entré dans la salle de jeu.

La roulette fait entendre son bruit sinistre ; la bille court en ronflant, le croupier annonce le point, les joueurs murmurent, le râteau s'allonge sans relâche.

L'Autrichien a tiré de sa poche une poignée d'or.

« Place ! place ! » dit-il.

La foule s'écarte un peu ; l'Autrichien peut arriver jusqu'à la table.

« Rien ne va plus ! » dit le croupier, au moment où Conrad a posé une pile de pièces d'or au hasard.

La bille tourne, puis elle tombe, et le croupier dit :

« *Deux, noire, pair et manque.* »

La maison de jeu du 113 au Palais-Royal. (Page 112.)

L'or du jeune Autrichien était sur le numéro deux.

Or, à ce jeu d'enfer, le numéro qui sort donne trente-cinq fois la mise.

Un murmure d'admiration s'est élevé. Conrad a vu sa pile d'or payée trente-cinq fois.

Mais il ne retire pas son argent.

« Il va tout perdre, » murmure-t-on.

Mais la dame verte est là qui le conseille.

La bille roule de nouveau.

Tout à coup un frisson d'enthousiasme, un hourra d'admiration s'élève parmi la foule pressée autour de la roulette.

Le numéro *deux* est encore sorti.

Et Conrad, en voyant un monceau d'or devant lui, remercie la dame verte.

Mais il ne retire pas son argent.

« Vous êtes fou ? » disent cent voix.

Conrad sourit toujours.

« Rien ne va plus ! » dit le croupier en laissant tomber la bille dans le bassin de cuivre.

XXII

Tandis que la bille tournait, on eût entendu voler une mouche dans la salle.

La roulette est, pour les joueurs, l'ennemi commun. Quiconque la maltraite est le bienvenu.

On s'intéresse à son gain comme s'il devait vous en revenir quelque chose.

La bille tournait, tournait encore, et chacun retenait

son haleine ; et lorsqu'elle tomba, ce fut comme un coup de foudre.

« *Deux, noire, pair et manque,* » annonça le groupier pour la troisième fois.

Ce ne fut plus de l'étonnement, ce ne fut plus de la joie, ce fut du vertige et de la frénésie.

La banque sautait ; les croupiers se regardaient consternés.

Conrad, calme et froid, prit son bonnet de police et le convertit en sac.

Puis, s'emparant d'un râteau, il l'emplit.

« Est-ce que vous ne tenez plus ? demanda-t-il aux croupiers.

— Pas jusqu'à demain, » lui répondit-on.

Il fit un signe de tête qui voulait dire : « Cela m'est bien égal, » et il sortit de la salle de jeu, escorté, pour ainsi dire, par tous ceux qui avaient assisté à son triomphe.

Mais le capitaine Conrad n'alla pas loin ; il ne s'éloigna pas avec son gain à toutes jambes comme on aurait pu le croire.

Il demeura dans le Palais-Royal, et alla se rasseoir devant ce café où il s'était querellé naguère avec le Russe Pétrowitz.

L'or attire les belles de nuit, comme la chandelle les papillons.

Tout ce que les galeries de bois avaient de plus séduisant vint passer et repasser devant le joueur heureux.

Celui-ci avait posé sa casquette pleine d'or sur la table, devant lui ; puis il avait redemandé de l'absinthe et s'était replongé dans son rêve.

En vain les sirènes les plus séduisantes lui adressaient-elles un regard et un sourire.

Les galeries du Palais-Royal en 1815. (Page 115.)

En vain les plus hardies s'approchaient-elles, disant:

« Tu es le plus bel officier que nous ayons jamais vu. »

Conrad demeurait indifférent.

Conrad songeait à la fiancée qui l'attendait, là-bas, de l'autre côté des Alpes.

Cependant une grande et brune fille au jupon rouge, au corsage de velours garni de paillettes, aux yeux noirs pleins d'éclat, au nez busqué, aux lèvres vermeilles laissant voir des dents éblouissantes, s'approche à son tour.

Celle-là n'était pas précisément une vierge folle.

Elle avait un état; elle jouait du tambour de basque et dansait en s'accompagnant des castagnettes.

Elle vint se placer devant Conrad, à qui, maintenant, la foule composait une véritable cour, et elle se mit à danser un fandango prodigieux.

Conrad la suivait des yeux, dans sa tournoyante chorégraphie; il avait ce regard abruti et morne que donne l'ivresse.

Quand elle eut fini, elle lui tendit une sébile.

« Mon doux seigneur, lui dit-elle, un louis pour la bohémienne, s'il vous plaît? »

A ce mot de bohémienne, l'œil atone de Conrad s'éclaira.

« Tu es bohémienne ? fit-il.

— Gitana d'Andalousie, répondit-elle.

— Et tu danses ?...

— Je danse et je dis la bonne aventure.

— Ah! fit Conrad, dont l'œil s'illumina de plus en plus.

— Je prédis l'avenir soit avec un jeu de tarot, poursuivit-elle, soit par la simple inspection des mains. »

Conrad plongea sa main dans la casquette et y prit une poignée d'or.

« Tends ton tablier, » dit-il.

La bohémienne, stupéfaite, ne bougea pas.

« Je veux savoir l'avenir, poursuivit Conrad d'un ton impérieux. Prends et parle.... »

La bohémienne, après une minute d'hésitation, fit de son tablier une poche, et Conrad y laissa tomber la poignée d'or.

Puis il tendit sa main.

« Ne préférez-vous pas le tarot ? demanda la bohémienne.

— Je veux le plus court, » dit-il.

Elle le regarda et eut un tressaillement.

« C'est égal, dit-elle, j'aimerais mieux vous faire les cartes.

— Non.... lis dans ma main. »

Elle soupira et lui dit :

« Allons !... puisque vous le voulez.... »

Et elle prit la main que lui tendait Conrad, et se mit à en examiner les lignes avec une attention émue.

Les joueurs qui avaient escorté Conrad, les femmes légères qui se pressaient auprès de lui avaient formé un cercle autour de la bohémienne.

Le silence régnait, et on se suspendait aux lèvres de la jeune sorcière, comme tout à l'heure on avait écouté avec anxiété le bruit de la bille roulant dans la cuvette de cuivre.

Mais la gitana repoussa vivement la main du jeune officier :

« Non, non ! dit-elle avec force.

— Parle ! fit-il avec irritation.

— Je ne veux pas ! fit-elle toute tremblante.

— Parleras-tu ? »

Et il se leva menaçant.

La bohémienne était pâle ; son front s'était subitement inondé de sueur.... ses lèvres tremblaient.... tout son corps avait un tremblement convulsif.

« J'ai payé pour savoir.... je veux savoir.... dit Conrad avec un accent impérieux.

— Eh bien ! dit-elle, si vous restez ici....

— J'y resterai.

— Vous êtes un homme mort.... » acheva-t-elle.

Conrad pâlit légèrement à son tour ; mais il se remit bientôt.

« Et comment mourrai-je ? dit-il.

— Je ne sais pas.... mais vous mourrez.... Partez d'ici, allez-vous-en bien loin.... fuyez.... si vous avez une mère, une sœur, une fiancée.... »

Et l'émotion de la bohémienne était si grande qu'elle avait gagné l'auditoire.

« Une fiancée ! » murmura Conrad frissonnant.

Et il songea sans doute à la jeune fille qui nuit et jour songeait à lui.

« Partez ! » répéta la bohémienne.

Mais un éclair jaillit des yeux de Conrad :

« Si je partais, dit-il, je serais un lâche !

— Alors, dit la bohémienne, reprenez votre argent, il me porterait malheur.. »

Elle vida le contenu de son tablier sur la table du café et s'enfuit.

La foule sera éternellement superstitieuse.

L'insolent bonheur de Conrad au jeu suffit à confirmer dans l'esprit de tous la prédiction de la bohémienne.

Et comme on avait entouré cet homme, on s'en éloigna tout à coup.

Le vide se fit autour de lui.

Mais il ne s'en aperçut pas.

Après avoir remis son or dans sa poche, il était retombé dans son effrayante rêverie.

La dame verte avait repris son empire.

Et les courtisanes s'éloignèrent, comme les hommes s'étaient éloignés, et minuit sonna....

Les boutiques se fermèrent, la foule se dissipa ; il ne resta plus d'ouvert que la maison de jeu et le café qui en dépendait.

Et dans ce café quelques rares joueurs décavés, et dans les jardins du Palais-Royal deux ou trois promeneuses que la solitude n'effrayait pas.

Conrad était toujours là, son front dans ses mains.

La nuit s'écoula, les premières clartés de l'aube blanchissaient les toits.

Conrad rêvait de ce vieux manoir aux murs couverts de lierre qui mirait l'ardoise de ses tourelles dans les flots rapides du Danube, à ce manoir sous les lambris duquel la blonde Gretchen sommeillait sans doute, un angélique sourire aux lèvres.

Tout à coup une main toucha son épaule.

Il tressaillit et leva la tête.

Le lieutenant Pétrowitz était devant lui.

« Me voici, » dit-il.

Conrad se leva vivement.

« Oh ! c'est juste, répondit-il, vous êtes exact. »

Puis il songea à la prédiction de la bohémienne.

Et il passa sa main sur son front.

Mais Conrad était brave ; Conrad n'avait jamais reculé.

Pétrowitz lui dit :

« Nous étions amis pourtant.

— C'est vrai, répondit Conrad, si vous voulez retirer le mot malséant dont vous vous êtes servi à l'endroit de ma fiancée.... je vous tendrai la main.

— Jamais, répondit Pétrowitz.

Ils firent trois pas dans le jardin, mirent flamberge au vent et croisèrent le fer. (Page 112.)

— Alors, dit Conrad, que la volonté du destin s'accomplisse ! »

Ils firent trois pas dans le jardin, mirent flamberge au vent et croisèrent le fer....

XXIII

Faisons un pas en arrière et reportons-nous au moment où Cendrinette entraînait le lieutenant Pétrowitz à travers les galeries du Palais-Royal.

Cendrinette avait-elle donc déjà repris sa folle vie ?

Cendrinette était-elle déjà guérie de cet amour injuste que lui avait inspiré le prétendu vicomte de Montrevel !

Oui et non.

Oui, en ce sens qu'elle cherchait à s'étourdir et méprisait cet homme qui était le complice de l'infâme Biribi.

Non, parce que, tout en le méprisant, elle le haïssait, comme on va le voir.

Cendrinette avait développé chez Pétrowitz sa corde sensible.

« Tu es belle, répéta-t-il.
— Je le sais.
— Tu es un ange....
— Non, tu te trompes.
— Qu'es-tu donc ?
— Un démon.
— Oh ! » dit le lieutenant en riant.

Mais elle eut un éclair dans les yeux qui le fit tressaillir.

« Mais, reprit-il, les démons aiment quelquefois.

— C'est selon....

— C'est-à-dire, fit-il en souriant, que tu veux le collier de perles dont tu m'as parlé? Eh bien! viens.... nous allons l'acheter.

— Non, dit Cendrinette, j'aimerais mieux autre chose.

— Quoi donc? »

Elle l'enveloppa d'un regard calme et investigateur.

« Après ça, dit-elle, vous n'êtes peut-être pas l'homme que je cherche.

— Plaît-il? dit le Russe.

— Vous me trouvez belle et vous m'aimeriez peut-être jusqu'à concurrence de quelques bijoux.... mais....

— Mais quoi!

— Mais si je vous demandais de risquer votre vie pour moi.

— Eh bien?

— Vous me refuseriez.

— Ma toute belle, dit Pétrowitz, vous connaissez bien mal les gens comme moi.

— Vrai!

— Pour l'amour de vous, je tirerais l'épée sans relâche pendant huit jours.

— Vous ne vous moquez pas de moi? »

Et la voix de Cendrinette tremblait d'émotion.

« Mais non, dit-il avec gravité.

— Si je vous désignais un homme que je hais?

— L'avez-vous aimé?

— A en devenir folle.

— Bien. Après?

— Si je vous le désignais, en vous disant : mon amour est au prix de sa vie?...

— Je le tuerais.

— Vous parlez sérieusement, dit-elle en le regardant encore, je vous crois.

— Où est-il ?

— Je vais vous conduire à la porte de la maison dans laquelle il se trouve.

— Allons ! » dit Pétrowitz.

Ils sortirent du Palais-Royal et gagnèrent la rue Saint-Honoré.

Pétrowitz se disait :

« Il n'est pas minuit ; j'ai le temps d'aller tuer l'homme que hait cette belle enfant et de revenir avant le jour me mettre aux ordres du capitaine autrichien Conrad. »

Et il allongea le pas.

Cendrinette marchait rapidement, effleurant à peine le sol de son pied mignon.

Depuis que les alliés étaient maîtres de Paris, la capitale avait repris peu à peu sa physionomie accoutumée.

Les voitures de place circulaient dans les rues, où il n'y avait plus de trace de barricades.

Cendrinette fit signe à un cocher qui stationnait à l'angle de la rue de Chartres.

« C'est loin, dit-elle à Pétrowitz ; nous allons monter en voiture.

— Comme vous voudrez, répondit-il ; je vous suivrai au bout du monde.

— Où allons-nous, mes bourgeois ? demanda le cocher.

— A la barrière de Ménilmontant, répondit Cendrinette.

— A l'heure ou à la course ?

— A la course.

— Tiens ! c'est drôle.... murmura le cocher à part lui. Ils ont pourtant l'air de deux amoureux. Pourquoi donc sont-ils pressés ? »

Quand la voiture roula, Pétrowitz prit les deux mains de Cendrinette dans les siennes.

Elle ne les retira point.

« Vous le haïssez donc bien ? fit-il.

— J'ai soif de tout son sang.

— Il vous a donc abandonnée ?...

— Non ; c'est moi.

— Alors ?....

— Mais il m'a trompée.... c'est le dernier des hommes.... et, tant qu'il vivra, je serai honteuse de mon amour.

— Est-ce un Français ?

— Oui. »

Pétrowitz garda un moment le silence ; puis, tandis que la voiture roulait, il ajouta :

« Mais encore, pour me battre avec lui, faut-il un prétexte.

— C'est facile à trouver.

— Mais pas la nuit.... il est couché, sans doute.

— Non ; il est auprès d'un officier blessé....

— Ah ! »

Cendrinette regarda Pétrowitz.

« Hésiteriez-vous ? dit-elle. S'il en est ainsi, arrêtons-nous, descendez et quittez-moi....

— Vous êtes folle ! ma belle enfant, dit Pétrowitz, je n'ai jamais reculé devant pareille aventure ; par conséquent, allons !

— C'est bien, vous êtes un galant homme, dit Cendrinette, et je vois bien que vous êtes brave.

— On l'a toujours dit, » fit simplement Pétrowitz.

La voiture roulait toujours. Elle descendit vers la porte Saint-Denis, longea le boulevard de ce nom et le boulevard Saint-Martin, entra dans le Faubourg-du-Temple et traversa le canal de l'Ourcq.

Cendrinette paraissait absorbée en une rêverie profonde.

Pétrowitz lui pressait tendrement les mains, et Cendrinette ne les retirait pas.

Au bout d'un quart d'heure, la voiture s'arrêta.

Elle était arrivée en face de la barrière.

« Descendons, fit Cendrinette.

— Va-t'en ! » dit Pétrowitz au cocher, en lui mettant un écu dans la main.

Cendrinette lui prit le bras et le fit entrer dans le chemin de ronde qui courait derrière le mur d'enceinte.

Elle avait jeté sur ses épaules un manteau que tout à l'heure elle portait sous son bras; et elle en ramena les plis sur son visage avec tant d'art, que ses amis les plus intimes, passant auprès d'elle, ne l'auraient pas reconnue.

Au bout de cent pas, elle s'arrêta.

« C'est là, dit-elle en lui montrant une maison isolée et qui paraissait tomber en ruine, tant le canon des Russes l'avait battue en brèche quelques jours auparavant.

— Fort bien, répondit Pétrowitz.

— Malgré l'heure avancée de la nuit, vous voyez cette lumière, n'est-ce pas ?

— Au premier étage ?

— Oui.

— Elle éclaire la chambre d'un officier français blessé grièvement durant le siége de Paris.

— Bon, et après ?

— Deux personnes sont auprès de lui : une jeune femme et l'homme que je hais.

— Comment se nomme-t-il ?

— Il se fait appeler le vicomte de Montrevel.

— Cela me suffit, dit Pétrowitz. Je vais frapper à la porte.

— Non pas, dit Cendrinette. Ce n'est pas ainsi qu'il faut procéder.

— Que faire, alors?

— Vous allez me laisser m'éloigner.

— Et puis?

— Vous vous avancerez sous la fenêtre éclairée et vous appellerez :

« Monsieur de Montrevel? »

— Bien.

— Il se mettra à la fenêtre. Vous le prierez de descendre. Le reste vous regarde. Adieu.... »

Et Cendrinette fit un pas de retraite.

« Mais, dit Pétrowitz, qui eut un mouvement de défiance, où vous retrouverai-je, ensuite?

— Chez moi.

— Où?

— Rue du Mont-Blanc. Voici ma carte. »

Et Cendrinette tendit en effet un petit carré de papier glacé sur lequel on lisait :

Mlle Cendrinette, danseuse.

Après quoi, elle glissa des mains à Pétrowitz et s'esquiva d'un pas rapide.

Alors, Pétrowitz s'avança sous la fenêtre qui était éclairée.

« Monsieur de Montrevel, vous plairait-il de descendre un instant ? » (Page 124.)

XXIV

Cendrinette était déjà loin.

Pétrowitz l'avait suivie des yeux, puis perdue de vue.

Le Russe eut un moment d'hésitation.

Après tout, quelle était cette femme qui voulait lui faire tuer un homme qu'il ne connaissait pas, qu'il n'avait jamais vu ?

Et pourquoi cette femme ne demeurait-elle point là, pour assister au combat, pour jouir de sa vengeance ?

L'ivresse de l'absinthe a de terribles moments de lucidité, d'incroyables éclairs de raison.

Un de ces éclairs traversa le cerveau de Pétrowitz.

Un moment, il se dit :

« Il y a, au Palais-Royal, deux cents femmes qui sont aussi belles peut-être que celle-là, et cependant, elles ne promettent point leur amour en échange de la vie d'un homme.

« Et puis, qui me dit que je reverrai jamais celle-là ? »

Pétrowitz fut sur le point de battre en retraite.

Mais sa main froissait encore la carte que lui avait donnée la jeune femme.

Il y avait, à trois pas de la maison, une manière de réverbère.

A la clarté, Pétrowitz relut ce nom :

Cendrinette.

« Le nom est aussi joli que la femme ! » se dit-il.

Et l'éclair de raison disparut ; la folie absinthée le reprit.

« Là ! monsieur de Montrevel ? » cria-t-il.

Puis il attendit.

Quelques secondes s'écoulèrent, pendant lesquelles Pétrowitz vit la lumière placée derrière la fenêtre s'agiter.

Puis enfin, la fenêtre s'ouvrit et un homme y parut, disant :

« De quoi s'agit-il ?

— Êtes-vous M. de Montrevel ? demanda Pétrowitz dans le français si parisien, si dépourvu d'accent, qui est familier aux Russes de l'aristocratie.

— Oui, monsieur, répondit Coqueluche.

— Vous plairait-il de descendre un moment ? reprit Pétrowitz.

— Dans quel but ?

— J'ai à vous entretenir de choses graves.

— Je suis à vous, » répondit Coqueluche.

Et il referma la fenêtre.

Quelques minutes après, il était dans la rue et saluait Pétrowitz avec quelque étonnement, car il s'apercevait qu'il avait affaire à un officier russe.

« Vous êtes bien M. de Montrevel ? demanda encore Pétrowitz.

— Sans doute, monsieur.

— Monsieur, continua Pétrowitz, je suis amoureux.

— Je vous en fais mille fois mon compliment, monsieur, répondit Coqueluche, n'est pas amoureux qui veut ; mais je ne suppose pas que vous me dérangiez à pareille heure pour me faire des confidences sur l'état de sensibilité de votre cœur.

— C'est ce qui vous trompe, monsieur.

— Bah! fit Coqueluche.

— Monsieur, reprit l'officier, je suis amoureux, et d'une femme charmante, que vous connaissez.

— Moi?

— Elle se nomme Cendrinette. »

Coqueluche ne sourcilla pas.

« Je crois que vous vous trompez, dit-il, j'entends prononcer ce nom pour la première fois. »

Cette réponse, nettement articulée, devait faire reculer Pétrowitz d'un pas, et il recula, en effet.

Coqueluche poursuivit avec le même sang-froid :

« Après cela, peut-être a-t-elle un autre nom; les femmes changent si souvent!...

— Je ne sais pas, dit Pétrowitz; tout ce que je puis vous dire, c'est qu'elle m'a offert son amour en échange d'un petit service....

— Qui consiste?...

— A vous passer mon épée au travers du corps.

— En vérité? dit Coqueluche toujours calme.

— C'est comme j'ai l'honneur de vous le dire.

— Mais n'êtes-vous pas sûr de ne vous point tromper?

— Je ne crois pas. »

Coqueluche avait l'air de chercher dans sa mémoire.

« Cendrinette? disait-il, Cendrinette.... non, parole d'honneur! je ne me rappelle pas.

— Une jolie blonde....

— Ce n'est pas un renseignement; il y a tant de femmes blondes....

— Qui a un léger grasseyement dans la voix....

— Connais pas! et où l'avez-vous rencontrée?

— Au Palais-Royal. »

Coqueluche eut alors un rire fort impertinent.

« Excusez-moi, monsieur, dit-il; mais vous ne seriez pas en uniforme, que ce détail me prouverait que vous êtes étranger. Je suis le vicomte de Montrevel, et je ne suis jamais allé chercher mes amours au Palais-Royal.

— Mais.... monsieur....

— S'il vous plaît de nous couper la gorge, poursuivit Coqueluche, certes, je ne suis pas homme à décliner cet honneur ; mais vous me permettrez bien une question encore ?

— Faites.

— Comment êtes-vous venu ici ?

— En voiture.

— Seul ?

— Non, avec elle.

— Fouillez dans vos poches ; avez-vous encore votre bourse ?

— Oui, » dit Pétrowitz après examen.

« La voilà. »

Coqueluche fronça le sourcil.

« Cette femme doit avoir des complices, dit-il.

— Hein ?

— Qui vous attendent au coin d'une rue quelconque et vous dépouilleront.

— Mais, monsieur....

— Ce tour-là se fait très-souvent.

— Monsieur, dit Pétrowitz, que le calme de Coqueluche déconcertait un peu, je voudrais vous croire.... cependant....

— Quoi donc ? dit Coqueluche.

— Il faut bien que cette femme vous connaisse, puisqu'elle m'a dit votre nom.

— Bon !

— Et qu'elle m'a conduit ici.

— Oui, mais elle s'est sauvée....

— En me donnant rendez-vous chez elle, demain....

— Où cela?
— Rue du Mont-Blanc, 19.
— Monsieur, repartit Coqueluche, Mlle Cendrinette, puisque tel est son nom, en voulant prouver trop de choses, n'a rien prouvé du tout.
— Que voulez-vous dire?
— J'habite moi-même rue du Mont-Blanc, et il n'est pas très-étonnant qu'on y sache mon nom.
— Mais comment expliquerez-vous, dit Pétrowitz, à qui l'ivresse n'ôtait rien de sa logique, qu'elle ait pu me conduire ici, me désigner cette maison et me dire : « Il est là ! »
— C'est fort simple.
— Voyons ?
— Tout le monde de la rue du Mont-Blanc sait que je suis ici au chevet de mon ami, le colonel Raoul de Vauxchamps, blessé grièvement. »

Ce nom fut un coup de tonnerre pour Pétrowitz ; il se rappela Machefer, Mlle de Bernerie et le jeune colonel trouvé vivant parmi les morts.

« Vous êtes l'ami de M. de Vauxchamps? dit-il.
— Son ami intime. »

L'ivresse céda encore une fois sa place à la raison.

« Et pour une péronnelle que je ne reverrai pas, je me battrais avec vous ? Non, non, s'écria-t-il, non, mille fois non! Votre main, monsieur ? »

Et il tendit la main à Coqueluche, qui la prit.
Puis il s'en alla en disant :
« Adieu, monsieur.... au revoir, plutôt. »
Coqueluche le vit s'éloigner, et murmura :
« Il est ivre mort! C'est égal, ma petite Cendrinette, tu me payeras ce tour-là.... »
Et il rentra tranquillement dans la maison.
Pétrowitz, lui, continuait son chemin.

Il gagna le Faubourg-du-Temple, et là, l'ivresse le reprit.

« Après tout, se dit-il, je suis un imbécile; je perds à cette générosité chevaleresque l'amour d'une femme charmante....

« Je m'étais pourtant dit que je tuerais quelqu'un cette nuit. »

Il prit sa tête à deux mains et se souvint....

Il se souvint de Conrad, le capitaine autrichien à qui il avait donné rendez-vous dans le jardin du Palais-Royal.

Et il prit sa course, et nous l'avons vu arriver, poser sa main sur l'épaule du capitaine, et lui dire :

« Me voilà ! »

Cinq minutes après, les deux adversaires avaient l'épée à la main.

Trois minutes plus tard, Conrad, atteint en pleine poitrine, tombait en jetant un cri.

La prédiction de la bohémienne s'était réalisée.

XXV

Au moment où Conrad tombait, une femme accourut en jetant un cri.

C'était la bohémienne qui avait prédit au jeune officier son malheureux sort.

L'ivresse de Pétrowitz, cette ivresse calme et féroce tout à la fois, se dissipa alors comme par un douloureux enchantement.

Au moment où Conrad tombait, une femme accourut en jetant un cri. (Page 130.)

Conrad et Pétrowitz étaient amis.

Ils s'étaient rencontrés et avaient combattu, l'un à côté de l'autre, sur tous ces malheureux champs de bataille de la campagne de France.

Jeunes tous deux, ils s'étaient liés.

Conrad avait même sauvé une fois la vie à Pétrowitz

Et Pétrowitz venait de frapper mortellement Conrad.

La bohémienne accourut échevelée, frémissante, l'œil hagard.

« Ah ! dit-elle, je le lui avais prédit. »

Pétrowitz immobile, stupide, regardait cet homme dont il avait été le meurtrier et qui se tordait dans les convulsions de l'agonie.

La bohémienne se pencha sur Conrad.

Conrad la reconnut. Son œil brilla un moment ; puis ses lèvres s'entr'ouvrirent et murmurèrent un nom :

« Fritchen ! »

Après quoi les lèvres se refermèrent, l'œil devint fixe et vitreux ; les convulsions s'éteignirent.

Conrad était mort.

« Assassin ! » s'écria la bohémienne en jetant un regard enflammé sur Pétrowitz.

Pétrowitz ne répondit pas.

Il était comme foudroyé.

Mais la gitane poursuivit avec une exaltation sauvage :

« Il m'a donné sa main à lire, hier soir ; — car je lis dans la main des hommes comme dans un livre, — et j'ai lu dans la sienne que s'il ne s'éloignait pas d'ici, avant le jour, il mourrait. »

Puis, je me suis enfuie ; puis encore, quand j'ai été hors du Palais-Royal, une sorte de force mystérieuse m'a clouée au sol.

Je voulais m'en aller, et je ne pouvais pas.

L'œil fixé sur la galerie où je l'avais laissé, j'attendais qu'il sortît.

Mais il est resté....

Et j'ai passé la nuit là, à l'attendre, à supplier Dieu qu'il eût pitié de ce jeune homme....

Et Dieu a été sourd....

Et tu es arrivé à temps, assassin.

Une larme roulait, silencieuse, sur la joue pâlie de Pétrowitz.

« Tu pleures, dit-elle, avec son accent d'indignation sauvage ; il est bien temps de pleurer, beau fils ! Il est mort, le pauvre enfant, mort loin de son pays, loin de sa fiancée, n'emportant dans la tombe pour adieu suprême qu'un regard de la bohémienne !...

Es-tu content de ton œuvre, assassin ? »

Pétrowitz écoutait et ne répondait pas.

Elle poursuivit :

« Mais la parole divine a dit : Quiconque a frappé par l'épée périra par l'épée. »

Cette fois, Pétrowitz releva la tête et s'écria :

« Fille de Bohême, oserais-tu donc me dire mon sort, à moi aussi ?

— Oui, dit-elle avec exaltation, si tu veux me donner ta main, je te le dirai. »

Et Pétrowitz, fou de douleur, lui tendit sa main ouverte.

Le jour avait grandi ; un rayon de pourpre teintait le ciel d'un bleu pâle.

Cependant, le jardin était désert encore, et la bohémienne était seule avec Pétrowitz.

Elle prit cette main fiévreuse qui avait laissé échapper l'épée.

Elle l'examina avec une joie cruelle.

Et Pétrowitz eut peur, — lui qui n'avait jamais tremblé.

« Veux-tu savoir ton sort? lui dit-elle.

— Oui, je le veux.

— Oseras-tu l'entendre?

— Je ne crains pas la mort, dit-il avec un accent de profond désespoir, je la désire même à présent que j'ai tué mon ami.

— Et si je te disais que la mort qui t'attend est épouvantable!

— Je ne crains pas la douleur.

— Qu'elle est infâme! »

Pétrowitz recula.

« Oh! non, dit-il, c'est la mort d'un soldat que je veux.

— Tu ne l'auras pas.... »

Et elle riait d'un rire féroce; et comme il la regardait avec épouvante :

« Veux-tu donc encore savoir? » dit-elle.

Il hésita encore un instant, comme si quelque fantôme menaçant se fût dressé devant lui.

« Tu as peur, répéta-t-elle, tu as peur.

— Non, je n'ai pas peur, s'écria-t-il, parle, je le veux, je te l'ordonne. »

Et de nouveau, il lui tendit sa main.

Elle la prit, la serra avec force, mais ne la regarda point.

Alors, comme une pythonisse sur son trépied, les yeux au ciel, le corps frémissant, la voix inspirée, elle parla :

« C'est le soir, dit-elle; un soir d'hiver, le jour meurt.... le ciel est rouge.... »

Là-bas, je vois un grand fleuve bordé de maisons.

Sur les deux rives, sur les toits des habitations, aux

fenêtres..., sur une grande place, partout, une mer de têtes.

Les vagues de l'Océan ne sont ni plus pressées ni plus nombreuses, un jour de tempête.

Et cependant cette foule anxieuse, frémissante, du sein de laquelle s'échappe un immense murmure, comme on en entend au fond des grands bois, à l'approche de l'orage, cette foule s'est ouverte pour livrer passage à une charrette....

Elle s'arrêta un moment.

Pétrowitz, frissonnant et pâle, suspendait son regard aux lèvres de la bohémienne.

Elle reprit :

« Dans la charrette, il y a trois hommes; l'un est vêtu de rouge, l'autre de noir, le troisième est en chemise, tête nue, la tête couverte d'un voile noir, et les mains liées derrière le dos.

— Après? après? dit Pétrowitz d'une voix étranglée.

— L'homme vêtu de noir, poursuivit-elle, c'est le prêtre qui parle du ciel, l'homme vêtu de rouge, c'est le bourreau..., le troisième, celui dont la tête est recouverte d'un voile noir, c'est le condamné.

Là bas, sur la place, entourée de soldats, se dresse la lugubre machine, avec ses bras rouges et son couperet sur la lame duquel le crépuscule allume un dernier rayon.

Et la foule a fait silence, et la charrette roule toujours.

La bohémienne s'arrêta encore.

« Après? Après? » dit Pétrowitz frissonnant et livide.

La gitane reprit :

« La charrette roule encore; puis elle s'arrête au pied de l'échafaud.

Alors on fait descendre le condamné.

Le bourreau et le prêtre le soutiennent. La foule est devenue immobile ; et l'on entendrait, au-dessus de cet océan humain, bruire le vol d'un ramier.

Et lorsque le condamné est sur l'échafaud....

Elle s'arrêta une troisième fois, cruelle, impitoyable.

« Veux-tu savoir encore? dit-elle.

— Oui, répondit-il avec l'accent du délire.

— Eh bien! on lui arrache son voile et la foule pousse un grand cri et murmure un nom. Veux-tu savoir ce nom?

— Je le veux!

— C'est le tien, Pétrowitz.... Ce condamné, c'est toi!... »

Pétrowitz jeta un cri terrible, arracha sa main des mains de la bohémienne et s'enfuit....

. . . .

Ce jour-là, les officiers russes du bataillon de Pétrowitz ne virent pas leur camarade.

On le chercha vainement aux environs de la caserne.

Vainement on alla s'enquérir de lui dans l'auberge où il logeait.

Pétrowitz n'avait point reparu chez lui.

Et pendant ce temps, fou, lugubre, sinistre, en proie à une sombre folie, le meurtrier de Conrad s'en allait au hasard, de rue en rue, croyant toujours entendre retentir à ses oreilles la voix prophétique de la bohémienne.

Il courut ainsi tout le jour, à l'aventure, ayant tout oublié, et le rendez-vous de Cendrinette, et la mort de Conrad, et le passé et le présent.

Le jour s'éteignit, la nuit vint; Pétrowitz marchait toujours.

Il allait droit devant lui, se perdant à travers un dédale de rues obscures, encombrées par une population étonnée de le voir.

Il marchait, ne voyant personne; il marchait, n'entendant rien, — hormis cette voix railleuse et sinistre qui lui avait prédit l'échafaud.

Enfin, vers dix heures, exténué, ivre d'horreur, fou, il tomba à la porte d'un cabaret.

Et comme il tombait, deux femmes en sortirent pour le secourir.

XXVI

Un peu auparavant, deux femmes étaient seules dans le cabaret à la porte duquel devait venir tomber Pétrowitz épuisé.

Ces deux femmes étaient mame Toinette et sa fille adoptive Suzanne.

Suzanne, que la baronne et Cendrinette avaient ramenée au faubourg, le soir même du siége de Paris.

Mame Toinette était triste, et de grosses larmes roulaient dans ses yeux.

C'est qu'une fatale nouvelle s'était répandue dans Paris depuis la veille, et le faubourg était en grand émoi.

L'empereur Napoléon avait abdiqué à Fontainebleau, Jean le Manchot et Quille-en-bois et tous ceux des compagnons qui avaient survécu à cette lutte acharnée que nous avons décrite, avaient passé une partie de la soirée dans le cabaret.

Deux femmes étaient seules dans le cabaret. (Page 136.)

Et certes, nul n'avait songé à boire.

De grosses larmes avaient roulé sur tous ces rudes visages, lorsqu'on avait vu arriver Saturnin.

Saturnin venait faire ses adieux à sa sœur, à sa mère adoptive, à tous ceux qui l'aimaient.

Où allait-il donc?

On ne se battait plus ni à Paris, ni hors de Paris.

L'étranger régnait en maître, et M. de Talleyrand était à la tête d'un gouvernement provisoire.

Cependant Saturnin partait.

Et s'il avait le cœur gros de quitter sa famille du faubourg, du moins éprouvait-il une héroïque compensation dans le sentiment du devoir accompli.

Saturnin avait obtenu la permission d'accompagner le bataillon sacré qui partait pour l'île d'Elbe.

Escorte sublime du géant dans l'exil!

Donc Saturnin était parti et Susanne pleurait, la tête appuyée sur les genoux de mame Toinette.

Jean et Quille-en-bois étaient allés se coucher.

Blaisot avait posé les volets à la devanture, ne laissant d'ouverte que la porte basse.

Vierge elle-même était remontée dans sa chambre.

Cependant ni mame Toinette, ni Suzanne ne songeaient à se retirer à leur tour.

Elles causaient tristement :

« Marraine, disait Suzanne, vous croyez donc que nous reverrons notre pauvre Saturnin?

— Si nous le reverrons! répondit mame Toinette, oh! certainement.

— Mais il paraît que c'est bien loin, là où il va.... il faut passer la mer.

— Qu'importe!

— Et puis, s'il a obtenu la permission d'accompagner l'Empereur, ce n'est pas pour revenir. »

Mais mame Toinette eut, à ces mots, un éclair dans les yeux, et sa voix redevint vibrante, comme à ces jours de bataille où elle commandait les compagnons armés.

« Il reviendra, dit-elle, parce que l'Empereur aussi reviendra.

— Vous croyez, marraine?

— Si je le crois! Est-ce que la France peut plier longtemps sous le joug de l'étranger? L'Empereur reviendra, te dis-je, parce qu'un jour, — et je le sens, ce jour n'est pas loin! — un jour, dis-je, la France chassera les Cosaques et les Prussiens, que terrassée un moment, elle n'est pas vaincue, et que l'homme qui l'a faite si grande ne saurait mourir en exil.

— Dieu vous entende! marraine, dit la jeune fille avec émotion. »

Puis, baissant la voix :

« Vous n'avez donc pas peur, vous?

— Peur? et de qui?

— Du nouveau régime. Du roi qui va revenir.... »

Mame Toinette ne répondit pas.

« Moi, dit Suzanne, plus bas encore, j'ai des peurs affreuses depuis deux jours. Ce chevalier Biribi dont on nous a parlé, ce misérable Coqueluche qui m'avait enlevée....

— Eh bien?

— Ils vont devenir puissants, à présent.

— Je ne les crains pas, dit mame Toinette; si je voulais être reine dans le faubourg, je le serais. »

Tandis que les deux femmes causaient, un bruit se fit à la porte.

Un bruit mat, comme celui de la chute d'un corps.

« O mon Dieu! » fit Suzanne avec effroi.

En même temps que ce bruit, une plainte arriva aux oreilles des deux femmes.

Et elles se précipitèrent au dehors.

Un homme était là couché, exténué de fatigue et de besoin, les yeux hagards, mourant.

Mame Toinette le prit à bras-le-corps et le traîna à l'intérieur du cabaret.

Là seulement, elle prit garde à son uniforme, — un uniforme russe.

« Un Cosaque ! murmura Suzanne avec effroi.

— Je ne sais pas si c'est un Cosaque, répondit mame Toinette. Je ne vois qu'un homme en détresse, et je suis chrétienne. »

. . . .

La nuit s'est écoulée.

Une nuit de folie pour Pétrowitz, — une nuit de veille et d'angoisses pour mame Toinette et sa filleule.

Le jeune officier russe, mourant de faim, poursuivi par le fantôme de Conrad et la prédiction de la bohémienne a eu le délire toute la nuit.

Au matin, seulement, la fièvre s'est calmée, le sommeil est venu.

Il est là, dans un coin du cabaret, couché sur un lit de camp.

Il dort.

Les deux femmes vont et viennent sur la pointe du pied de peur de l'éveiller.

On frappe doucement à la porte. Un homme entre, c'est Quille-en-Bois.

L'invalide fronce le sourcil en apercevant l'uniforme russe, mais mame Toinette pose un doigt sur ses lèvres.

Puis les deux femmes racontent ce qui s'est passé.

Le malheureux officier paraît fou : sans elles, peut-être, il serait mort.

Et Quille-en-Bois leur dit d'un ton bourru :

« Vous avez raison.... »

Mais on frappe une seconde fois, et mame Toinette, Quille-en-Bois et Suzanne ne peuvent retenir un cri de joie et de surprise.

Saturnin qui la veille leur avait dit un long adieu, Saturnin est de retour et se jette dans leurs bras.

L'Empereur lui a donné un message, il est revenu de Fontainebleau à Paris, à franc étrier, et il a une heure à consacrer à sa famille.

Alors on entoure le jeune homme, on oublie l'officier, mais Saturnin raconte ces adieux touchants de la garde impériale, page d'histoire immortelle entre toutes ; il a vu pleurer les vieux soldats, il a vu l'Empereur pleurer en les pressant sur son cœur.

Et tandis qu'il raconte cela, l'officier russe a ouvert les yeux.

Il n'est plus fou, et il écoute attentivement, muet, immobile, et comme retenant son haleine.

Et tout à coup, Quille-en-bois se retourne et le voit les yeux ouverts.

Et Quille-en-bois le reconnaît....

Et Pétrowitz qui n'est plus fou, reconnaît aussi tous ceux dont il protégea la marche dans les bois de la Haute-Épine, la veille de la bataille de Montmirail.

Et mame Toinette s'écrie avec effusion :

« Ah ! c'est Dieu qui vous a conduit à notre porte, nous allons donc pouvoir payer notre dette de reconnaissance envers vous. »

Pétrowitz les regarde avec un pâle sourire et répond :

« Si je dépouillais cet uniforme..., et si je restais avec vous ? »

Et comme on le regarde avec étonnement :

« Je veux fuir ma destinée, murmura-t-il d'une voix émue.

— Votre.... destinée ?...

— Oui, répondit-il en prenant sa tête à deux mains. Ouui.... une destinée épouvantable..., gardez-moi..., cachez-moi..., protégez-moi....

— Mais contre qui ? demande Quille-en bois.

— Contre la fatalité ! » répond Pétrowitz frissonnant.

XXVII

Revenons maintenant à un personnage de notre histoire, à peine entrevu, à une femme dont nous avons à peine esquissé la gracieuse silhouette.

Nous voulons parler de cette jolie et charmante Juliette, qui appelait Biribi son père, et que nous avons vu enlever par la baronne et ses deux acolytes.

L'effroi avait paralysé la jeune fille.

Elle n'avait poussé qu'un seul cri ; elle s'était évanouie à cette menace de mort qui lui avait été faite pour le cas où elle appellerait au secours.

La baronne avait fait un signe, et l'un des deux hommes qui étaient avec elle avait chargé la jeune fille sur ses épaules.

Puis ils étaient sortis par le couloir, traversant de nouveau l'appartement de Coqueluche, dont ils ne songèrent pas à refermer la porte.

L'escalier était plongé dans l'obscurité.

Mais Charles, celui qui portait la jeune fille, tenait la rampe, de peur de faire un faux pas.

Ils arrivèrent sans encombre au bas de l'escalier, et demandèrent le cordon, que le portier tira d'un bras alangui et sans ouvrir les yeux.

Une voiture de place attendait au coin du quai de l'École.

« Où allons-nous? demanda Charles, en y déposant la jeune fille évanouie.

— Chez moi, répondit la baronne, qui monta dans la voiture et fit un signe d'adieu à son autre compagnon.

Celui-ci la salua avec respect et s'éloigna.

Quant à l'autre, à celui qui s'appelait Charles, il monta auprès du cocher et lui dit :

« Rue de la Jussienne, numéro 5. »

La voiture partit. Vingt minutes après, elle entrait rue de la Jussienne et s'arrêtait à la porte indiquée.

C'était une maison d'une assez belle apparence, pour l'époque, fraîchement restaurée, et dont les croisées étaient garnies de balcons ouvragés.

La porte d'entrée était à deux ventaux.

Un réverbère était placé au-dessus.

A la lueur de ce réverbère, la baronne examina la jeune fille.

Juliette était toujours évanouie.

Charles dégringola du siége et vint ouvrir la portière.

« Prends-la dans tes bras, fit la baronne en lui désignant Juliette, et prends garde qu'elle ne revienne à elle trop vite. Ne la secoue pas trop fort. »

En même temps, elle sortit de la voiture et souleva le marteau de la porte.

La porte ouverte, le concierge demanda qui rentrait.

« C'est moi, dit la baronne, qui, sans doute, était un locataire de quelque importance, car le concierge, dont la loge était plongée dans l'obscurité, s'empressa de dire :

Une voiture de place attendait au coin du quai de l'École. (Page 142.)

— Madame veut-elle de la lumière ?

— Passe vite, dit tout bas la baronne à Charles, qui se hâta de grimper l'escalier. »

Puis elle dit tout haut :

« Ce n'est pas la peine, merci bien ! »

La baronne demeurait au premier étage, et dans un magnifique appartement.

Elle ouvrit elle-même, poussa Charles devant elle, et referma la porte sans bruit.

Alors seulement elle se procura de la lumière.

« Vous n'avez donc pas votre femme de chambre ? demanda Charles.

— Je l'ai renvoyée aujourd'hui même.

— Ah !

— Je ne veux pas livrer mon secret à tout le monde, ajouta-t-elle en allumant une bougie à une veilleuse qui brûlait dans l'antichambre.

Charles se trouva alors sur le seuil de la chambre à coucher de la baronne.

Et il déposa la jeune fille évanouie sur le lit.

Cette dernière avait un frémissement convulsif par tout le corps, et un soupir s'était échappé de sa poitrine, sous l'influence de l'atmosphère de l'appartement plus chaude que celle de la rue.

« Elle revient à elle, dit Charles.

— Attends, dit la baronne. »

Elle courut à un petit meuble placé entre les deux croisées, l'ouvrit et y prit un flacon de deux pouces de longueur.

Puis elle revint vers Charles qui soutenait dans ses mains la tête décolorée de Juliette.

« Que faites-vous ? dit celui-ci.

— Tu vas voir. »

Elle déboucha le flacon et laissa tomber sur les lèvres

entr'ouvertes de la jeune fille deux gouttes d'une liqueur rougeâtre.

Soudain tout le corps tressaillit comme s'il eût été mis en contact avec une machine électrique ; puis il redevint immobile et retomba sur le lit.

On eût dit un cadavre.

« Mon Dieu ! s'écria Charles, vous l'avez tuée ! »

Un sourire vint aux lèvres de la baronne :

« Non, dit-elle, mais j'ai prolongé son évanouissement de quelques heures.

— Et vous allez la garder ici ?

— Oui.

— Mais Biribi rentrera chez lui....

— C'est probable.

— Il s'apercevra de l'enlèvement de sa fille.

— Naturellement.

— Et il vous soupçonnera. Avant le jour, il sera ici.

— Cela est fort possible.

— Eh bien ? »

La baronne souriait.

« Mais il ne trouvera rien, dit-elle.

— Où la cacherez-vous donc ?

— Tiens ! dit la baronne, prends ce flambeau.

— Bon !

— Fais le tour de l'appartement, fouille dans tous les coins et tous les recoins.

— Dans quel but ?

— Dans le but de découvrir une cachette qui se trouve ici. Si tu la découvres....

— Eh bien !

— Je renonce à garder ici la fille de Biribi. »

Charles prit le flambeau et commença son inspection. Il parcourut tour à tour le salon, le boudoir, la salle à manger, la cuisine ; ouvrit tous les placards, tous les meubles, sonda tous les murs avec le poing et revint en disant :

« Il n'y a pas plus de cachette que sur ma main.

— Ah ! tu crois ?

— J'en suis sûr.

— Eh bien ! regarde.... »

Elle coucha la jeune fille en long sur le lit ; car elle s'y trouvait un peu de travers ; lui mit un oreiller sous la tête et la couvrit avec le manteau qu'elle avait détaché de ses épaules.

Puis elle passa sa main entre le dossier du lit et le traversin.

Alors Charles vit une chose étrange.

Le sol et le plafond s'agitèrent en même temps.

Le lit sur lequel la jeune fille était couchée descendit lentement et s'enfonça comme un décor de théâtre dans le plancher.

En même temps un autre lit exactement semblable descendit du plafond et vint prendre la place du premier.

« Mais c'est de la féerie ! s'écria le complice de la baronne. »

Elle eut un sourire triste !

« Si j'avais eu ce mécanisme à ma disposition il y a trois ans, dit-elle, celui que je pleure et dont Biribi a fait tomber la tête, vivrait encore. »

Puis elle ajouta avec un éclair dans les yeux.

« Mais je tiens ma vengeance, à présent, et il me faut sang pour sang. »

Elle avait posé sur un meuble le coffret qu'elle avait trouvé dans le vase de Coqueluche.

« Et ma vengeance est là, » ajouta-t-elle en le prenant dans ses mains. »

Le coffret était fermé, et il fallait le briser ou en scier les gonds.

« Tu peux faire du bruit, à présent, dit la baronne, ici nous sommes chez nous. »

Charles prit une lime et un marteau dans cette trousse de serrurier qu'il avait avec lui.

Puis il se mit en devoir de forcer le coffret.

XXVIII

Le coffret fut long à briser. Mais enfin, un dernier coup de marteau en fit voler le couvercle en éclats, et les papiers qu'il contenait se répandirent sur le sol.

La baronne les ramassa d'une main fiévreuse, les parcourut avidement, et, tout à coup, jeta un cri de joie qui fut suivi de ce mot, sans doute à l'adresse de Biribi :

« L'imbécile ! »

Elle venait d'ouvrir un papier jaune plié en quatre et portant en tête ces mots :

Préfecture maritime. Passe-port.

Et plus bas :

*Délivré au citoyen Duriveau,
forçat libéré.*

Et comme Charles la regardait avec étonnement, elle eut un sourire cruel :

« On me l'avait affirmé, mais je ne voulais pas le croire.

— Quoi donc?

« Sais-tu lire cela? » dit-elle, en plaçant le cahier sous les yeux de Charles. (Page 447.)

— Sais-tu le vrai nom de Biribi?

— Le baron de Fenouil-Caradeuc?

— Non, il s'appelle Duriveau, et il a été au bagne. Tiens, lis! »

Et elle lui mit le passe-port sous les yeux.

Cette pièce avait quinze ans de date, elle avait été délivrée en 1799, et le signalement répondait parfaitement au signalement de Biribi.

Cependant, Charles secoua la tête.

« Si ce que vous dites là était vrai, dit-il, Biribi se serait empressé de détruire cette preuve de sa terrible identité.

— C'est ce qui te trompe.... »

L'étonnement de Charles augmenta.

« Vois-tu, poursuivit la baronne, cet homme qui ne craint pas la police, par la raison toute simple qu'il en fait partie, est fier de ce qu'il a été et de ce qu'il est devenu; il a gardé cette preuve comme on garde une relique. »

Et la baronne continua à parcourir les papiers, disant :

« Voilà plus qu'il n'en faut pour l'envoyer en place de Grève au premier jour. »

Un volumineux cahier attira son attention.

C'était une réunion de feuilles de papier jaune, assemblées par une faveur bleue, et couvertes d'une écriture hiéroglyphique, dans laquelle les chiffres remplaçaient les lettres de l'alphabet.

« Sais-tu lire cela? dit-elle en plaçant le cahier sous les yeux de Charles.

— Oui, répondit-il, j'ai appris ce langage d'un prisonnier avec lequel j'ai été enfermé six mois, à la Conciergerie, lors de la conspiration Mallet.

— Eh bien ! lis.... j'ai le pressentiment que nous allons trouver là des documents de la plus grande importance. »

Ils placèrent une table devant eux, sur laquelle la baronne mit une lampe.

Alors Charles entama la lecture de ce singulier manuscrit.

Il commençait ainsi :

« Je suis baron, je corresponds avec les princes alliés, et je sers la police du régime actuel.

« Vienne une restauration, et ma place est marquée à la chambre des pairs.

« Pourtant, quand je me reporte à une époque éloignée de ma vie, je me vois un bonnet rouge sur l'oreille et une chaîne au pied, et je me souviens du premier nom que j'ai porté : *Duriveau*.

« Comment s'est accomplie cette métamorphose?

« C'est ce que je veux me raconter à moi-même, obéissant à un sentiment d'orgueil que je ne puis vaincre. Si jamais la situation que je rêve m'est accordée, je passerai deux bonnes heures à relire cette singulière histoire.

« Si je venais à tomber du faîte des grandeurs, je serais fier que mes anciens compagnons de chaîne apprissent ce dont j'étais capable.

« C'est pour cela que j'écris ces pages, qui sont comme le complément de mes singuliers mémoires.

— Tu le vois, dit la baronne en interrompant son complice, je ne m'étais pas trompée. »

Charles continua à lire :

« Le 14 février 1800, comme la nuit approchait, un homme qui avait passé le Rhin, à Kolh, vint frapper à la porte d'une misérable auberge, située sur la gauche de la grande route, qui vient de Strasbourg.

« Cet homme, qui était d'aspect assez misérable, si on

en jugeait par ses habits en lambeaux, avait cependant grand air, portait haut la tête et accusait, dans toute sa personne, ce qu'on appelle un homme de race.

« Il pouvait avoir trente-six ans.

« Un petit étui de fer-blanc, renfermant ses papiers, une gourde qui contenait quelques gouttes de genièvre, un bâton et un vieux manteau fièrement drapé, complétaient son costume de voyageur.

« Les soldats qui gardaient l'extrémité française du pont de bateaux, lui avaient demandé ses papiers. Puis, comme il était en règle, on l'avait laissé passer.

« Strasbourg est encore à près d'une lieue. Les portes en étaient fermées à huit heures, lui dirent les soldats.

« Le voyageur paraissait las.

« Les soldats lui indiquèrent cette misérable auberge, qui se trouvait à deux ou trois cents pas du pont en lui disant :

« — Si vous n'êtes pas trop difficile, vous trouverez là un gîte et un souper.

« L'auberge en question avait pour enseigne une branche de houx, et elle était tenue par une vieille femme veuve et sans enfants.

« Quelques rouliers, quelques soldats composaient seuls sa clientèle.

« Rarement un voyageur s'y arrêtait pour passer la nuit.

« Cependant, ce jour-là, par extraordinaire, quand l'homme à la gourde et à l'étui de fer-blanc entra, un autre homme se trouvait assis au coin du feu.

« C'était également un homme de trente-six à quarante ans, et, chose bizarre ! un observateur eût été frappé d'une vague ressemblance existant entre lui et le nouveau venu.

« C'était même taille, mêmes cheveux blonds, un peu rares, même physionomie, avec cette différence, peut-être, que le dernier arrivé avait plus de distinction.

« Sans doute, il eût été difficile de les prendre l'un pour l'autre; mais on ne pouvait s'empêcher de trouver entre eux des similitudes nombreuses.

« Pourtant, ces deux hommes ne s'étaient jamais vus.

« La vieille hôtesse dit au voyageur :

« — Est-ce que vous voulez coucher, par hasard?

« — Oui, si c'est possible, ma bonne femme.

« — C'est que je n'ai qu'un lit, et le citoyen que voilà me l'a retenu.

« Elle montrait, en parlant ainsi, l'homme assis au coin du feu, et qui était encore plus misérablement vêtu que le nouveau venu.

« Cet homme se hâta de dire :

« — Si le citoyen n'a pas de répugnance, je partagerai mon lit avec lui.

« — Je le veux bien, et je vous en remercie de tout mon cœur, répondit le voyageur.

« Les choses ainsi mises d'accord, la vieille s'occupa du souper.

« C'est-à-dire qu'elle mit une serviette rousse sur une table boiteuse, et posa dessus un plat de lard aux choux et un pot de bière aigre.

« Le voyageur s'était débarrassé de son manteau et l'étui de fer-blanc qu'il portait en bandoulière avait attiré les regards de l'homme assis au coin du feu.

« Silencieux, d'abord, le voyageur finit par adresser quelques questions à l'hôtesse.

« Y avait-il un service de messageries entre Strasbourg et Paris?

« A quelle heure partaient les voitures?

« Quel était le prix d'une place ?

« L'hôtesse répondit, en mauvais français, qu'elle n'en savait absolument rien.

« Mais le convive du voyageur lui dit :

« Vous êtes heureux, camarade, de pouvoir voyager en voiture.

« Le voyageur répondit simplement :

« — Je n'ai pas grand argent, mais j'en ai cependant assez pour aller jusqu'à Paris. Là, j'ai des amis riches qui me donneront de quoi continuer ma route.

« — Vous allez donc plus loin encore ?

« — Je retourne chez moi après six années d'exil, et je vais rejoindre ma femme et mon enfant.

« Puis il ajouta avec un sourire :

« — L'Empereur a permis aux émigrés de rentrer, et j'en profite.

« — Ah ! vous étiez émigré ?

« — Oui.

« Les yeux de l'homme assis au coin de la cheminée brillèrent alors d'un singulier éclat.

XXIX

« Après avoir dit ces quelques mots, le voyageur retomba dans son mutisme.

« Mais son convive était en veine de curiosité, et il lui dit encore :

« — Seriez-vous, par hasard, un aristocrate ?

« Le voyageur sourit sans répondre.

« La vieille femme fit du café et le servit.

« L'homme en blouse tira une pipe de sa poche et se mit à fumer.

« Le voyageur ne fuma pas.

« Le premier se dit :

« — Je ne me suis pas trompé. C'est un aristocrate qui revient de l'émigration.

« Et il regardait toujours, avec une avide curiosité, cet étui de fer-blanc qui pendait à la ceinture du voyageur.

« Ce dernier était tombé dans une sorte d'extase et de contemplation.

« Les yeux fixés sur la braise changeante du foyer, il rêvait.

« A quoi?

« L'homme en blouse lui dit :

« — Je gage, monsieur, que vous pensez à votre femme et à vos enfants.

« Le voyageur tressaillit.

« — C'est vrai, dit-il, mais je n'ai pas deux enfants, je n'en ai qu'un.

« — Je voudrais bien être à votre place, moi.

« Et l'homme en blouse ajouta, après un silence :

« — Ma femme est morte, et mon enfant aussi.

« Le voyageur le regarda alors plus attentivement.

« Il avait su se faire une physionomie triste et pensive qui intéressait en sa faveur.

« — Pauvre homme! lui dit le voyageur.

« — Je suis tout seul, maintenant, reprit l'homme en blouse. Aussi, j'ai quitté la maison, je vais tout droit devant moi; travaillant quand je trouve de l'ouvrage, me serrant le ventre quand je n'en ai pas. Et cela m'est égal, ajouta-t-il avec une émotion subite, puisque je n'ai plus ni femme, ni enfant. »

« Et il ajouta, après un nouveau silence :

« — Oh! oui, vous êtes bien heureux, monsieur.

« Le voyageur en était sans doute arrivé à ce moment où l'on a besoin d'expansion, car il dit tout à coup :

« — Quand on pense que je n'ai pas encore vu mon enfant!

« — Vraiment?

« — Il est né depuis que ma femme est rentrée en France.

« L'homme en blouse le regarda.

« — Je suis, comme vous me l'avez dit tout à l'heure, et en dépit de mes haillons, un aristocrate, j'en conviens. J'ai émigré à dix-huit ans. Depuis lors, je n'ai pas revu la France.

« — Vous vous êtes donc marié à l'étranger?

« — Oui, en Allemagne. Ma femme est partie la première, grosse de six mois déjà. J'ai réuni toutes nos ressources pour son voyage.

« Un vieux serviteur de ma famille avait racheté mon château comme bien national, c'est-à-dire pour quelques poignées d'assignats. Il me l'a gardé. J'ai de quoi vivre en France.

« Et le voyageur acheva, avec un accent de douce mélancolie :

« — Dans cinq jours au plus tard, je serai dans les bras de ma femme.

« L'homme en blouse continuait à fumer et paraissait s'intéresser à tout ce que lui disait le voyageur.

« Celui-ci était lancé sur la pente des confidences, et il ne devait plus s'arrêter.

« L'exilé parle si volontiers de la patrie absente; l'époux, de la femme qu'il aime et dont il s'est séparé.

« Moins d'une heure après, cet homme que le hasard

lui donnait pour convive, et dont il allait partager le lit, eut appris tout ce qu'il voulait savoir.

« Le voyageur avait servi comme volontaire dans l'armée de Condé.

« Puis il avait offert son épée à l'Autriche, puis il s'était marié avec une jeune Allemande.

« Le premier consul ayant permis aux émigrés de rentrer, celui-ci avait envoyé sa femme en avant.

« Cette dernière lui avait écrit qu'il pouvait revenir, qu'il la trouverait installée dans son petit manoir de la Sologne, à quinze lieues d'Orléans, manoir qui lui avait été fidèlement rendu.

« En outre, elle lui annonçait la naissance de sa fille.

« L'émigré s'était donc mis en route.

« L'étui de fer-blanc contenait ses papiers, ses titres, un passe-port délivré par le consul de France à Carlsrhue (car la paix était faite avec le pays Badois), et toutes les preuves de l'identité, en un mot, de M. le baron de Fenouil-Caradeuc.

« C'était son nom.

« La soirée s'avançait, le voyageur était las; il était venu de Carlsrhue à pied.

« — Quand vous voudrez vous coucher, dit la vieille hôtesse, le lit est tout prêt.

« Le voyageur ne se le fit pas répéter.

« Il se leva et souhaita le bonsoir à la vieille femme.

« — Moi, dit l'homme en blouse, je finis ma pipe et je monte.

« L'hôtesse prit une lampe en fer qui était accrochée sous le manteau de la cheminée.

« Puis elle se dirigea vers une espèce d'échelle de meunier qui conduisait à l'unique étage de l'auberge, et qui portait assez mal le nom d'escalier.

« Le voyageur la suivit.

« L'homme en blouse demeura donc seul un moment.

« Or, tandis qu'il était seul, un pas se fit entendre au dehors, s'arrêta à la porte, et on frappa deux petits coups discrets.

« Puis on ouvrit la porte même avant d'avoir reçu l'invitation d'entrer.

« Un homme parut sur le seuil et dit :

« — Y a-t-il moyen de boire un coup?

« L'autre le regarda et dit :

« — Tiens, c'est toi?

« — Hé! c'est Duriveau? fit le nouveau venu.

« — Chut!

« — Qu'est-ce que tu fais ici? reprit l'autre en entrant.

« — Tu le vois, je fume ma pipe. Et toi?

« — Moi, je vais boire un verre de bière et filer.

« — Où vas-tu?

« — Je passe le Rhin.

« — Aurais-tu fait un mauvais coup?

« Le nouveau venu cligna des yeux et dit :

« — C'est bien possible. Mais j'ai le temps de passer le Rhin à la nage. Et toi?

« — Moi, répondit celui à qui l'autre avait donné le nom de Duriveau, j'attends.... Mon passe-port est en règle.... je ne suis pas pressé....

« — Adieu, alors.

« Et, comme l'hôtesse n'était pas redescendue, il prit le pichet de bière qui se trouvait sur la table et but à même.

« — Ah! reprit Duriveau, baissant la voix encore plus, tu as fait un mauvais coup?

« — Il faut bien vivre.

« — Y avait-il gras?

« — Assez.... »

« Et le nouveau venu tira de sa poche une poignée d'or.

« Duriveau tendit la main :

« — Moi, je n'ai pas le sou, dit-il.

« — Viens avec moi....

« — Non, pas ce soir....

« — As-tu quelque chose en vue?

« — Peut-être.... »

« Le nouveau venu laissa tomber trois pièces d'or dans la main de Duriveau, but une seconde gorgée de bière et s'en alla.

« Il était loin déjà lorsque l'hôtesse redescendit.

« Elle n'avait rien entendu.

« — Je crois, dit-elle, qu'il ne sera pas long à dormir, le pauvre cher homme !

« — Vous croyez, la mère?

« — Je le crois. Et quand il dormira, on pourra tirer le canon, il ne se réveillera pas.

« Puis elle regarda l'homme en blouse :

« — Et vous, mon garçon? dit-elle.

« — Moi, je n'ai pas sommeil encore. Je vais fumer une seconde pipe.

« L'auberge était comme toutes les maisons de paysans en Alsace.

« Il y avait un lit dans la cuisine.

« Ce lit, protégé par un baldaquin en vieille serge verte, était celui de l'hôtesse.

« Celle-ci verrouilla la porte et rangea ensuite la vaisselle qui se trouvait sur la table.

« Puis elle couvrit le feu et enterra deux tisons pour les retrouver le lendemain.

« Après quoi, elle dit à son hôte :

« — Il faut prendre garde, si vous ne montez pas tout de suite, d'éveiller ce brave homme.

« L'homme en blouse fit un signe de tête affirmatif et continua à fumer.

« L'hôtesse passa derrière les rideaux de son lit, se déshabilla et se coucha.

« Peu après, le fumeur l'entendit ronfler paisiblement.

« — C'est elle qui dort bien, fit-il en souriant.

« Puis il continua à fumer.

« Enfin, au bout d'une heure, il secoua les cendres de sa pipe, ôta ses sabots et monta pieds nus l'escalier.

« Il avait à la main la lampe que l'hôtesse avait laissée sur la table.

« Quand il fut au premier étage, il vit une sorte de grenier au milieu duquel il y avait un lit.

« Il s'approcha avec précaution.

« Le voyageur dormait profondément.

« Duriveau posa la lampe dans un coin et fouilla dans sa poche.

« Il eut un moment d'hésitation; mais l'étui de fer, que l'émigré avait accroché à un clou planté dans le mur, attira ses regards.

« Et il n'hésita plus.

« Il retira sa main de sa poche.

« Cette main tenait un rasoir, et, ce rasoir ouvert, il marcha résolûment vers le lit.

XXX

« Duriveau était, comme on a pu le deviner, un bandit résolu.

« Néanmoins, à deux pas du lit il s'arrêta.

« Le dormeur avait fait un mouvement et poussé un soupir.

« Duriveau retint son haleine et n'osa plus bouger.

« Mais ce n'était pas le bruit de ses pas qui avait troublé le sommeil du voyageur.

« C'était la clarté de la lampe qui frappait en plein ses paupières.

« Et le voyageur ouvrit les yeux.

« Heureusement que Duriveau avait eu le temps de faire disparaître son rasoir.

« — Ah! c'est vous? dit le voyageur.

« — Oui, monsieur, répondit Duriveau; pardonnez-moi de vous avoir réveillé.

— « Il n'y a pas de mal, je serai bientôt rendormi. »

« Et il se tourna vers la ruelle.

« Duriveau se déshabilla et se mit au lit.

« Seulement avec une adresse merveilleuse et digne d'un prestidigitateur, il glissait son rasoir sous le traversin, au moment où il soufflait la lampe.

« Bonsoir, monsieur, dit-il.

« — Bonsoir, mon ami, répondit le voyageur. »

« Et le silence se fit.

« Un quart d'heure après, le voyageur ronflait de nouveau.

« Alors Duriveau s'arma du rasoir, passa son bras autour du cou du voyageur et prompt comme l'éclair, il lui coupa la gorge.

« Ce fut rapide, instantané, foudroyant.

« Le malheureux voyageur ne poussa pas un cri.

« La carotide avait été tranchée, la tête était à moitié séparée du corps.

« L'assassin se trouva couché dans une mare de sang, à côté de sa victime.

« Il se leva, ralluma la lampe et ôta sa chemise, avec laquelle il s'essuya.

« Puis il s'approcha d'une table sur laquelle l'hôtesse avait placé un pot d'étain rempli d'eau et une cuvette grossière, et il se lava fort tranquillement les mains.

« Les habits de sa victime étaient sur une chaise.

« Duriveau les prit et s'en revêtit.

« Cela fait, il alla pousser le verrou de la porte, de façon que l'hôtesse, si elle entendait du bruit et avait la fantaisie de monter, ne pût entrer.

« Puis il revint, s'empara de l'étui qui était accroché au mur.

« En se levant, il avait rejeté les couvertures sur le cadavre.

« Le sang suintait lentement et goutte à goutte à travers le matelas et les couvertures, et tombait avec un bruit sourd sur le plancher.

« Mais ce bruit ne troubla point Duriveau.

« Il s'assit devant la table sur laquelle, il avait posé la lampe, ouvrit l'étui et en tira un à un les papiers qu'il contenait.

« Puis il se mit à les examiner avec soin.

« Cet examen dura plus d'une heure.

« Enfin, l'assassin murmura :

« — Je crois bien que me voici passé baron. »

« Et il remit les papiers dans l'étui, le suspendit à son épaule, prit le bâton, la gourde et le manteau du malheureux voyageur et se dirigea vers la fenêtre qu'il ouvrit avec précaution.

« La nuit était sombre ; il tombait une petite pluie fine et serrée.

« La route était déserte. On n'entendait dans le lointain que la grande voix du Rhin qui roulait ses flots grossis par les pluies d'hiver.

« — C'est une belle nuit, murmura Duriveau. »

« Puis il mesura du regard la distance qui séparait la fenêtre du sol.

« C'était un saut de dix à douze pieds.

« Une misère pour un homme comme lui.

« Il enjamba la croisée, se suspendit par les mains, puis lâcha l'entablement et tomba lestement sur la pointe des pieds.

« — En route ! maintenant, se dit-il. »

« Il savait parfaitement, lui, ce que l'hôtesse n'avait pu dire au malheureux voyageur.

« Les diligences de Strasbourg pour Paris partaient à cinq heures du matin, un quart-d'heure après l'ouverture des portes.

« Duriveau se mit donc en route pour Strasbourg.

« Il était nuit encore ; la pluie tombait toujours ; mais une petite bande blanchâtre qui fermait l'horizon, de l'autre côté du Rhin, annonçait que le jour n'était pas loin.

« En effet, comme il atteignait les premières fortifications de Strasbourg, l'aube commençait à éclairer les sommets lointains de la Forêt-Noire.

« Cependant les portes n'étaient pas encore ouvertes.

Il enjamba la croisée et tomba lestement sur la pointe des pieds. (Page 160.)

« Duriveau s'assit sur le revers gazonné des fortifications et attendit avec le calme d'une conscience à l'abri de tout reproche.

« Enfin les portes s'ouvrirent.

« Alors Duriveau se présenta.

« Le sergent qui commandait le poste de la porte lui demanda ses papiers.

« Duriveau tendit négligemment son étui de fer blanc.

« Les papiers étaient en règle.

« Citoyen, dit le sergent, tu peux passer. »

« Duriveau connaissait Strasbourg sans doute, car il s'en alla tout droit et sans hésiter jusqu'à la place de la Cathédrale où était le bureau de la diligence.

« Outre les trois pièces d'or que lui avait données l'homme qui était entré dans l'auberge pour boire un coup, l'assassin avait trouvé dans les vêtements de la victime une ceinture qui renfermait une dizaine de louis.

« Je pourrais voyager comme un grand seigneur, se dit-il, mais je serai modeste jusqu'au bout.

« Et il prit une place de rotonde et partit à cinq heures, c'est-à-dire avant le lever du soleil.

« Avant, sans doute, que la vieille aubergiste se fût éveillée....

« Avant qu'on n'eût découvert le cadavre du malheureux émigré qui, la veille, se berçait du doux espoir de revoir dans cinq jours sa femme et son enfant.

« M. Duriveau voyagea tout le jour, toute la nuit suivante et arriva le lendemain soir à Paris. Son premier soin fut de se rendre chez un fripier et de s'y vêtir convenablement.

« Puis il descendit dans un hôtel des environs du Palais National, rue des Bons-Enfants, et signa hardiment sur le livre du logeur ce nom :

« Le *citoyen Fenouil*,

ci-devant baron de Karadeuc.

« Après quoi, il se mit à étudier de nouveau les différents papiers contenus dans l'étui de fer-blanc ; ces papiers lui apprirent que sa victime avait, à Paris, une vieille tante qui n'avait pas émigré et qui l'attendait avec impatience.

« Duriveau se présenta hardiment chez elle.

« La bonne dame, qui était un peu sourde et à demi-aveugle, le serra dans ses bras et n'hésita pas à le reconnaître pour son neveu.

« En même temps, elle lui donna un petit sac de cuir contenant toutes ses économies, car la révolution l'avait pareillement dépouillée.

« Maintenant, se dit Duriveau, si j'allais voir ma « femme et mon enfant? »

« Et un singulier sourire passa sur ses lèvres.

« Il y avait alors à Paris, dans la rue Poliveau, une rue qui avoisine le Jardin des plantes, un cabaret qui passait pour être le rendez-vous des forçats libérés ou en rupture de ban.

« Après avoir fait ses adieux à sa prétendue tante, Duriveau s'y rendit.

« Le cabaret était plein de monde.

« Mais l'ancien forçat n'y vit tout d'abord aucun visage de connaissance.

« Il demanda à boire et s'attabla dans un coin.

« Vers dix heures du soir un homme entra.

« Duriveau le reconnut; c'était un ancien compagnon de chaîne à lui.

« Il lui fit un signe d'intelligence et tous deux sortirent.

« Quand ils furent dans la rue, Duriveau lui dit :

« — As-tu de l'argent ?

« — Non. Je cherche une affaire.

« — J'en ai justement une à te proposer.

« — Ah !

« — Ta fortune est faite si tu veux venir avec moi,
« dit Duriveau.

« — Où donc ?

« — A Orléans d'abord.

« — Et puis ?

« — Ensuite dans mes terres.

« — Tu as donc des terres ?

« — Oui, dit Duriveau en souriant ; j'ai des terres, un
« château et des titres. »

« Et comme le forçat le regardait avec étonnement,
Duriveau lui dit :

« Tel que tu me vois, je suis devenu ci-devant. Quand
« le roi reviendra, je serai baron.

« Et, le lendemain, Duriveau et son complice montaient dans la diligence de Paris à Orléans. »

XXXI

La baronne regarda Charles qui avait un moment
suspendu la lecture de cet étrange manuscrit.

« Eh ! bien que penses-tu de cela ? dit-elle.

— Je pense, répondit-il, que nous n'allons pas faire
une grande peine à Biribi.

— Comment cela ?

— Nous avons enlevé sa fille !

— Oui. Eh bien ?

— Eh bien ! comme sa fille n'est pas sa fille, du moins, ce que nous venons de lire semble l'indiquer, cela lui sera bien égal.

— Tu te trompes, mon ami.

— Ah ! bah !

— L'enlèvement de la petite sera pour lui un coup de poignard, et la ruine de ses espérances....

— Je ne comprends pas.

— Écoute bien : Biribi, qui s'est cru parfaitement incarné, jusqu'ici, dans la peau de feu le vrai baron de Fenouil-Caradeuc, et qui compte sur une Restauration prochaine, ce qui ne peut manquer d'arriver, a calculé qu'il présenterait sa prétendue fille au roi, qui s'empresserait de la doter.

— Bon ! Ensuite ?

— Ensuite, il n'a pas vécu quinze ans avec elle sans l'aimer. Ce misérable a peut-être un cœur, et la façon jalouse et presque tyrannique dont il veillait sur Juliette semble l'indiquer.

— Il se consolera, soyez-en sûre.

— Mais la terreur va s'emparer de lui, du moment où il constatera la disparition instantanée de sa fille et du coffret.

— Je ne comprends pas.

— C'est pourtant facile : ceux qui ont enlevé sa fille et ceux qui ont volé le coffret, seront évidemment les mêmes pour lui. Or, le coffret renfermait ce singulier manuscrit que nous sommes en train de lire.

— C'est juste.

— Et il ne doutera pas un seul instant qu'on ait appris à sa fille sa véritable origine et son imposture à lui, Biribi. Maintenant, continue.... »

Charles reprit la lecture du manuscrit :

« Quarante-huit heures après le départ de Duriveau, et du compagnon de chaîne qu'il avait retrouvé, rue Poliveau, et ramené avec lui à Orléans, ce dernier cheminait tout seul, par un soir brumeux, à travers les landes incultes de la Sologne.

« Le soleil avait disparu, le brouillard montait des étangs fiévreux qui couvrent, çà et là, ce pauvre pays désolé, estompant les cimes des forêts de sapins, la seule essence d'arbres qui puisse vivre dans cette terre sablonneuse et ingrate.

« Dans le lointain, un dernier reflet du couchant allumait un rayon rouge aux vitres d'un petit castel en briques, dont les tourelles avaient été rasées au niveau du pignon principal.

« Le compagnon de chaîne du forçat Duriveau marchait d'un pas alerte, les yeux fixés sur ce manoir qui était encore à une certaine distance.

« Cet homme qui pouvait avoir quarante-cinq ans, était un solide gaillard, parfaitement découplé et doué d'une figure bestiale qui pouvait le faire prendre pour un honnête homme, surtout lorsqu'un niais sourire venait à l'illuminer.

« On l'appelait, au bagne d'où il était sorti récemment, Germain le Mouton.

« Une fois sorti, il avait supprimé l'épithète et gardé le nom de Germain.

« Sa mise, ce jour-là, était celle d'un domestique, bien qu'il n'eût pas de livrée.

« La livrée n'avait point encore été rétablie, et mestiques prenaient encore le titre ridicule d'*officieux*.

« Comme il longeait encore la rivière, Germain le Mouton aperçut un troupeau de brebis étiques qu'un berger hideux poussait devant lui.

« Il l'interpella.

« Le berger ôta sa casquette et s'empressa d'accourir, tendant la main.

« Qu'est-ce que cette maison qu'on voit là-bas ? demanda Germain le Mouton.

« — C'est le ci-devant château de Fenouil.

« — Ah ! je ne m'étais pas trompé.

« — Est-ce que vous y allez ?

« — Oui, mon garçon. »

« Germain s'était arrêté et s'appuyait sur son bâton de voyage.

« Il n'était sans doute pas fâché de recueillir quelques renseignements.

« Le pâtre qui tendait toujours la main ajouta :

« Le père Huet l'a vendu, le château, il y en a même
« dans le pays qui disent que c'est un imbécile.

« — Ah ! et à qui donc l'a-t-il vendu ?

« — A son premier maître, ou du moins à sa dame,
« car il n'est pas revenu, le maître, mais on l'attend....

« — Je le sais bien, répondit Germain, ce maître dont
« tu parles est M. le baron de Fenouil.

« — Ci-devant..., fit le berger qui avait des idées ré-
« publicaines..., mais on l'aimait bien..., du moins
« son père..., qui est mort ici..., chez le père Huet qui
« avait acheté le château.

« — On n'aimait donc pas le fils ?

« — Il est parti si jeune que personne ne s'en sou-
« vient au pays; quand on a dit qu'il allait revenir, on
« a été content tout de même, parce que cette famille a
« toujours été charitable au pauvre monde.

« — En sorte que tu ne le reconnaîtrais pas ? »

« Cette question étonna le berger.

« Ça serait-il vous, par hasard ? » demanda-t-il.

« Germain se prit à sourire.

Une femme, d'environ trente ans, était auprès de la grille.
(Page 167.)

« Pas précisément, mais je suis son valet de cham-
« bre.

« — Ah ! oui-da ? et il va donc arriver ?

« — Il sera ici dans trois jours.... »

« En même temps, Germain mit une pièce de trente sous dans la main du berger.

« Puis il continua son chemin vers le manoir qui commençait à disparaître dans la brume.

« Une heure après, il arrivait à la grille d'une porte de jardin potager, autrefois décoré du nom de parc, mais dont, pendant la révolution, on avait coupé les grands arbres.

« Il était alors presque nuit.

« Une femme d'environ trente-six ans, grande, forte, robuste, une belle paysanne dans toute l'acception du mot, ramassait un fagot de bois mort auprès de la grille.

« Qu'est-ce que vous voulez ? dit-elle à Germain le
« Mouton.

« — C'est vous qu'on appelle Gertrude, n'est-ce
« pas ?

« — Oui.

« — Je suis le valet de chambre de votre maître. »

« La paysanne changea subitement de ton et d'attitude....

« Vous.... êtes.... le valet de chambre.... de monsieur ?
« fit-elle avec émotion.

« — Oui, et je le précède de quelques heures. »

« Gertrude était devenue toute pâle.

« Germain continua :

« J'apporte une lettre pour madame....

« — Ah ! venez, venez vite !... » dit la paysanne en le prenant par la main.

« Et elle l'entraîna vers le château.

« Germain était, en effet, porteur d'une lettre signée Raoul de Caradeuc.

« Cette lettre avait été écrite par le forçat Duriveau, en langue allemande, la langue maternelle de Mme de Fenouil.

« Une page de l'écriture de sa victime avait suffi pour arriver à une imitation si parfaite, que Mme de Fenouil devait s'y tromper.

« Germain pénétra sur les pas de Gertrude dans une salle basse où une jeune femme était entrée, tenant un enfant dans ses bras.

« Madame..., madame..., balbutia la paysanne, voici
« des nouvelles de monsieur ! »

« La jeune femme jeta un cri et prit d'une main tremblante la lettre que lui tendait Germain le Mouton.

« Le baron ou plutôt Duriveau écrivait :

« Ma bien-aimée Charlotte,

« Je suis à Paris depuis hier, et j'ai couru chez ma
« tante. Je voulais partir tout de suite, mais l'excel-
« lente femme veut me garder deux jours. Je t'envoie
« un fidèle serviteur qu'elle m'a donné et que je prends
« à mon service. Il te porte ces quelques lignes et me
« précède de quarante-huit heures. »

« Enfin ! » murmura la jeune femme avec des larmes dans les yeux.

« Et elle couvrit son enfant de baisers.

« Gertrude pleurait à chaudes larmes.

« Germain le Mouton avait pris la figure la plus niaise et la plus honnête et paraissait attendri. »

XXXII

Charles reprit haleine de nouveau, puis il continua la lecture du manuscrit.

« La nuit suivante, un homme se glissa dans le fossé qui entourait, dernier vestige de la féodalité, le petit manoir dans lequel Mme la baronne de Fenouil-Caradeuc attendait son mari.

« Ce fossé était bordé de gros buissons et de touffes de joncs et d'ébéniers sauvages.

« Les lapins du parc y trouvaient un refuge, au grand déplaisir d'un vieux basset, qui ne pouvait parvenir à les en déloger.

« L'homme s'y blottit et attendit, les yeux fixés sur la façade du château.

« Une seule lumière y brillait encore, au premier étage.

« Tant que cette lumière fut visible, l'homme caché dans le fossé ne bougea.

« Mais enfin, elle s'éteignit.

« Alors, il appuya deux doigts sur sa bouche et imita à s'y méprendre le cri d'un oiseau de nuit.

« Puis il attendit encore.

« Peu après, un bruit se fit, les broussailles s'agitèrent, et une forme humaine dégringola pareillement dans le fossé.

« C'était Germain le Mouton.

« L'homme qui l'attendait, on le devine, c'était le forçat Duriveau.

« — Eh bien? fit ce dernier.

« — Tout marche bien.

« — Voyons?

« — Depuis hier matin, le pays est en joie.

« — Fort bien.

« — Tout le monde veut savoir comment il est, M. le
« baron, si l'exil l'a bien changé, s'il a beaucoup vieilli.

« — Heu! heu! ricana Duriveau.

« — Voilà si longtemps qu'il est parti, dit la Ger-
« trude, que j'aurons bien du mal à le reconnaître.

« — Et moi, donc! ricana Duriveau.

« — Mais y a la petite dame allemande....

« — Ah! oui, celle-là ne s'y tromperait pas. Aussi
« il faut aller vite en besogne, mon camarade.

« — J'y pense bien.... mais je ne sais comment m'y
« prendre....

« Duriveau se mit à rire.

« — Tu n'es pourtant pas novice, dit-il.

« — Oui, mais....

« — Mais quoi?

« — Ça me répugne de tuer une femme.

« — Imbécile, va!

« Germain le Mouton soupira.

« — Enfin, dit-il, il le faudra bien....

« — Cette nuit, n'est-ce pas?

« — Cette nuit ou l'autre.

« — J'aimerais mieux celle-ci. Tu comprends, depuis avant-hier, je suis resté caché dans cette sapinière, attendant que le coup soit fait, pour exhiber aux populations le baron de Fenouil-Caradeuc. Outre que je n'ai plus de vivres, on peut me découvrir.... et alors je m'expliquerais difficilement.

« — C'est juste.

« — Il faut donc te dépêcher un peu, camarade.

« — Eh bien! on se dépêchera. »

Germain le Mouton se gratta l'oreille.

« — Qu'y a-t-il encore? demanda Duriveau.

« — Mais après....

« — Après, quoi?

« — Que deviendrai-je?

« — Tu fileras. Je connais ce pays-ci, j'y ai travaillé « autrefois.... Les gendarmes sont loin. Ils ne se déran-« geront pas avant trois jours. Tu auras le temps de « t'en aller tranquillement.

« — Ce n'est pas encore ce qui m'inquiète.

« — Qu'est-ce donc?

« — Je suis ton valet de chambre.

« — Bien.

« — Si j'assassine ta femme, ne te supposera-t-on « pas complice de l'assassinat?

« — Mais non, dit Duriveau. Sois tranquille. Je pleu-« rerai sur son corps avec une fameuse conscience.

« — Alors, c'est bon.

« — Quand le coup sera fait, dit Duriveau, comment le saurai-je? »

« Germain le Mouton étendit la main.

« — Tu vois cette fenêtre? dit-il.

« — Oui. »

« Et Germain montrait la croisée où tout à l'heure brillait de la lumière et qui était celle de la chambre occupée par la jeune baronne.

« — Je l'ouvrirai, ajouta-t-il.

« — Alors, dit Duriveau, je vais rester dans le fossé.

« — Adieu, dit Germain.

« — Tu connais nos conventions?

« — Oui.

« — Cinq cents francs tout de suite, mille à Paris. Et tu sais que je suis de parole.

« — Oh! pour ça, oui.

« — Adieu, alors.

« — Mais non.... au revoir....

« — Et bon courage! » ajouta Duriveau.

« Germain le Mouton sortit du fossé.

« Alors Duriveau, qui était jusque-là demeuré accroupi, se leva, sortit la tête du fossé et regarda son complice s'éloigner.

« La nuit était assez obscure; cependant le forçat put suivre Germain des yeux jusqu'au moment où il atteignit le seuil du château.

« Ce dernier rentra sur la pointe du pied.

« Cependant, bien que toute lumière fût éteinte dans le château, tout le monde n'était pas couché.

« La bonne Gertrude était à la cuisine, assise devant un reste de feu.

« Elle avait éteint la lampe qui brûlait sous le manteau de la cheminée, mais elle était parfaitement éveillée.

« Cette extinction des lumières était une habitude qui remontait aux terribles journées de la Terreur.

« A cette époque, le château appartenait, de par la vente des biens nationaux, à un ancien fermier de la famille Fenouil-Caradeuc.

« Cet homme se nommait le père Huet.

« Gertrude était sa fille, et la mère de cette dernière avait été la nourrice du baron.

« Bien qu'il eût joué le rôle de patriote ardent, le père Huet n'avait pu tromper l'opinion publique; et on avait toujours dit qu'il était royaliste et qu'il n'avait racheté le château que pour le restituer un jour, après la tourmente, à ses maîtres légitimes.

« De là, tant que la guillotine avait été en permanence; une véritable terreur chez le père Huet et sa famille.

« Le soir, on éteignait les lumières.

« Gertrude avait conservé cette coutume.

« Elle était donc au coin du feu de la cuisine, tricotant, sans lumière, un gros tas de laine, selon la mode des paysannes de Sologne.

« Germain le Mouton entra.

« — Comment! mamzelle Gertrude, dit-il, vous n'ê-
« tes pas couchée encore?

« — Non, et vous?

« — Moi, j'y vais.... et je venais vous souhaiter le
« bonsoir.

« — Pensez-vous que notre maître arrive demain, au
« moins? demanda Gertrude.

« — Je le crois.

« — Ah! Dieu le veuille!

« — Comme vous êtes impatiente de le revoir!

« — Songez donc, dit naïvement Gertrude, c'est quasiment mon frère de lait.

« — Oui, vous me l'avez dit.

« — Pauvre cher maître ! murmura encore Gertrude.

« — Vous n'avez plus longtemps à attendre, allons, bonsoir, mamzelle Gertrude.

« — Bonsoir, monsieur Germain. »

« Et Germain gagna l'escalier.

« Dans la journée précédente, il avait étudié ce qu'on appelle les *êtres* de la maison.

« Il savait qu'au château on dormait les clefs sur les portes.

« La jeune Allemande devenue baronne de Fenouil, occupait seul le premier étage.

« Gertrude couchait dans une salle basse à côté de la cuisine.

« Germain avait pris possession d'une chambre dans les combles.

« La baronne nourrissait elle-même sa fille, et n'avait voulu personne auprès d'elle.

« Cette nuit-là, l'enfant s'était éveillée et s'était mise à pleurer.

« La mère s'était levée, s'enveloppant d'un châle, à la hâte.

« Puis elle avait pris l'enfant dans ses bras, s'était assise devant le feu et s'était mise à la bercer doucement.

« L'enfant s'était rendormie.

« Alors la jeune mère n'avait plus osé se recoucher de peur de l'éveiller.

« Elle était restée devant le feu, rêvant à son mari qu'elle allait bientôt revoir....

« Puis le sommeil était venu....

« Madame de Fenouil, son enfant toujours dans ses bras, s'était endormie à son tour.

« Et c'était à ce moment que le forçat Germain le Mouton était entré dans sa chambre.

XXXIII

« Comme nous l'avons déjà dit, le petit manoir restitué par le père Huet n'avait que trois hôtes.

« Gertrude, la baronne, et Germain, que les deux

L'enfant était endormie dans ses bras. (Page 474.)

femmes avaient accepté, sans le moindre soupçon, comme le valet de chambre de M. de Fenouil-Caradeuc.

« Mais un quatrième vivant logeait cependant dans le château.

« C'était un vieux chien qui poursuivait les lapins du parc soir et matin, et quelquefois la nuit, quand on n'avait pas la précaution de l'enfermer, le soir venu.

« Ce chien était un basset de forte taille, très-vieux, mais fort comme un Turc.

« Il avait pris la jeune baronne en amitié, depuis le départ de son maître, le père Huet, qui s'en était allé habiter sa ferme, de l'autre côté des sapins, ne laissant au château que sa fille Gertrude.

« Ordinairement il couchait au seuil de la porte de la jeune femme.

« Comme il avait vu Germain accueilli avec empressement, il en avait conclu, dans son instinct de chien intelligent, que c'était un ami de la maison.

« Germain avait donc pu gravir l'escalier sans que le chien, qui le reconnut au flair, poussât le moindre grognement.

« Une seule porte était fermée au loquet, entre l'escalier et la chambre de la baronne.

« Germain le Mouton l'ouvrit avec une précaution infinie.

« Le chien, qui était couché sur le seuil, se dérangea pour le laisser passer.

« La porte ouverte, le misérable entra sur la pointe du pied.

« Il croyait la baronne au lit.

« Le feu, qui brûlait toujours dans la cheminée, projetait autour de lui une clarté indécise.

« Germain marcha droit au lit.

« Il avait tiré de sa poche un de ces longs couteaux qu'on appelle des *Eustaches*.

« Mais arrivé au lit, il étendit vainement la main.

« Le lit était vide.

« Alors il se retourna.

« La jeune Allemande était à demi pelotonnée dans un grand fauteuil, auprès du feu.

« Elle dormait paisiblement.

« L'assassin hésita un moment.

« Un moment il demeura immobile au milieu de la chambre, à demi perdu dans l'ombre.

« Puis il fit un pas et s'arrêta.

« Puis un pas encore, et il s'arrêta de nouveau.

« Le chien était entré derrière lui.

« Et comme Germain hésitait toujours, le chien se prit à grogner.

« Quelque chose lui disait que cet homme était un ennemi de la maison.

« Le grognement du chien éveilla l'Allemande.

« Germain fit un pas en arrière.

« A la clarté indécise du foyer, la jeune femme aperçut Germain, son couteau à la main.

« Elle eut peur, se leva précipitamment et jeta un cri.

« A ce cri, le chien sauta aux jambes de Germain.

« Mais Germain était un de ces hommes féroces qui, après avoir hésité, prennent tout à coup leur parti.

« Il se précipita sur la baronne, son couteau levé.

« La baronne se réfugia vers le lit, sur lequel elle déposa son enfant.

« Puis elle lui fit un rempart de son corps,

« Mais l'assassin la poursuivit, la prit à la gorge d'une main et frappa de l'autre.

« Le chien se rua sur lui avec fureur.

« Ce fut un drame qui eut la durée d'un éclair.

« Fou de douleur, ivre de sang, l'assassin frappa sans relâche.

« Le chien hurlait et mordait.

« En même temps, aux cris désespérés de la malheureuse mère, qui perdait son sang par vingt blessures, se mêlèrent les cris de l'enfant éveillée en sursaut....

« En même temps aussi des pas précipités retentirent dans l'escalier.

« Des pas et des cris.....

Puis un homme et une femme se montrèrent sur le seuil....

« Un éclair brilla, une détonation suivit l'éclair, et l'assassin, frappé au cœur par une balle, tomba foudroyé.

. . . .

« Quel était ce secours tardif qui arrivait à la baronne ?

« C'est ce que nous allons expliquer en peu de mots.

« Après le départ de Germain, Duriveau était sorti du fossé.

« Puis il s'était glissé dans le parc, à bas bruit, évitant le sable des allées et rampant jusqu'à une croisée qui était celle de la cuisine, et de laquelle s'échappait une vague lueur, celle du foyer.

« A cette clarté, il avait pu voir Germain souhaitant le bonsoir à Gertrude.

« L'oreille collée au sol, il avait entendu les quelques mots échangés entre la servante et Germain le Mouton.

« Puis, quand celui-ci était parti, il avait attendu un moment, se disant :

« Il va faire le coup, mais il ne se doute pas de ce que
« je lui réserve. »

« Alors, il s'était dirigé vers la porte d'entrée et avait frappé doucement.

« Agitée d'un pressentiment joyeux, Gertrude était venue ouvrir.

« Duriveau l'avait étreinte dans ses bras en lui disant tout bas :

« C'est moi, ma bonne Gertrude. »

« Et la naïve fille avait cru qu'elle avait affaire au vrai baron de Fenouil-Caradeuc.

« Vous! dit-elle.

« — Moi.... j'ai marché toute la nuit.... mais tais-
« toi!... Il ne faut pas réveiller ma femme, car je crains
« des émotions pour elle.... »

« Tout cela se passait dans l'ombre.

« Duriveau parlait de sa femme, de son enfant, du père Huet.

« — Ah! que c'est bon! murmurait-il, de franchir le
« seuil de sa maison.... après vingt ans d'exil.... »

« Et il prononça le nom de son père....

« Et sa voix fut si émue, que Gertrude lui sauta au cou et lui donna le nom de son enfance :

« Monsieur Raoul!... »

« Cela dura six minutes.

« Les dix minutes que Germain avait employées à monter l'escalier et à pénétrer furtivement chez la baronne.

« Puis les hurlements du chien, les cris de la baronne et de l'enfant, se firent entendre.

« Et Duriveau jeta un cri à son tour.

« Et il s'élança dans l'escalier, suivi par Gertrude affolée.

« Et dans l'escalier il prit un pistolet à sa ceinture et l'arma....

« Et sur le seuil de la chambre, il fit feu....

« Et tandis que Germain le Mouton tombait roide mort, la pauvre mère s'affaissait en poussant un soupir.

Il se précipita sur la servante en lui disant : « Si tu cries, je te tue. » (Page 179.)

« Duriveau la crut morte.

« Il la prit dans ses bras, criant, pleurant, l'appelant sa femme chérie.

« Et Gertrude, folle de terreur, les regardait tous les deux, lui paraissant en proie à un désespoir sans limites....

« Elle, les yeux fermés, ayant sans doute déjà rendu le dernier soupir, et inondant de son sang l'imposteur qui osait se dire son mari.

« Mais, en ce moment, Dieu fit un miracle sans doute.

« La mourante rouvrit les yeux, regarda cet homme et s'écria :

« Misérable ! tu n'es pas Raoul !...

« Et Gertrude jeta un cri à son tour, et appela au secours....

« Alors, prompt comme l'éclair, Duriveau saisit le poignard avec lequel Germain avait assassiné la baronne.

« Puis il se précipita sur la servante, la prit à la gorge et il lui dit :

« Si tu cries, je te tue !... »

« Gertrude était pourtant une fille robuste et courageuse.

« Elle essaya de se débattre et de se soustraire au poignard de l'assassin.

« Mais Duriveau avait un poignet de fer, et il la maintint, lui serrant la gorge, de façon à l'empêcher de crier.

« D'ailleurs, il n'y avait plus de vivant au manoir que lui et elle, la petite fille et le chien.

« L'enfant pleurait, comme pleurent les enfants, effrayés par le bruit.

« Le chien, rendu furieux, s'était élancé sur Duriveau.

« Mais, d'un violent coup de pied, appliqué sur la tête, Duriveau l'étendit sanglant à ses pieds.

« Alors il prit à sa ceinture un second pistolet et le braqua sur l'enfant, tenant toujours Gertrude à la gorge, de l'autre main.

« Je tue l'enfant de ton maître, si tu bouges, » lui dit-il.

« Cette menace paralysa Gertrude, qui s'était débattue tant que sa vie avait été en jeu.

« Elle regarda cet homme avec épouvante.

« La pauvre mère, gisant sur le parquet, venait de rendre le dernier soupir.

« Le forçat Germain le Mouton était mort.

« Le chien râlait et poussait des gémissements plaintifs.

« Duriveau, tenant toujours l'enfant sous le canon de son pistolet, dit alors à Gertrude :

« Écoute-moi bien... »

« Et il avait un calme atroce.

« Écoute-moi, reprit-il. Ton maître ne reviendra pas.

« Il est mort... Je l'ai tué...

« — Horreur! murmura la pauvre servante.

« — Le baron de Fenouil-Caradeuc, c'est moi désor-
« mais. Comprends-tu? »

« Elle ne comprenait pas, la malheureuse! Mais elle avait joint les mains, et, à genoux, suppliante, elle demandait grâce pour l'enfant.

« Au-dessus du lit de la baronne, il y avait un grand Christ en ivoire.

« Regarde ce crucifix, » dit Duriveau.

« Gertrude leva les yeux sur le Christ.

« — Veux-tu sauver la vie à cette enfant? reprit le
« forçat.

« — Oui, dit-elle.

« Je tue l'enfant de ma main, si tu bouges. » (Page 180.)

« — Alors, la main étendue sur ce crucifix, jure de
« m'obéir. »

« Et comme Gertrude hésitait, il appliqua le canon du
du pistolet sur la tempe de l'enfant.

« Gertrude jeta un cri.

« — Arrêtez ! fit-elle.

« — Es-tu chrétienne ?

« — Oui.

« — Tiendras-tu ton serment ?

« — Je vous le jure.

« — Eh bien ! promets-moi de me considérer désor-
« mais comme le baron de Fenouil-Caradeuc, et cette
« enfant vivra, et je l'élèverai, et je l'aimerai comme
« ma fille. »

« La proposition de cette homme était si monstrueuse
que Gertrude hésitait encore :

« Je te donne une minute, » dit froidement Duriveau.

« Gertrude lut dans ses yeux qu'il tiendrait sa promesse et que l'enfant allait mourir, si elle ne jurait
pas.

« Et Gertrude eut peur.

« Elle étendit la main vers le crucifix, et dit :

« Je le jure... »

. . . .

« Ce qui se passa alors est aisé à deviner.

« Le drame mystérieux qui s'était déroulé au petit
manoir pendant la nuit, fit grand bruit le lendemain, il
fut avéré que M. Fenouil-Caradeuc rentrant chez lui,
après une absence de vingt années, avait trouvé sa
femme assassinée par son valet de chambre, et qu'il s'é-
tait fait justice lui-même en tuant l'assassin.

« Gertrude, liée par son serment, dit tout ce que voulut le forçat Duriveau.

« La province entière fit au baron de Fenouil-Caradeuc ses compliments de condoléance.

« Et le forçat qui avait fait peau neuve, partit quelques jours après pour Paris, en compagnie de Gertrude qui emmenait la petite fille. »

Là se terminait l'étrange manuscrit, écrit en chiffres.

« Eh bien! dit la baronne en regardant Charles, lorsque celui-ci eut fini.

— Cet homme est le plus atroce des misérables, répondit celui-ci.

— Ah! tu trouves?

— Et dire que peut-être la jeune fille que nous avons enlevée cette nuit l'aime comme son vrai père.

— C'est certain.

— Eh bien! ne trouvez-vous pas que c'est affreux?...

— Aussi allons-nous la désillusionner.

— Comment cela? »

La baronne lui prit le manuscrit des mains :

« Regarde, dit-elle, cet homme n'a écrit que d'un côté, sur le recto, le verso est blanc.

— Bon!

— Tu vas te mettre là et prendre une plume.

— Très-bien.

— Et traduire en regard, d'une belle écriture, bien lisible, les chiffres de Duriveau.

— Dans quel but?

— Évidemment la petite connaît l'écriture de celui qu'elle croit son père.

— La chose est hors de doute.

— Alors suis bien mon raisonnement, je lui ai fait prendre un narcotique tout à l'heure.

— Oui.

— Elle dormira jusqu'à demain soir.

— Après?

— Quand elle s'éveillera, elle se trouvera seule, dans une chambre inconnue; et si elle appelle, personne ne lui répondra. Peut-être aura-t-elle un moment de désespoir; mais ce manuscrit placé à portée de sa main attirera ses regards et elle le lira.

— Savez-vous, dit Charles, qu'elle est capable d'en devenir folle?

— Peut-être... mais qui ne risque rien n'a rien. Si sa raison résiste...

— Eh bien?

— Un sentiment violent et tenace s'emparera de son âme, la vengeance.

— Vous croyez qu'elle haïra Duriveau?

— Elle le haïra. N'est-il pas l'assassin de son père et de sa mère?

— C'est juste.

— Et elle ira se jeter aux pieds du roi, si le roi revient, pour lui demander vengeance. »

Charles regarda la baronne.

« Oh! dit-il, vous le haïssez bien, cet homme. »

Elle ne répondit pas; mais du doigt elle lui indiqua une plume et de l'encre.

Charles se mit à la besogne.

Pendant ce temps, la baronne s'était enveloppée dans un manteau, puis s'était pelotonnée dans une chauffeuse, au coin du feu, et avait sommeillé deux ou trois heures.

Il était grand jour quand Charles eut terminé la copie du manuscrit.

Sur le recto était l'écriture hiéroglyphique; en regard se trouvait la traduction.

La baronne le parcourut des yeux rapidement.

« C'est bien, dit-elle. Maintenant, il faut songer à tout.

— Que voulez-vous dire? »

Elle prit le manuscrit, alla vers l'alcôve et pressa un ressort.

Puis elle se coucha sur le lit.

Le lit s'abaissa lentement, et la baronne disparut avec lui, emportant le manuscrit, les débris du coffret et les papiers qu'il avait contenus.

Presque au même instant, Charles, qui était demeuré seul dans la chambre, entendit un violent coup de sonnette.

En même temps, des voix confuses qui partaient de l'escalier arrivèrent jusqu'à lui.

Une de ces voix disait :

« Si on n'ouvre pas, vous enfoncerez la porte. »

Charles reconnut cette voix.

C'était celle du chevalier Biribi, c'est-à-dire du forçat Duriveau.

Et avec cette voix, un autre bruit parvint aux oreilles du complice de la baronne.

Le bruit des crosses de mousquet heurtant les marches de l'escalier.

XXXIV

Avant de suivre Biribi cherchant à pénétrer chez la baronne, revenons à notre ami Coqueluche, qui n'avait point quitté son uniforme menteur d'officier d'ordonnance.

Coqueluche avait passé plusieurs jours au chevet de

Raoul de Vauxchamps, en compagnie de Mlle de Bernerie.

Les blessures du colonel étaient graves.

Si graves que les trois chirurgiens, qui se relayaient pour lui donner leurs soins, ne répondaient de rien, et prétendaient que la gangrène pourrait bien se déclarer.

Alors le colonel était perdu.

Coqueluche soignait Raoul comme un frère, et se disait :

« Ces militaires sont si naïfs, que celui-là est capable de me recommander sa fiancée avant de mourir ! »

Un singulier objectif tirait maintenant démesurément l'œil de Coqueluche.

C'était la grande fortune de Mlle de Bernerie.

Aussi avait-il oublié Juliette, oublié son oncle Biribi, et ses projets de conspiration.

Peu lui importait désormais de se montrer utile au nouveau gouvernement.

Il était passé à l'ennemi avec armes et bagages.

C'est-à-dire que l'ennemi, c'était tout ce qui aimait encore Napoléon et le régime impérial.

Coqueluche était d'un patriotisme qui enthousiasmait Charlotte de Bernerie, en dépit de son amour pour Raoul et des angoisses qui l'étreignaient.

Coqueluche se fût donc tout à fait endormi, bercé par son rêve de fortune et l'espoir de voir Raoul rendre le dernier soupir en plaçant dans sa main la main de Charlotte, si un incident imprévu ne l'en eût empêché.

Cet incident, c'était la visite inattendue et la provocation intempestive de l'officier russe Pétrowitz.

On se souvient avec quel calme, quelle merveilleuse présence d'esprit il avait soutenu l'interrogatoire de Pétrowitz ; comment il avait apaisé la colère du Russe, en lui prouvant qu'il ne connaissait nullement Cendrinette.

Mais Pétrowitz parti, Coqueluche était rentré tout soucieux dans la maison.

Raoul sommeillait, en proie à un délire vague.

Penchée sur lui, Charlotte inquiète, anxieuse, épiait ce sommeil plein des visions de la fièvre.

Coqueluche, à qui elle ne songea pas même à demander pourquoi il était descendu, alla au-devant de la question.

« La baronne, dit-il, a des amis et des admirateurs partout.

— Ah! fit distraitement Charlotte.

— On m'a appelé tout à l'heure, n'est-ce pas?

— Oui.

— Savez-vous qui? »

Charlotte le regarda d'un air interrogateur.

« C'est l'officier russe qui a laissé passer Machefer, lorsqu'il était à la recherche du malheureux colonel.

— Que voulait-il?

— Savoir des nouvelles du colonel et me donner un conseil.

— Lequel?

— Celui d'aller trouver un chirurgien russe d'une grande habileté dont il m'a donné le nom et l'adresse, et qui, bien certainement, sauvera mon cher et malheureux ami.

— Vrai! exclama Charlotte dont les yeux brillèrent.

— Aussitôt que le jour paraîtra, j'irai, acheva Coqueluche qui mentait effrontément. »

Charlotte lui serra la main :

« Vous êtes le meilleur des hommes, » dit-elle.

Coqueluche à qui Pétrowitz, on s'en souvient, n'avait nullement parlé de chirurgien, s'était dit :

En passant devant le Palais de Justice, il s'arrêta chez un fripier et lui acheta un manteau. (Page 487.)

« Je trouverai toujours un médecin de l'armée russe qui consentira à venir soigner le colonel. »

L'essentiel est que j'aie un prétexte de m'absenter.

En effet, en remontant, Coqueluche s'était fait ce raisonnement fort simple.

« Une femme me poursuit, Cendrinette : après avoir été mon esclave, elle m'a trahi. Pourquoi? parce qu'elle a reçu la visite d'une femme appelée la baronne qui a un vieux compte à régler avec nous. »

Il faut donc que je pare les coups mystérieux que me porte Cendrinette et que je retrouve Biribi. J'ai cru pouvoir me passer de lui, mais on a décidément toujours besoin de ce diable d'homme.

Le jour venu, Coqueluche quitta la maison où étaient Charlotte et Raoul, sous prétexte d'aller chercher le médecin russe.

Seulement, à présent que la capitale était tout entière au pouvoir des alliés, se montrer en uniforme français était fort dangereux.

Coqueluche prit les habits de Machefer qui, ayant passé la nuit précédente auprès du blessé, avait dormi cette nuit-là.

Puis, ainsi vêtu, il descendit dans Paris.

Mais il évita le faubourg du Temple où il aurait pu rencontrer quelque compagnon de la bande de mame Toinette et de Quille-en-Bois, et par les petites ruelles qui sillonnent le faubourg Saint-Martin, il gagna le quartier Montmartre.

Puis il descendit la rue de ce nom jusqu'aux Halles, gagna les quais et entra dans la cité par le pont au Change.

Il y avait cinq jours que le brillant vicomte de Montrevel n'avait paru au quai de l'École.

En passant devant le Palais de Justice, il s'arrêta chez un fripier et lui acheta un manteau.

Ce manteau était destiné à cacher ses habits modestes, c'est-à-dire ceux de Machefer.

Et Machefer, on le sait, était vêtu comme un garde-chasse.

Puis il continua son chemin et arriva au seuil de sa maison.

Comme il montait l'escalier, il rencontra le portier qui lui dit :

« Mais quelle vie faites-vous donc, monsieur, toute la nuit?

— Comment, toute la nuit!

— Dame! vous êtes rentré et sorti la nuit dernière.

— Moi! fit Coqueluche étonné.

— Sans doute... à preuve, ajouta le portier, que ce matin, en vous en allant, vous avez laissé la porte ouverte.

— Ce n'est pas moi.... vous vous trompez.... »

Et Coqueluche, agité d'un vague pressentiment, monta plus rapidement encore.

Le portier avait dit vrai. La porte du logement de Coqueluche était ouverte.

Il entra et s'arrêta stupéfait au seuil du cabinet.

Les papiers qui jonchaient le sol, le vase brisé, les meubles forcés, les tiroirs ouverts ne témoignaient que trop d'une visite domiciliaire nocturne.

Coqueluche demeura un moment abasourdi ; puis il s'élança dans le couloir qui conduisait à la porte mystérieuse par laquelle on pénétrait chez Biribi.

Là, un nouveau spectacle l'attendait.

Le chevalier, fou de rage et de douleur, achevait de délier les mains et les pieds de Gertrude qui était en proie à une sorte de délire.

« Ma fille! s'écria le chevalier, on m'a pris ma fille!

— Et on t'a volé tes papiers. »

Biribi se retourna seulement alors et vit Coqueluche.

« Toi ! toi ! dit-il, ah ! tu viens à mon aide, n'est-ce pas ? »

Coqueluche fronçait le sourcil, mais il avait retrouvé tout son sang-froid.

« Écoute, mon oncle, » dit-il.

Biribi le regarda d'un air hébété.

« On t'a enlevé ta fille ?

— Oui.

— Sais-tu qui ? »

Gertrude s'était un peu remise à la vue de Coqueluche.

« Une femme et deux hommes, dit-elle ; ils étaient masqués.

— Je ne sais pas qui sont les hommes, dit Coqueluche, mais pour la femme….

— Tu la connais ! exclama Biribi.

— Je la devine, du moins.

— Qui ? qui ? fit-il avec rage et désespoir.

— La *baronne*, pardieu ! »

Les cheveux de Biribi se hérissèrent :

« C'est mon ennemie mortelle ! dit-il.

— Et elle a les papiers, n'est-ce pas ?

— Je suis perdu, » murmura Biribi avec accablement.

Coqueluche haussa les épaules.

« Eh ! dit-il, on n'est jamais perdu quand on sait se retourner. »

Biribi reporta sur lui son regard égaré.

« Veux-tu m'écouter ? dit Coqueluche.

— Oui, parle. »

Et Coqueluche s'adressant à Gertrude :

« C'est cette nuit que la chose est arrivée, n'est-ce pas ?

— Oui.

— Il y a donc cinq ou six heures à peine ?
— Oui.
— La *baronne* n'a pas pu faire encore usage des papiers, et quant à sa fille, on la retrouvera, » dit Coqueluche avec calme.

Un rayon d'espoir brilla dans les yeux de Biribi.

XXX

Coqueluche reprit :
« Au lieu de se désoler, mon oncle, il faut agir.
— Mais que faire ? murmura Biribi qui se tordait toujours les mains de désespoir.
— Viens avec moi.
— Ma fille, mon enfant chéri ! murmurait Gertrude, dont les yeux étaient inondés de larmes, vous me répondez d'elle !
— Oui, tu la retrouveras ta fille, dit Coqueluche en haussant les épaules.
— Viens-tu, mon oncle ?...
— Mais où allons-nous ?
— Chez la baronne d'abord.
— Et puis ?
— Et puis chez Cendrinette : l'une ou l'autre nous donnera des nouvelles de ta fille et de tes papiers. »

Et il entraîna Biribi hors de chez lui.

Quand ils furent sur le quai, Coqueluche reprit :
« Tu as gagné les faveurs de M. de Talleyrand, n'est-ce pas ?

— Je le crois.

— Voici le moment de te servir de cette influence, qui n'est pas mince.

— Mais comment?

— En entrant dans le premier poste de garde nationale.

— Bon!

— Et en requérant, au nom de l'État, quatre hommes de bonne volonté pour faire une visite domiciliaire chez des gens soupçonnés de conspirer. »

Ces derniers mots achevèrent de calmer Biribi.

Il se souvint que l'ex-ministre de Bonaparte lui avait remis un petit carré de papier qui portait simplement la signature qui devait lui servir de passe-port et de talisman, à lui Biribi.

« Tu as raison, » dit-il.

Et il tira le carré de papier de sa poche.

Puis, ils se dirigèrent d'un pas rapide vers la ville, reprirent le pont au Change et s'arrêtèrent un moment place du Châtelet.

Il y avait là un poste de garde nationale.

Biribi y entra et demanda à parler à l'officier.

Celui-ci sortit et Biribi lui dit :

« Connaissez-vous M. de Talleyrand? »

A ce nom redouté, l'officier s'inclina.

Biribi lui mit le papier sous les yeux.

L'officier salua plus bas et dit :

« Je suis à vos ordres.

— Donnez-moi un caporal et quatre hommes, » dit Biribi.

L'officier obéit, et quand les hommes sortirent du poste l'arme au bras, il leur dit :

« Vous allez suivre monsieur et ce qu'il vous ordonnera, vous le ferez.

— Maintenant, dit Coqueluche, allons rue de la Jussienne. »

Arrivé dans cette rue, Biribi se retourna vers les gardes nationaux :

« Messieurs, leur dit-il, il s'agit d'étouffer une conspiration qui pourrait faire triompher la cause, aux trois quarts perdue de Napoléon. »

Les idées royalistes avaient fait leur chemin depuis l'entrée des alliés dans Paris.

D'ailleurs, les gardes nationaux à qui s'adressait Biribi étaient des commerçants qui voulaient la paix à tout prix.

A la façon dont ils accueillirent ses paroles, Biribi comprit qu'il pouvait compter sur eux.

Le portier de la maison qu'habitait la *baronne* fut un peu ému à la vue de la force armée.

Il prétendit que la baronne était absente.

Mais Biribi lui dit d'un ton sec :

« Donnez-moi les clefs de l'appartement.

— Je ne les ai pas.

— Alors, au nom de la loi, nous enfoncerons les portes. »

Et il monta l'escalier.

Biribi sonna une fois, puis deux.

Au second coup, demeuré sans réponse, il dit :

« Nous allons enfoncer la porte. »

Mais tout aussitôt des pas retentirent au dedans de l'appartement et la porte s'ouvrit.

Un homme à demi vêtu, étirant les bras et paraissant avoir été éveillé en sursaut, se montra en disant :

« Qu'est-ce donc que tout ce tapage ?

— C'est la police, » répondit tranquillement Biribi.

L'homme qui venait d'ouvrir, c'était Charles, qui avait eu le temps de se concerter avec la baronne.

Il trouva la baronne enveloppée dans un peignoir du matin, assise dans une chauffeuse, au coin du feu. (Page 193.)

— Où est la baronne ? lui demanda Biribi.
— Elle dort, répondit Charles. Que voulez-vous ?
— Tu le verras.... »

Et Biribi pénétra dans l'appartement suivi des gardes nationaux.

Il trouva la baronne enveloppée dans un peignoir du matin, assise dans une chauffeuse, au coin du feu.

« Ah ! c'est vous ? dit-elle en regardant Biribi d'un ton moqueur.

— C'est moi !

— Quel singulier métier faites-vous, mon cher ? poursuivit-elle en riant.

— Vous allez le savoir, ma belle. »

En même temps il désigna Charles :

« Emparez-vous de ce gaillard-là et que personne ne sorte d'ici ! » dit-il.

Charles n'opposa aucune résistance.

Alors Coqueluche et Biribi fouillèrent les meubles, les armoires, sondèrent les murs, s'assurèrent que l'appartement n'avait qu'une issue, et qu'il n'y avait ni portes masquées, ni doubles portes.

Les papiers de la baronne étaient insignifiants.

C'étaient, pour la plupart, des lettres d'amour qu'on lui avait écrites.

Après deux heures de recherches infructueuses, Coqueluche regarda Biribi découragé d'une façon significative.

Ce regard voulait dire :

« Nous nous sommes trompés, allons chez Cendrinette. »

Ils se retirèrent et laissèrent Charles en liberté.

La baronne reconduisit Biribi jusqu'à la porte et lui dit avec son accent moqueur :

« C'était donc bien vrai, ce qu'on disait ?

— Que disait-on?

— Que tu es de la police, » répondit-elle.

Et elle lui ferma la porte au nez avec un éclat de rire.

« Mon oncle, dit Coqueluche à l'oreille de Biribi, lorsqu'ils furent dans la rue, nous avons à causer. Renvoie ces braves gens. Avec ton talisman, tu en trouveras d'autres rue du Mont-Blanc.

— Tu as raison, » répondit Biribi avec un soupir.

Et il dit au caporal :

« Vous et vos hommes, monsieur, vous pouvez vous retirer. »

Les gardes nationaux s'en allèrent, un peu surpris de ce qu'ils avaient vu et entendu, mais n'osant manifester leur surprise tout haut, tant Biribi leur paraissait un personnage important.

« Prenons une voiture, dit Coqueluche. Nous n'avons pas de temps à perdre. »

Un fiacre stationnait au coin de la rue.

Le cocher dormait.

Coqueluche l'éveilla tandis que Biribi montait dans le fiacre.

Le cocher grommela, en étirant les bras et se frottant les yeux :

« Quel chien de métier !

— Tu ne travailles donc pas? lui dit Coqueluche.

— Au contraire, je travaille trop.

— Et tu te plains?

— Je n'aime pas à passer les nuits.

— Ah ! fit Coqueluche intrigué par cette réponse, tu as passé la nuit dernière?

— A m'en aller de la rue du Mont-Blanc au quai de l'École, et du quai de l'École ici. »

Coqueluche tressaillit; en même temps Biribi se pencha avidement à la portière.

« Hé! l'ami, dit Coqueluche, serait-ce toi par hasard qui as aidé à transporter une jeune fille du quai de l'École?

— Pourquoi me demandez-vous cela? dit le cocher avec défiance.

— Pour te faire gagner trois napoléons. »

Le cocher ouvrit de grands yeux.

« Parle, » dit Coqueluche.

Et il lui mit trois pièces d'or dans la main.

Le cocher les prit et dit :

« C'est une dame masquée et deux hommes qui ont enlevé la petite. Pourquoi? je n'en sais rien. Elle était évanouie, du reste....

— Et où l'as-tu transportée?

— Dans cette rue. »

Et il montrait la porte de la maison habitée par la baronne.

« Mon oncle, dit Coqueluche, nous sommes roulés. Ta fille est là.... Ce n'est pas la peine de nous en aller rue du Mont-Blanc.

— Que faut-il donc faire? demanda Biribi repris par une émotion subite.

— Tu vas voir.... »

XXXVI

Après le départ de Biribi, Charles et la baronne s'étaient regardés en souriant.

« Eh bien! dit cette dernière, tu vois qu'il n'a pas

trouvé le secret; et si lui, le plus fin limier de la police, ne le trouve pas, qui donc le trouvera?

— Vous avez raison, répondit Charles. Mais comment est-il ce réduit dans lequel vous avez caché la jeune fille et les papiers?

— Veux-tu le voir?

— Oui. »

La baronne le prit par la main et le conduisit vers le lit, sur lequel elle le fit asseoir.

Puis, du bout de son pied mignon, elle poussa ce ressort mystérieux qui avait échappé à toutes les investigations de Biribi.

Alors, le second lit, qui avait pris la place de celui sur lequel on avait couché Juliette endormie, s'abaissa lentement.

Les matelas et les oreillers arrivaient au niveau du parquet; puis il se fit un jeu de bascule, et Charles, ainsi que la baronne, furent précipités dans le vide et l'obscurité.

Mais l'obscurité n'avait rien d'horrible et la chute ne fut pas meurtrière.

Ils étaient tombés d'une hauteur de cinq ou six pieds à peine, et leur chute fut amortie par un corps élastique, qui n'était autre qu'une épaisse couche de laine.

La baronne, qui avait l'habitude de ce singulier voyage, était tombée sur ses pieds.

Charles ne s'était pas encore relevé qu'elle s'était procuré de la lumière à l'aide d'un briquet.

Alors le jeune homme jeta un regard étonné autour de lui.

Il était dans une toute petite pièce sans porte ni fenêtre, et dont les murs étaient tendus d'une étoffe à ramages verts et rouges.

Le plafond, tendu comme les murs, ne laissait voir

aucune fente, aucune cavité, aucune trace de ce mécanisme ingénieux qui permettait à un lit de descendre de l'étage supérieur.

On eût dit un de ces trucs ingénieux de théâtre dont le spectateur ébahi cherche vainement l'explication.

Au milieu de la pièce était le lit sur lequel la baronne et son complice avaient couché la jeune fille.

Juliette dormait d'un sommeil si lourd, si pesant, qu'il ressemblait à la mort.

« Vous ne l'avez pas tuée, au moins ? demanda Charles avec une légère émotion.

— Imbécile ! » répondit la baronne, qui avait posé le flambeau sur un guéridon auprès du lit.

A côté du flambeau se trouvait le manuscrit.

« Pourquoi donc t'aurais-je fait traduire cela, ajouta la baronne, si elle ne devait pas le lire ?

— C'est juste. »

Et Charles regardait toujours autour de lui.

« On n'entre donc que par le plafond ? dit-il enfin.

— Absolument : il n'y a pas d'autre issue.

— C'est bizarre !

— Ah ! soupira de nouveau la baronne, si j'avais possédé ce secret-là plus tôt... »

Puis son œil s'anima :

« Car c'est ici, poursuivit-elle, qu'on l'a arrêté... »

Là haut, du moins.... j'habitais la maison depuis six mois.

« Et vous ne connaissiez pas cette cachette ?

— Non. Sans cela, les misérables qui sont venus l'arrêter ne l'auraient pas trouvé. »

Charles, par son attitude, témoignait d'une curiosité ardente.

La baronne continua :

« Il vint un soir chez moi et me dit : Cache-moi ! Ma

tête est en jeu. Pendant six semaines, il ne sortit pas. Le portier lui-même ignorait qu'il fût chez moi. Je ne recevais plus personne. Ma vie était murée. Un seul homme arrivait parfois furtivement, un homme que je croyais son ami, Biribi. Ce misérable que tu as vu tout à l'heure, le forçat, dont, maintenant, nous savons l'histoire.

— Quand on vint l'arrêter, j'étais sans défense.

— Les soldats pénétrèrent chez moi, il se défendit comme un lion, mais ils vinrent à bout de lui.

— Et comme, après qu'ils l'eurent emmené, je me désolais et me tordais les mains de désespoir, le portier monta, et me dit, les larmes aux yeux :

— Pourquoi ne m'avez-vous pas dit que vous aviez quelqu'un à cacher ?

— Alors il me montra cette cachette qui avait sauvé la vie à plus d'un aristocrate pendant la Terreur.

— Mais il était trop tard !

— Seulement, à partir de ce jour, je me promis d'utiliser ce secret pour ma vengeance. »

Et la baronne, après un silence ajouta :

« Maintenant, tu sais la mission que je t'ai donnée.

— Oui, répondit Charles.

— Tu vas aller au faubourg Saint-Antoine prévenir la mère des compagnons que j'ai besoin de la voir. »

En même temps, la baronne chercha un ressort dans le mur et fit asseoir Charles sur le lit.

Elle s'y plaça elle-même, à côté de la jeune fille endormie et, le ressort ayant joué, le lit monta doucement jusqu'au plafond qui s'entr'ouvrit de nouveau.

. . . .

Quelques minutes après, Charles sortait de la maison de la rue de la Jussienne.

Il pouvait être alors dix heures du matin.

Il s'arrêta et jeta un rapide coup d'œil sur son vêtement.
(Page 199.)

Le jeune homme regarda plusieurs fois à droite et à gauche pour s'assurer que personne ne le suivait.

Puis il se mit en marche et descendit vers la rue Montmartre.

Là, un fiacre stationnait, les stores baissés.

Mais la rue Montmartre est si populeuse, si passagère et si fréquentée à toute heure, que Charles ne fit aucune attention au fiacre et continua son chemin, descendant vers les boulevards.

Seulement, quand il fut à la hauteur de la rue Saint-Joseph, il s'arrêta un moment et jeta un rapide coup d'œil sur son costume.

Qu'était-ce que Charles?

Un de ces hommes sans profession déterminée, qui vivent au jour le jour et un peu de tous les métiers.

Il avait rencontré dans un bal cette aventurière qu'on appelait la baronne, et il s'en était épris.

Elle avait répondu à ses déclarations brûlantes par ces mots : « Mon cœur est mort. Mais je poursuis une vengeance, veux-tu t'y associer? »

Et Charles était devenu son esclave.

Il habitait rue Saint-Joseph une mansarde sous les toits.

C'était là qu'il rentrait d'une façon très-irrégulière, du reste, pour changer de linge et de vêtements.

En regardant son costume, il s'était dit que pour aller au faubourg Saint-Antoine il valait mieux passer une blouse et dépouiller ses vêtements élégants.

Aussi entra-t-il dans sa rue Saint-Joseph.

Le fiacre aux stores baissés y entra après lui.

Et comme il s'engouffrait dans l'allée noire et humide de la maison qu'il habitait.

Deux hommes descendirent du fiacre et le suivirent.

Ces deux hommes étaient Biribi et Coqueluche.

Et Biribi disait, caressant le manche d'un poignard sous son carrick.

Il faudra bien qu'il parle!

XXXVII

Charles alla jusqu'au bout du couloir.

Là, il trouva un escalier avec une corde servant de rampe, et il se mit à monter lestement.

L'escalier était aussi obscur que l'allée.

Quand il eut monté une trentaine de marches, il entendit un bruit de pas au-dessous de lui.

Mais il ne s'en préoccupa guère, la maison étant habitée par une foule de petits locataires, garçons pour la plupart.

Et il continua de monter.

Les pas qu'il avait entendus montaient aussi.

Sa chambre, nous l'avons dit, était au sixième étage, sous le toit.

Comme il était lui-même sa femme de ménage, il en emportait toujours la clef, et n'avait aucune relation avec les portiers.

Arrivé à sa porte, il eut cependant un moment d'hésitation et d'inquiétude.

Les pas montaient toujours.

Mais il mit la clef dans la serrure, ouvrit la porte et entra.

Suivant son habitude encore, il laissa la clef sur la porte.

Mais à peine se mettait-il en mesure de changer de vêtements, qu'on frappa.

« Entrez ! » dit-il sans défiance.

La porte s'ouvrit. Charles fit un pas en arrière.

Biribi était sur le seuil, un pistolet de chaque main.

« Que voulez-vous ? balbutia Charles qui, tout brave qu'il était, ne se dissimula pas un seul instant que sa vie était en jeu.

— Causer un brin avec vous, cher monsieur, » dit Coqueluche qui apparut derrière Biribi et ferma la porte, en ayant bien soin de retirer la clef.

Charles avait bien un poignard sur lui.

On en voyait même le manche apparaître dans les plis de la ceinture qu'il portait sous sa houppelande.

Mais que peut un poignard contre deux pistolets mignons qui peuvent tuer à dix pas de distance.

Charles était un homme de sang-froid.

Il regarda Biribi et Coqueluche, et leur dit :

« Qu'y a-t-il pour votre service ?

— Je vous l'ai dit, mon jeune ami, nous désirerions causer un brin avec vous. »

Charles s'inclina.

Puis, comme il y avait trois chaises dans la mansarde, il en prit une et leur désigna les deux autres.

« Vous êtes vraiment trop bon, cher monsieur, » dit Biribi.

Et il s'assit.

Coqueluche l'imita.

Quant à Charles, il s'était placé sur la sienne à califourchon, à *l'officière*, comme on dit.

« Je vous écoute, messieurs, dit-il.

— Vous deviez vous attendre un peu à ma visite, dit Biribi.

— Pas le moins du monde.

— Vraiment? ricana Coqueluche.

— Cependant, reprit Biribi, après la petite visite domiciliaire que nous avons faite chez la baronne....

— Eh bien?

— Vous deviez vous attendre à ce que nous vinssions chercher chez vous ce que nous n'avons pas trouvé chez elle.

— A votre aise, messieurs. »

Et Charles, d'un geste ironique, montra les murs nus de sa mansarde.

Biribi sourit.

« Il serait assez difficile, dit-il, de cacher ici une jeune fille, ce me semble.

— Ah ! » fit Charles.

Et il prit un air étonné et naïf, ajoutant :

« Vous veniez donc chercher une jeune fille chez la baronne, messieurs ?

— Cher monsieur, répliqua Biribi, il est fâcheux que vous ayez embrassé une mauvaise cause. Si je vous avais eu, moi, j'aurais fait de vous quelque chose, parole d'honneur !

— Vous êtes bien bon, ricana le jeune homme.

— Vous avez du calme, de la présence d'esprit, du sang-froid....

— Vous êtes trop bon.

— J'aurais fait votre fortune en vous prenant dans mon jeu.

— Excusez-moi, répondit Charles, mais j'ignore absolument le jeu dont vous voulez parler. »

Biribi et Coqueluche échangèrent un regard.

« Mon oncle, dit Coqueluche, monsieur paraît prendre plaisir à cet entretien, et nous le prolongerions volontiers, si nous en avions le temps.... mais....

— Mais vous êtes pressés, sans doute ? dit Charles.

— Oui, monsieur, répondit Biribi.

— Eh bien! veuillez me dire en quoi je puis vous être utile et agréable ?

— Monsieur, reprit Biribi, j'ai une fille.

— Bon! » dit Charles.

Et il continua à paraître étonné.

« On me l'a enlevée cette nuit.

— Vraiment!

— Et je soupçonne fortement la baronne, votre amie, de cet enlèvement.

— Vous devez vous tromper, monsieur.

— Bah!

— La baronne et moi nous sommes rentrés de fort bonne heure, hier soir.

— En vérité!

— Et nous dormions à souhait quand vous êtes arrivés avec votre escorte de municipaux. »

Biribi continua à sourire :

« Avec ma fille, des papiers auxquels j'attache une grande importance ont disparu.

— Eh bien? qu'y puis-je faire?

— Vous pouvez nous indiquer où ils sont.

— Les papiers?

— Les papiers et ma fille.

— Excusez-moi, mais je ne comprends pas.

— Monsieur, reprit Biribi, toujours calme, mon neveu vient de vous le dire, nous sommes quelque peu pressés d'en finir : où est ma fille?

— Je l'ignore.

— Bah! c'est impossible, puisque vous avez été un des complices de la baronne, cette nuit.

— En vérité, monsieur, murmura Charles, je ne sais pas ce que vous voulez dire.

— Je crois plutôt que vous ne nous connaissez pas très-bien, monsieur. »

Et le regard de Biribi brilla tout à coup comme une lame d'épée au soleil.

En même temps il fit jouer la batterie de l'un de ses pistolets.

Puis il reprit :

« Comme la baronne m'a fait l'honneur de me le dire, je suis de la police.

— Je le sais.

— Je porte sur moi un bout de papier qui me servirait à justifier ma conduite..., si vous appeliez, et si on venait à votre secours. »

Charles pâlit légèrement.

« Du reste, ajouta Biribi, on viendrait trop tard, je présume. »

Et il allongea le bras et ajusta Charles en lui disant :

« Je vous donne trois minutes.

— Pour quoi faire ?

— Mais pour choisir.

— Je ne vous comprends pas....

— Vous laisser casser la tête ou nous donner les renseignements que nous vous demandons. »

A ces derniers mots, Charles se leva effaré et fit encore un pas en arrière.

Mais, prompt comme l'éclair et avec une souplesse toute juvénile, Biribi s'élança sur lui, le prit à la gorge et lui donna un croc-en-jambe si adroitement que Charles tomba.

Alors, tandis que Coqueluche gardait toujours la porte, Biribi appuya son genou sur la poitrine de Charles.

Puis il jeta son pistolet et arracha le poignard que le jeune homme avait à sa ceinture.

Et il appuya la pointe de ce poignard sur la gorge du complice de la baronne, disant :

« Il faudra bien que tu parles, maintenant. »

XXXVIII

Tout homme, si brave qu'il soit, a peur une fois dans sa vie.

Charles eut peur.

Il eut peur, parce que le poignard effleura sa gorge, et qu'il entendit Coqueluche qui disait :

« Tu as raison, mon oncle. Il vaut mieux ne pas faire d'esclandre. Avec tes pistolets tu ameuterais tout le quartier.

— Il vaut mieux tuer monsieur sans bruit.

— Mais que voulez-vous de moi ? » balbutia Charles.

Biribi était, malgré son âge, d'une force herculéenne et il tenait Charles immobile sous lui.

« Ce que je veux, dit-il, je veux que tu parles ! »

Charles essaya de rire encore.

« Je ne sais rien, » dit-il.

Biribi regarda Coqueluche :

« Mon beau neveu, dit-il, prenez votre montre.

— Bien, mon oncle.

— Maintenant, regardez l'heure... J'ai donné cinq minutes à monsieur.

— Il y en a deux d'écoulées.

— Reste à trois. Si dans trois minutes, monsieur n'a pas parlé, je l'enverrai savoir la vérité sur l'immortalité de l'âme. »

Charles était pris d'un frémissement convulsif et son visage était devenu livide.

« Trois minutes, » dit Coqueluche.

Charles se taisait toujours.

« Quatre, » dit encore Coqueluche.

Charles sentit la pointe du stylet effleurer sa gorge.

« Arrêtez! dit-il, je parlerai.

— Dépêchons alors, » fit Biribi.

Et il leva le bras.

Charles souleva un peu la tête :

« Ne me tuez pas, dit-il, je dirai tout.

— Je le savais bien, répondit Biribi, vous êtes trop joli garçon pour vouloir quitter ce monde sans bruit ni trompette. Voyons, répondez, où est ma fille?

— Chez la baronne.

— Farceur! dit Biribi, vous savez bien que nous avons fouillé partout.

— Je vous jure qu'elle y est...

— Mon oncle, dit Coqueluche, monsieur se moque de toi. Les cinq minutes sont écoulées... »

Charles blême et frissonnant, vit le poignard se rapprocher de sa gorge.

« Je vous jure que je dis vrai, fit-il.

— Tarare! dit Coqueluche.

— Le lit a un secret... le parquet s'entr'ouvre... murmura Charles, livide d'effroi.

— Ah! ah! fit Biribi.

— Il y a une cachette au-dessous... votre fille y est...

— Mon oncle, dit encore Coqueluche, j'ai bien peur que monsieur ne se moque de nous...

— Moi aussi, » dit Biribi.

Et il enfonça le poignard jusqu'au manche dans la gorge du malheureux jeune homme.

Charles vomit un flot de sang et ses yeux se fermèrent.

Puis, son corps, un moment agité par un frémissement convulsif, devint immobile.

« Je crois bien qu'il est mort, dit froidement Biribi. Allons-nous-en.

— Le drôle s'est moqué de nous.

— Mais non, dit Biribi.

— Tu crois à la cachette?

— Pardieu!

— Alors, pourquoi l'as-tu tué?

— C'est toujours un ennemi de moins. Viens.

— Où allons-nous?

— Chercher ma fille, donc! »

Coqueluche regarda Biribi en souriant.

« Mon oncle, dit-il, ce n'est pas pour te le reprocher, mais tu es une fière canaille.

— Mon neveu, répondit Biribi avec calme, quand cesserez-vous de me manquer de respect? »

Et il se mit à rire et ouvrit la porte de la mansarde, répétant :

« Viens-tu? »

Le fiacre qui avait servi, la nuit précédente, à l'enlèvement de Juliette les attendait toujours en bas.

Ils y montèrent.

« Rue de la Jussienne! » dit Biribi.

Dix minutes après, Coqueluche et son prétendu oncle, entraient pour la seconde fois dans cette maison, dont le portier était tout dévoué à la baronne.

Biribi pénétra dans sa loge.

Le portier le reconnut et pâlit d'effroi.

« Mon ami, lui dit Biribi, toujours calme, tenez-vous beaucoup à vivre vieux? »

Le portier tressaillit.

« Vous êtes bien constitué et vous avez cinquante ans

à peine, reprit Biribi, mais au temps où nous vivons, on ne sait jamais, ni qui vit, ni qui meurt...

— Monsieur...

— Vous pouvez aller à quatre-vingts ans, comme il se peut que vous soyez fusillé dans dix minutes. »

Le portier jeta un cri d'effroi.

« Il y a une heure vous m'avez vu entrer ici avec des soldats...

— Oui, monsieur...

— Ils sont à la porte, je vais les appeler et on va vous fusiller dans la cour. »

Le portier joignit les mains.

« Mais, quel crime ai-je donc commis? s'écria-t-il éperdu.

— Vous avez conspiré?

— Moi? moi?... »

Et le portier donna toutes les marques du plus violent effroi.

« Vous êtes le complice d'une femme qui demeure au premier... la baronne... »

Le portier se jeta à genoux.

« Je vous jure que non, monsieur, balbutia-t-il.

— Alors, il faut nous trouver une clef.

— Je n'en ai pas.

— Bah! »

Et Biribi se tourna vers Coqueluche.

« Appelle les soldats, dit-il.

— Arrêtez! dit le portier au comble de l'effroi. Qu'est-ce que vous voulez?

— Pénétrer chez la baronne.

— Quand?

— Tout de suite.

— Elle y est... sonnez... elle vous ouvrira...

— Non pas, dit Biribi; c'est toi qui sonneras. »

La baronne sommeillait. (Page 209.)

Et il le prit par le bras et le poussa devant lui dans l'escalier.

Puis, arrivés au premier étage, à la porte de la baronne, il s'effaça derrière le portier.

« Sonne, dit-il, et si elle demande si tu es seul.... tu m'entends? »

Au lieu de sonner, le portier frappa trois coups d'une façon particulière.

A ce bruit, la baronne, qui sommeillait, se leva et sans défiance vint ouvrir.

Biribi et Coqueluche firent irruption dans l'appartement.

La baronne jeta un cri.

Coqueluche la prit à la gorge.

« Tais-toi donc! » dit-il.

En même temps, Biribi disait au portier :

« Toi, mon bonhomme, je te conseille de rentrer dans ta loge et de ne pas t'occuper de ce qui va se faire. »

Coqueluche avait repoussé la baronne dans le fond de l'appartement.

Après avoir congédié le portier et fermé la porte, Biribi la rejoignit.

La baronne se débattait.

« Que voulez-vous encore? demanda-t-elle à Coqueluche.

— Je vais te le dire, moi, » répondit Biribi.

Puis, s'adressant à Coqueluche :

« Tiens-moi cette mignonne en respect, et si elle crie, étrangle-la. »

En même temps, il s'approcha du lit et se mit à chercher dans l'alcôve le ressort mystérieux dont lui avait parlé Charles.

La baronne pâlit et murmura :

« Ce misérable Charles m'a trahie! »

14

XXXIX

Biribi se livra de nouveau à une recherche minutieuse.

Les dernières paroles de Charles l'avaient mis sur la voie.

Mais le ressort mystérieux était si petit, si bien caché que l'homme de police ne parvenait pas à le trouver.

La baronne immobile, pâle, l'œil en feu, avait cessé de se débattre aux mains de Coqueluche. Ce que voyant, celui-ci lui avait permis de s'asseoir dans un fauteuil qui se trouvait auprès d'elle.

Biribi qui cherchait toujours se tourna vers lui :

« Coqueluche, mon ami, dit-il, il faudra, si cela continue, jouer de ce petit outil dont nous nous servons si bien.

— Que veux-tu dire, mon oncle?

— Que je ne trouve pas le ressort....

— Ah! ah! dit la baronne avec un accent de haine joyeuse.

— Cependant ce ressort existe, dit Coqueluche.

— Du moins, Charles nous l'a dit avant de mourir, ajouta Biribi.

— Misérables! s'écria la jeune femme, vous l'avez donc tué?

— Il nous y a forcés, ma petite.

— Et, reprit Biribi, tu vas nous forcer à te tuer aussi, ma toute belle, si tu ne nous indiques pas le ressort.

— Jamais! »

Biribi, dont les mains se promenaient lentement dans l'alcôve, tira de sa poche le poignard qu'il avait essuyé après le meurtre de Charles, et il le jeta à Coqueluche.

Coqueluche le ramassa lestement.

Biribi continua ses investigations et dit encore à son élève.

« Il faut donner à madame cinq minutes de réflexion.

— Ah! ah! ricana Coqueluche.

— Si dans cinq minutes elle ne nous a pas dit où est le ressort, tu feras de sa poitrine un fourreau à cet outil!

— Vous pouvez me tuer tout de suite, dit la baronne, je ne parlerai pas.

— Tu pourrais vivre de longs jours encore, pourtant, ma petite.

— Je n'ai vécu que pour me venger, répondit-elle, tandis que ses yeux brillaient d'une flamme sombre.

— Et pourtant, ricana Biribi, tu mourras sans vengeance.

— Vous vous trompez, dit-elle. Ma vengeance, c'est Juliette. »

Biribi tressaillit et pâlit.

« Juliette que vous ne trouverez pas, continua la baronne avec l'accent du triomphe. Juliette qui lira cette singulière histoire du forçat Duriveau volant les papiers du vrai baron de Fenouil-Caradeuc, après l'avoir assassiné.

— Tu te trompes, dit Biribi, Juliette ne lira rien.

— Ah! tu crois? »

Et la baronne eut un rire moqueur.

« Elle ne sait pas lire mon écriture, » poursuivit Biribi. Il n'y a que les voleurs et les femmes perdues comme toi qui peuvent la déchiffrer.

« Oui, mais les femmes de mauvaise vie comme moi peuvent la traduire.... »

A ces mots Biribi eut une exclamation de colère.

« Ah ! tu as fait cela ! » dit-il.

Et il cherchait toujours et ne trouvait pas.

« Mon oncle, dit Coqueluche, je crois bien que les cinq minutes sont écoulées.

— Eh bien ! frappe, en ce cas.... »

Mais comme Coqueluche levait son poignard sur la baronne impassible et qui semblait attendre la mort en souriant, Biribi lui cria :

« Arrête ! »

Et le bras de Coqueluche ne retomba point.

Biribi avait trouvé le ressort et le lit sur lequel il était appuyé venait de faire un mouvement.

La baronne eut un cri de rage.

« Mon petit, dit Biribi, reste-là : tu me réponds de madame.

— Sois tranquille, mon oncle... »

Biribi s'assit sur le lit et le lit descendit.

Comme Charles, et la baronne, une heure auparavant, l'ex-forçat se trouva lancé dans les ténèbres.

Mais comme eux, il tomba sur les pieds et un épais tapis amortit sa chute.

Biribi avait sur lui un briquet et une mèche soufrée.

Il se procura de la lumière.

Alors il vit sa fille étendue sans mouvement sur le lit, et il jeta un cri.

Un moment il crut qu'elle était morte....

« Juliette ! appela-t-il, Juliette ? »

Juliette ne répondit pas.

Alors cet homme qui n'avait reculé devant aucun crime et dont la vie tout entière était une longue traînée de sang, cet homme fut pris à la gorge d'une angoisse terrible.

Il aimait Juliette, il l'aimait comme si elle eût été réellement sa fille.

Et la peur le prit, et il n'osa bouger pendant quelques minutes ni s'approcher du lit.

Mais enfin il fit un effort suprême et se pencha sur la jeune fille.

Juliette respirait.

Il posa son oreille sur sa poitrine....

Le cœur battait....

Biribi devina tout de suite que sa fille avait absorbé un narcotique.

Il la secoua vainement; vainement il l'appela de nouveau.

Rien ne pouvait arracher Juliette à son léthargique sommeil !

Combien durerait-il? mystère !

Mais peu importait à Biribi, puisqu'elle était vivante.

Et il respira bruyamment et son front plissé se rasséréna.

Alors, retrouvant toute sa présence d'esprit, il examina attentivement l'endroit où il se trouvait.

Des papiers étaient auprès du lit, sur le guéridon.

C'étaient les siens.

C'est-à-dire la preuve de ses intrigues mystérieuses et sanglantes, de sa vie de crimes et de hontes sans fin.

Et parmi ces papiers, le manuscrit que Charles avait traduit.

Un flambeau, que sans doute la baronne aurait allumé en temps et heure, était là tout auprès, et à la lueur de ce flambeau, Juliette en s'éveillant aurait pu se convaincre de l'infamie de celui qu'elle avait toujours appelé son père.

Biribi frissonna de nouveau en y songeant.

Puis il mit les papiers dans sa poche et murmura entre ses dents :

« Je crois que je reviens de loin. »

Après quoi, le flambeau à la main, il fit l'inspection de ce singulier réduit.

Non qu'il voulût y chercher quelque chose encore, il n'avait pas besoin de preuves pour perdre la baronne.

Mais il voulait s'expliquer le singulier mécanisme du lit.

Il en fit le tour; et comme il ne découvrait rien d'extraordinaire, il monta sur le guéridon et, de cette façon il put atteindre le plafond qui était capitonné comme les murs.

Alors tout s'expliqua pour lui.

Le plafond était une immense bascule qu'on pouvait détraquer en ôtant une simple vis de rappel.

Cette vis supprimée, le mécanisme ne jouait plus et ceux qui se trouvaient dans la cachette ne pouvaient plus remonter.

Et Biribi se prit à réfléchir et murmura :

« Je crois bien que cette fois la baronne payera cher ses frais d'imagination. »

Puis il se coucha sur le lit auprès de sa fille, et il pressa le ressort.

Le lit remonta lentement.

Comme il atteignait le plafond, Biribi prit Juliette dans ses bras....

Et la baronne, que Coqueluche tenait toujours en respect avec son poignard, vit reparaître son ennemi qui lui enlevait sa proie.

XL

« Mon bon ami, dit Biribi en regardant Coqueluche d'un ton railleur, après qu'il eut déposé sur un sofa la jeune fille endormie, tu peux rengainer ton poignard.

— Est-ce que tu fais grâce à madame, mon oncle?

— Oui, à ma façon. »

Et le sourire de Biribi fut si atroce que cette femme qui appelait la mort comme une délivrance, frissonna.

Biribi poursuivit.

« Un vicomte de Montrevel ne saurait ignorer l'histoire de France.

— Pardieu non! fit Coqueluche en riant.

— Alors tu as entendu parler du cardinal la Balue?

— Le ministre de Louis XI?

— Justement.

— Qui avait fait construire une cage de fer dans laquelle on ne pouvait se tenir ni debout, ni couché, ni assis, ajouta Coqueluche qui tenait à faire preuve d'érudition.

— C'est bien cela.

— Et qui fit de sa personne l'essai de son invention, continua Coqueluche en riant.

— J'allais te le dire.

— Eh bien, mon oncle?

— Eh bien, ne trouves-tu pas que madame a quelque ressemblance avec le cardinal la Balue?

— Comment cela?

— Madame a inventé une cachette des plus ingénieuses, ce me semble.

— J'en conviens, dit Coqueluche

— Et il m'est venu une idée.

— Ah! ah!.

— Elle profitera de son invention. »

Coqueluche regarda Biribi avec une certaine curiosité. Celui-ci poursuivit :

« Il suffit de bien peu de chose pour faire de cette cachette une tombe. »

La baronne frissonna.

« Attends, » dit encore Biribi.

Et il coupa les cordons des sonnettes qui étaient de grosses torsades en soie.

« Maintenant, dit-il, nous allons ficeler madame. »

Cette fois la baronne voulut se débattre encore.

Mais Coqueluche était robuste; il la prit dans ses bras et la renversa sur le parquet.

En même temps, Biribi lui lia les pieds et les mains solidement.

Puis il lui passa un mouchoir dans la bouche en guise de bâillon, et lui dit d'un ton railleur :

« Je crois que maintenant nous ne te rencontrerons plus sur notre chemin. »

Sur un signe de lui, Coqueluche porta la baronne sur le lit.

Puis Biribi pressa le ressort.

Le lit descendit.

La baronne réduite à l'impuissance s'agitait vainement.

Au moment où le lit allait toucher la bascule et rejeter la baronne à l'intérieur de la cachette, Biribi se baissa vivement, passa son bras à travers le parquet entr'ouvert et arracha la vis de rappel.

Le lit tomba entraînant la baronne, et le parquet se referma.

« Si elle en sort, dit alors Biribi en regardant Coqueluche, c'est que Dieu fera un miracle.

— Et Dieu n'en fait pas tous les jours, ricana le prétendu vicomte de Montrevel. »

Puis il ajouta, désignant Juliette endormie :

« Mais qu'allons-nous donc faire de ta fille?

— Nous allons attendre qu'elle s'éveille.

— Ce sera long peut-être.

— Nous la garderons ici à tour de rôle.

— Mais, mon oncle, dit Coqueluche, la baronne a des amis sans doute?

— Des amis qui doivent ignorer la cachette. On ne confie pas de pareils secrets à tout le monde.

— D'accord. Mais le portier....

— Oh! celui-là, nous allons nous en débarrasser.

— Comment?

— Je m'en charge. Tu vas rester ici et m'attendre. »

Et Biribi reprit sa canne et son chapeau et sortit, en prenant la clef de l'appartement.

Le portier, tout tremblant, n'avait pas quitté sa loge.

Biribi lui dit :

« Venez avec moi, mon brave homme, j'ai une course à vous faire faire. »

Le portier avait éprouvé une telle épouvante lorsque Biribi l'avait menacé de le faire fusiller, qu'il eût baisé maintenant les pieds de cet homme.

Il prit sa casquette et le suivit sans mot dire.

Depuis l'entrée des troupes alliées dans Paris, la garde nationale seule faisait le service de tous les postes.

Il y avait un poste rue de la Jussienne.

Biribi y conduisit le portier.

A la vue des fusils formés en faisceaux, le portier fut repris d'un tremblement convulsif.

« Imbécile! lui dit Biribi, n'aie donc pas peur. On ne te fera pas de mal. »

Et il le poussa par les épaules dans l'intérieur du poste.

Puis, s'adressant à l'officier qui commandait, il lui montra ce fameux carré de papier qui portait la signature de M. de Talleyrand.

L'officier s'inclina.

« Voilà, lui dit Biribi, un homme suspect et que j'ai dû mettre en état d'arrestation.

— Mais.... balbutia le portier.

— Tais-toi, » dit sèchement Biribi.

Et il ajouta, s'adressant à l'officier :

« Faites-moi conduire ce gaillard à la préfecture de police où on instruira son affaire. »

Puis il quitta le poste en se disant :

« A présent je suis bien sûr que la baronne mourra de faim?

— Causons maintenant, dit Biribi en s'asseyant auprès du sofa sur lequel était toujours sa fille endormie.

— Volontiers, mon oncle, répondit Coqueluche.

— Nous avons paré un joli coup, conviens-en.

— Et ce n'est pas le dernier qui nous menace.... »

Mais comme il disait cela, Coqueluche se frappa le front :

« Ah! mon Dieu? dit-il, tes affaires me font joliment oublier les miennes!

— Quelles affaires?

— Le médecin Russe que j'ai promis à Mlle Charlotte de Bernerie.

— Pour qui?

— Pour son cher colonel qui, je l'espère n'a plus grand temps à passer sur cette terre. »

Biribi regarda Coqueluche en souriant :

« Je n'ai pas besoin de te demander quels sont tes projets, mon cher, dit-il, tu veux épouser Mlle de Bernerie.

— Une telle idée te fait honneur, mon oncle, puisque je suis ton élève.

— Sans doute, mais je veux ma commission.

— Tu l'auras.

— Parbleu ! je le crois bien. »

Et Biribi eut un sourire qui ne laissa pas que d'inquiéter Coqueluche.

Puis il ajouta :

« Eh bien ! va chercher ton médecin Russe.

— Où te retrouverai-je, mon oncle ?

— Ici, cet appartement me plaît, je compte l'habiter quelque jour. »

Coqueluche sortit.

Tout ce qui s'était passé dans la maison depuis le matin, sauf la perquisition opérée par les soldats, n'avait pas fait grand bruit.

On avait vu sortir le portier, et on ne l'avait pas vu revenir, mais personne ne s'en inquiétait.

On prit Coqueluche pour un des nombreux adorateurs de la baronne.

Deux locataires qui se trouvaient sur le pas de la porte le saluèrent avec un respect qui témoignait de l'influence qu'exerçait cette femme.

Coqueluche rendit le salut, et passa.

Puis il se dirigea vers le Palais-Royal en se disant :

« J'aurai du malheur si je ne trouve pas un chirurgien de l'armée Russe qui consente à me suivre. »

XLI

Depuis que les alliés occupaient Paris, le café de Foy était le rendez-vous habituel des officiers.

Le *cent treize* et la terrible roulette étaient tout près.

On s'arrêtait au café de Foy avant d'y monter.

On y descendait quand on avait joué.

Les gagnants faisaient une grosse dépense.

On faisait crédit à ceux qui avaient tout perdu.

Le café de Foy ne désemplissait pas jusqu'à minuit.

Coqueluche y entra et s'assit à une table, non loin d'un groupe de Russes et d'Autrichiens qui fumaient en buvant du thé.

Ils causaient en français.

Le sujet de leur conversation était la mort mystérieuse du capitaine autrichien Conrad, et la disparition du lieutenant russe Pétrowitz.

On avait trouvé Conrad dans le jardin, au petit jour, frappé d'un coup d'épée.

Depuis lors, on cherchait vainement Pétrowitz.

Ces détails intéressaient Coqueluche ; il écouta.

Quand il fut bien certain que Pétrowitz n'était pas dans le café, il s'approcha des officiers et les salua.

Il avait de fort bonnes manières, quand il voulait, ce prétendu vicomte de Montrevel.

Les officiers l'accueillirent très-poliment.

« Excusez-moi, messieurs, dit-il, mais je connais un peu le lieutenant Pétrowitz, et j'espérais le trouver ici.

Le café de Foy en 1815. (Page 220.)

— Vous le voyez, répondit un des officiers, nous l'attendons vainement depuis ce matin.

— Aviez-vous affaire à lui? dit un autre.

— Je voulais lui demander un service. »

On le regarda avec curiosité; Coqueluche poursuivit:

« Le lieutenant Pétrowitz devait m'indiquer un médecin qui a une grande réputation dans l'armée russe. »

Il disait cela au hasard; mais le hasard le servit à point.

« Parbleu! dit un des officiers, c'est le docteur Kouranoff.

— Peut-être bien.... On le dit très-habile chirurgien.

— Il a sauvé des gens qu'on regardait déjà comme morts. »

Coqueluche se mordit les lèvres:

« Diable! pensa-t-il, vais-je donc chercher des verges pour me fouetter? Mais c'est que je ne tiens pas du tout à ce qu'il guérisse le colonel. »

Et comme il pensait ainsi, un homme de haute taille, à cheveux grisonnants, taillés en brosse, portant un uniforme vert, entra dans le café.

« Le voilà, dit un officier russe. »

En effet, c'était le docteur Kouranoff.

Coqueluche était pris; il fallait s'adresser au docteur et risquer le tout pour le tout.

« Docteur, lui dit-il, le lieutenant Pétrowitz m'avait fait espérer que vous consentiriez à donner des soins à un officier français grièvement blessé.

— Mes soins appartiennent à qui souffre, répondit le docteur.

— Je crains bien, reprit Coqueluche, que nous ne nous soyons adressés trop tard à vous....

— Pourquoi? demanda le docteur.

— Le colonel est dans un état presque désespéré.

— Ah ! c'est un colonel français !

— Oui, dit Coqueluche.

— Précisément, dit le docteur, j'en soigne un depuis ce matin. »

Coqueluche tressaillit.

« J'ai vu arriver chez moi un jeune homme qui m'a dit s'appeler Machefer et m'a supplié de le suivre en toute hâte, reprit le docteur Kouranoff : Je l'ai suivi. Il m'a conduit aux barrières, dans une maison toute criblée par les boulets.

« J'ai trouvé là un jeune homme de trente ans, fort beau garçon, et qui a reçu des coups de sabre et des balles plein le corps.

« Eh bien ? dit Coqueluche avec anxiété.

— Eh bien ! aucune de ses blessures n'est mortelle, dit le docteur, et je le sauverai, car j'ai un procédé infaillible pour prévenir la gangrène. »

Coqueluche aurait pu s'écrier :

« Mais, c'est pour le même colonel que je venais vous chercher ! »

Coqueluche garda un silence prudent.

Il devinait ce qui s'était passé.

Ne le voyant pas revenir, Charlotte de Bernerie avait envoyé Machefer à la découverte, et Machefer s'étant adressé au premier officier russe qu'il avait rencontré, avait obtenu le nom et l'adresse du docteur Kouranoff.

Ce dernier dit à Coqueluche :

« Monsieur, je suis à vos ordres.

— Monsieur, répondit Coqueluche, je vous demande la permission d'aller chercher une voiture et je suis à vous. »

Le docteur s'inclina.

Coqueluche salua les officiers russes et sortit du café en se promettant bien de n'y pas revenir.

Quand il fut dans la rue, Coqueluche demeura un moment abasourdi.

Cet homme qu'on appelait le docteur Kouranoff s'exprimait avec trop de netteté pour qu'on pût révoquer sa parole en doute.

Il sauverait le colonel, — et par conséquent, il ruinait les espérances de Coqueluche.

« Allons trouver mon oncle! se dit celui-ci, peut-être me donnera-t-il un bon conseil. »

. . . .

Lorsque Coqueluche s'était en allé, Biribi avait fureté partout.

Et, à force de fureter, il avait trouvé le flacon dont s'était servi la baronne pour endormir Juliette.

Biribi savait un peu de tout.

Quand il eut fait miroiter le flacon entre son œil et la lumière de la fenêtre, il se dit :

« Je sais ce que c'est. »

Et il prit son chapeau et courut chez un pharmacien auquel il demanda une drogue qui devait détruire les effets du narcotique.

Puis il revint en toute hâte et en fit usage en en versant quelques gouttes sur les lèvres de la jeune fille.

L'effet fut instantané.

Juliette rouvrit les yeux, aperçut Biribi, jeta un cri et lui entoura le cou de ses bras.

« Mon enfant, lui dit Biribi, ne crains rien..., je suis là.... »

Elle se souvint de ce qui s'était passé et dit avec effroi :

« Mon Dieu! ces hommes..., cette femme masquée....

— Ils sont partis, et je suis avec toi.

— Mais.... où suis-je? dit-elle encore en jetant autour d'elle un regard étonné.

— Dans la maison où ils t'avaient conduite et où je suis venu te délivrer. »

Et Biribi embrassa tendrement Juliette.

« Est-ce que nous n'allons pas retourner à la maison? demanda-t-elle.

— Oui certes..., et sur-le-champ. »

Il lui jeta sur les épaules le manteau de la baronne et lui prit le bras :

« Viens ! dit-il, en route, je t'expliquerai tout. »

. . . .

Ce départ précipité fit que Coqueluche, en revenant rue de la Jussienne, ne trouva plus personne et eut beau sonner à tour de bras.

Lassé de ne pas recevoir de réponse, il s'en alla et prit la route du quai de l'École.

Là, il trouva Juliette et Gertrude qui s'embrassaient avec transport.

Mais Biribi n'y était plus.

Une lettre qu'il avait trouvée en rentrant chez lui, l'avait forcé à partir en toute hâte.

Coqueluche avait été si démoralisé par les paroles du docteur Kouranoff, qu'il n'eut pas le courage de se remettre à la recherche de Biribi.

Il s'enferma dans sa chambre et attendit.

Vers le soir Biribi revint.

Le vieil agent de police était radieux.

« Victoire ! dit-il, je viens de chez M. de Talleyrand : le roi revient, il fera son entrée à Paris dans huit jours, et je suis fait colonel.

— Et moi dit tristement Coqueluche, je crois que je suis battu.

— Par qui ?

— Par le hasard, le colonel vivra.

— Et tu n'épouseras pas l'héritière ? »

Coqueluche baissa la tête.

« Eh bien ! répondit Biribi en souriant, je te donnerai ma fille pour te consoler, et le roi la dotera, tu verras.... »

Là dessus les deux misérables se donnèrent une poignée de main, et Coqueluche s'écria :

« Mon oncle, pardonne-moi d'avoir été ingrat. »

Maintenant, c'est entre nous à la vie et à la mort.

XLII

La nuit approchait ; la campagne était déserte entre Melun et Fontainebleau.

Bien qu'on fût à la fin de juin, les champs étaient sans laboureurs, et partout régnait cette solitude morne et désolée qui atteste une guerre récente.

A gauche de la route défoncée par les pluies de l'hiver et les lourds caissons que l'artillerie des différentes armées, qui s'étaient disputé le sol de la France, avait traînés pendant plusieurs semaines, — la forêt dressait ses hautes futaies silencieuses.

A droite, des plaines ravagées, au milieu desquelles on apercevait, de distance en distance, une ferme incendiée, et qui n'avait plus ni fermiers, ni laboureurs, ni chevaux.

« Pauvre pays ! » murmurait une femme qui cheminait gaillardement en traînant par la main un bambin de douze ou treize ans.

Cette femme n'était ni une paysanne, ni une bourgeoise.

Elle portait un pantalon bleu, à bande rouge, sur lequel tombait, un peu au-dessous du genou, la jupe d'une tunique d'uniforme.

Un petit chapeau à cornes était crânement posé sur sa tête, brunie par les rayons d'un soleil ardent, et elle portait en bandoulière son bidon et un havresac de soldat.

Un bâton noueux l'aidait à marcher.

L'enfant était habillé comme le sont les enfants de troupe.

Un chien les suivait.

Femme, enfant et chien, paraissaient las.

La cantinière avait son uniforme en lambeaux, et l'enfant et elle marchaient depuis longtemps pieds nus.

Le chien boitait.

C'était un de ces beaux et bons caniches dont l'œil est si intelligent et si affectueux qu'on croirait volontiers à la métempsycose, et qu'on supposerait que ce corps de chien sert d'asile à une âme humaine exilée.

Il boitait et tirait la langue, le pauvre animal, car les ardeurs de l'été avaient séché les ruisseaux et les mares, et, depuis le matin, il n'avait pas trouvé une goutte d'eau sur sa route.

La cantinière était encore ce qu'on appelle une belle fille.

Avait-elle trente-six ans ? Peut-être bien.

Mais ses dents étaient si blanches, son œil si bleu, ses cheveux si noirs; il y avait tant de vigueur et de souplesse à la fois dans sa taille, dont l'uniforme ne dissimulait pas tout à fait le léger embonpoint, tant de crânerie dans sa démarche et une beauté si martiale dans ce visage régulier, bronzé par l'atmosphère des champs de bataille, qu'on se prenait à lui donner vingt-huit ans.

Pourtant les soldats de la vieille garde l'avaient longtemps appelée la *mère Michel*.

Mais cette épithète de mère, elle la devait plutôt à sa bonté et à sa vaillance qu'à sa maturité. Que de fois, au milieu des balles qui pleuvaient comme grêle, s'était-elle penchée sur le soldat blessé pour approcher le bidon de ses lèvres et calmer sa soif ardente !

Que de fois, aux ambulances, la courageuse cantinière s'était-elle mêlée aux sœurs de charité !

Elle avait passé la Bérésina, tantôt à la nage, tantôt à cheval sur un glaçon.

A Montmirail, elle avait pris le fusil d'un grenadier qui tombait à côté d'elle, et tué deux Autrichiens qui essayaient de faire prisonnier un officier blessé.

Elle portait fièrement la croix sur sa poitrine et disait à l'enfant qui marchait auprès d'elle :

« Courage, petit, courage !

— Maman, répondait l'enfant les larmes aux yeux, tu sais bien que ce n'est pas le courage qui me manque.

— Oh ! pour cela non, dit-elle avec une émotion subite. Tu es bien le fils de maman Michel, pauvre petit !

— Mais j'ai les pieds en sang ; et puis j'ai bien faim.... »

La pauvre mère essuya une larme.

Son havresac était vide de tout aliment.

Ils avaient dévoré le matin, au bord d'un fossé, leur dernière croûte de pain.

Quant au bidon, il était à sec.

« Et j'ai une soif qui me brûle, » dit encore l'enfant.

La cantinière répondit :

« Viens, je vais te porter ! »

Mais l'enfant dit avec fierté :

« Pauvre maman, est-ce que je ne suis pas un homme ? non, non, je marcherai !...

Et puis, tiens ! pardonne-moi.... j'ai eu tort de dire que j'avais soif et faim.... est-ce que tu ne souffres pas comme moi ? »

La cantinière embrassa son fils.

L'enfant caressa le chien, — et le courage revint au cœur de ces trois compagnons d'infortune.

« Nous finirons bien par trouver une ferme où on nous donnera une assiette de soupe et une botte de paille, disait la mère Michel.

— Oui, oui, maman, répétait l'enfant. Est-ce que le bon Dieu abandonne les braves gens comme nous ? »

Le chien semblait vouloir aussi manifester sa confiance dans l'avenir ; et il s'était mis à courir en avant.

Tout à coup, à travers les arbres de la forêt, ils virent s'élever un filet de fumée grise.

Et cette nouvelle Agar perdue dans ce désert qui était l'œuvre de la guerre, tressaillit de joie comme dut tressaillir la pauvre femme ismaélite, la favorite délaissée du vieil Abraham, lorsque Dieu, prenant pitié d'elle, fit jaillir un filet d'eau parmi le sable brûlant.

La forêt en cet endroit faisait place à une échancrure de terres, et dans cette échancrure s'élevait une ferme.

La mère et l'enfant allongèrent le pas, sautèrent le fossé qui bordait la route, et entrèrent dans les terres.

La ferme n'était guère qu'à un quart de lieue.

Tout auprès, un laboureur dételait ses chevaux de la charrue et s'apprêtait à rentrer, car depuis longtemps le soleil avait quitté l'horizon.

La cantinière et son fils se dirigèrent droit sur le laboureur.

Comme ils approchaient, un chien qui était couché dans un sillon dressa sa tête et se mit à aboyer avec fureur.

Le caniche qui marchait toujours en avant, rebroussa chemin et vint se serrer auprès de l'enfant.

Et certes, ce n'était pas qu'il eût peur, le brave et intelligent animal, — mais il voulait être auprès de ses maîtres pour les défendre au besoin.

Le laboureur, qui était prêt à regagner la ferme, s'arrêta et se mit à les regarder avec curiosité.

La cantinière s'approcha et lui dit :

« Est-ce que vous êtes le fermier ? »

En même temps, l'enfant de troupe regardait cet homme avec une sorte d'effroi, tant il avait l'aspect dur et repoussant.

« Oui, dit-il d'un ton brutal, qu'est-ce que vous voulez ?

— Nous avons fait une longue course et nous sommes las et affamés, » répondit la cantinière, qui jeta sur son fils un regard de compassion.

Le chien avait quitté le sillon et s'avançait l'œil en feu, hurlant toujours.

« Paix, Médor, » dit le fermier.

Le chien se tut.

« Un morceau de pain, un verre d'eau, un coin dans l'écurie, c'est tout ce que nous vous demandons, reprit la cantinière d'un ton suppliant, mais qui n'était pas dépourvu de fierté.

— Passez votre chemin, dit durement le fermier, je ne fais rien pour les mendiants.

— Je ne suis pas une mendiante, répondit la cantinière qui se redressa.

— Passez votre chemin et plus vite que ça encore, reprit le fermier, ou je vous fais dévorer par mon chien.

— Qu'il y vienne ! » dit fièrement l'enfant.

Le caniche se mesurait déjà du regard avec le chien de ferme.

« Vous êtes sans pitié, Dieu vous punira ! » dit la cantinière.

Le fermier eut un gros rire insolent et haussa les épaules.

« Viens, maman, » dit l'enfant.

Et il entraîna sa mère.

Ils se remirent en route.

Deux grosses larmes coulèrent sur les joues de la cantinière :

« Oh ! que Paris est loin encore ! dit-elle.

— Nous y arriverons, va, maman.... »

Et, pour donner du courage à sa mère, l'enfant ajouta :

« Tiens, je n'ai plus ni faim, ni soif.... et mes pieds ne me font plus mal. »

Ils marchèrent une heure encore, et le jour disparut.

La ferme était loin derrière eux, et la forêt courait maintenant aux deux côtés de la route.

L'enfant ralentissait de plus en plus sa marche.

Une seconde fois sa mère voulut le porter, mais il refusa.

Puis vint un moment où il se laissa tomber en murmurant :

« Ah ! je n'en puis plus !... »

Et la route était déserte, la forêt silencieuse, et la malheureuse mère s'écria en levant les yeux au ciel :

« Mon Dieu ! est-ce que vous allez laisser mourir mon enfant ? »

XLIII

Ils avaient fait une si longue route, les pauvres gens!
Ils venaient de Toulon.

Lorsque l'Empereur avait fait, à Fontainebleau, ses adieux aux débris de cette vieille armée qui l'avait suivi sur tous les champs de bataille, un bruit s'était répandu, — c'est que tous ceux des vieux compagnons d'armes du petit caporal, qui voudraient l'accompagner, en auraient la faculté.

La cantinière avait cru ce qu'on disait; et, son havresac au dos, son fils par la main, elle s'était bravement mise en route.

Une route de soixante jours de marche, pendant laquelle ses pièces d'or, fruit de ses économies de vingt années, étaient sorties une à une de sa ceinture de cuir.

Arrivée à Toulon, elle avait appris qu'un navire anglais avait transporté Napoléon à l'île d'Elbe.

Napoléon était parti, et aucun navire ne voulut se charger de la pauvre cantinière.

Elle n'avait plus assez d'argent pour payer son passage et celui de son fils.

D'ailleurs, les nouvelles autorités militaires lui eussent refusé un passe-port.

Force lui avait donc été de recommencer ce pénible voyage à travers la France.

Le régiment auquel elle appartenait avait été licencié.

Et le régiment, c'était la patrie et la famille tout ensemble pour maman Michel, comme l'appelaient les soldats.

Maintenant, elle se dirigeait sur Paris.

Là, sans doute, elle retrouverait quelques amis, quelques compagnons épars çà et là.

Les humiliations et les épreuves avaient recommencé pour elle.

Force lui avait été de retraverser la Provence, ce pays d'ardent royalisme où l'uniforme français était hué.

Dans chaque village qu'elle traversait, les enfants lui jetaient des pierres, les femmes l'insultaient.

Mais elle avait encore de l'argent, et pouvait payer sa nourriture et celle de son fils.

Sans cela, ils fussent morts de faim.

On les eût impitoyablement jetés à la porte des maisons et des auberges.

L'argent ne commença à leur manquer qu'au delà de Lyon.

Mais que leur importait alors?

Ils traversaient la Bourgogne, un pays tout frémissant de patriotisme et où les cris de *Vive l'Empereur!* retentissaient encore.

Là, sur son passage, toutes les maisons s'ouvraient; et avec les maisons, les cœurs et les mains.

Et on consolait la pauvre cantinière en lui disant :

Ça ne peut pas durer, l'Empereur reviendra.

La mère Michel était enfin arrivée tout près de Fontainebleau, le matin de ce jour où nous l'avons vue cheminant pieds nus sur la route défoncée.

Mais à Thomery, un paysan qui lui avait donné à manger, lui avait dit :

« Vous ferez bien d'éviter Fontainebleau. Les troupes royales y sont, votre uniforme est proscrit, on pourrait vous maltraiter. »

La mère Michel avait regardé son fils, et suivi le conseil du paysan.

Celui-ci était si pauvre qu'il n'avait pu lui donner que la moitié d'un pain.

La cantinière avait rempli d'eau son bidon et pris le morceau de pain.

Le soir, comme nous l'avons vu, il n'y avait plus ni pain ni eau; et l'enfant de troupe exténué avait fini par se laisser tomber en murmurant :

« Je ne peux pas aller plus loin. »

La mère Michel se pencha sur lui et essaya de le relever.

Mais l'enfant ferma les yeux et dit d'une voix mourante :

« Adieu, maman. »

Il s'était évanoui.

Ce fut une heure cruelle que celle que passa la cantinière courbée sur son fils inanimé.

La route était déserte; la forêt bornait l'horizon de toutes parts.

On n'entendait ni un bruit, ni un murmure.

Les arbres eux-mêmes faisaient silence, car il n'y avait pas un souffle de vent.

« Mon Dieu! murmura la pauvre mère en se tordant les mains de désespoir, laisserez-vous donc mourir mon enfant? »

Elle essayait de le rappeler à la vie, en le couvrant de baisers, en lui frottant les mains et les tempes tour à tour.

Ah! si elle avait eu une goutte d'eau!

Enfin, elle prit un parti suprême.

Elle le chargea sur ses épaules, et se remit en route, ne s'apercevant pas que le chien n'était plus avec elle.

Son amour maternel donnait des forces à la malheureuse cantinière, — mais l'enfant était lourd, si lourd que plusieurs fois elle fut obligée de s'arrêter.

Tout à coup elle entendit un aboiement à travers les arbres.

Alors, seulement, elle s'aperçut que le chien l'avait quittée.

Le chien était sans doute allé à la découverte.

Cet aboiement, c'était le sien.

Et la cantinière quitta de nouveau la route et entra dans la forêt d'où partaient les hurlements du chien.

Avec son instinct merveilleux, Sultan — c'était son nom, — avait dû découvrir, soit une maison, soit une hutte.

Et la pauvre mère reprit son courage, et continua à ensanglanter ses pieds dans les broussailles et les épines.

Le chien n'était pas très-loin.

Bientôt, aux dernières lueurs du crépuscule, la mère Michel le vit perché sur une roche grise.

Il était tout blanc, du reste, comme la plupart des caniches.

Et il continuait à hurler, sans bouger de place.

Cependant la cantinière n'apercevait ni maison, ni hutte.

Elle s'approcha et déposa son fils sur l'herbe, afin de grimper plus facilement sur le rocher d'où le chien ne paraissait pas vouloir descendre.

Alors, elle jeta un cri de joie.

L'intelligent animal avait découvert de l'eau dans un creux de rocher; l'eau du ciel que le grès rougeâtre avait conservée.

Et elle en remplit son bidon.

Puis, revenant à son fils, elle lui entr'ouvrit les lèvres et lui entonna une gorgée d'eau.

Après quoi elle lui versa le reste sur le visage;

L'enfant poussa un soupir et rouvrit les yeux. « Où suis-je ? murmura-t-il.

— Germain, » dit-elle, en le couvrant de baisers.

L'enfant enlaça de ses deux bras le cou de sa mère ; et, comme par miracle, il se trouva debout.

« C'est Sultan qui t'a sauvé la vie, » dit la cantinière.

Et elle caressa le chien avec transport.

Puis elle but elle-même à longs traits, en se couchant à plat ventre sur le rocher.

Et l'enfant l'imita.

Et quand ils eurent bu tous les deux, alors seulement, le pauvre chien trempa timidement sa langue brûlante dans le creux de la roche.

Et tandis que le chien buvait à son tour, l'enfant disait :

« Maman, je me sens mieux, beaucoup mieux. Je pourrai marcher, va ! »

Mais la mère jeta un nouveau cri de joie.

A travers les arbres, à une faible distance, brillait maintenant un point rougeâtre et lumineux, et la mère Michel reconnut une hutte de bûcheron.

« Ils auront bien un morceau de pain, » dit-elle.

Et l'enfant, naguère exténué, ne voulut plus que sa mère le portât, et tous deux se remirent en route, dirigeant leurs pas vers le point rougeâtre : — comme les navires, par une nuit heureuse, gouvernent sur le phare qui leur apparaît tout à coup.

XLIV

C'était bien, en effet, une hutte de bûcheron qu'avait trahie le point rougeâtre aperçu par la cantinière en détresse, au travers des arbres de la forêt.

La hutte était habitée.

C'est-à-dire que deux hommes venaient d'y entrer et de s'y établir.

L'un avait jeté dans un coin une hache et des coins en fer destinés à entamer des pièces de bois.

L'autre s'était empressé de rapprocher deux pierres placées verticalement au-dessous du trou fait à la toiture de la hutte et de mettre à découvert un reste de braise qui couvait sous un monceau de cendres.

Puis il avait jeté un fagot sur la braise et, se couchant à plat ventre, fait un soufflet de ses joues enflées.

Quelques minutes après, un feu joyeux flambait, et, sur le feu, le premier des deux hommes, celui qui avait déposé la hache et les coins de fer, plaçait une marmite qui contenait un peu de soupe au lait caillé.

Celui-là était un homme de plus de cinquante ans, et à la barbe blanche comme neige.

L'autre avait trente ans à peine.

C'était un solide et vigoureux gaillard, au profil accentué, aux favoris noirs, portant une fine moustache taillée en brosse et les cheveux courts.

Un pantalon d'uniforme tout frangé par le bas et un bourgeron bleu composaient tout son costume, si on y ajoute, cependant, un petit bonnet de police crânement posé sur l'oreille.

Tandis que la soupe chauffait, le vieux s'était assis sur un billot fait avec le cœur d'un chêne.

« Tu as tort, mon garçon, disait-il à son compagnon, de garder tes favoris et tes moustaches.

— Pourquoi donc, père?

— Tu devrais tout couper, poursuivit le vieux; mettre un autre pantalon et cacher avec le plus grand soin que tu as servi l'Empereur, — l'ogre de Corse, — comme ils disent maintenant. »

L'ancien soldat haussa les épaules.

« Je me *fiche d'eux!* dit-il.

— Tu as tort, mon garçon, reprit doucement le vieux.

Aussi vrai que tu te nommes Philibert Morin, et que tu es fils au père Morin, le plus vieux bûcheron de la forêt comme on m'appelle.

Ce qui était un honneur, est devenu un danger.

On a changé tous les gardes depuis que l'Empereur est parti.

Ceux d'à présent veulent que nous soyons *royalistes*, sinon pas de besogne et partant plus de pain.

Le jeune homme arrachait de ses doigts crispés sa courte moustache et ne disait rien.

Mais sa martiale et rude figure exprimait une irritation indignée.

Le vieux poursuivit.

« C'est encore bien heureux que le nouvel inspecteur des forêts, qui t'a rencontré aujourd'hui dans le Val d'Aspremont, ne t'ait rien dit. Mon sang n'a fait qu'un tour, quand je l'ai vu froncer le sourcil en te regardant. »

Le jeune homme haussa les épaules :

« Puisqu'on ne veut plus des soldats de l'Empereur, dit-il brusquement, il faut bien qu'on leur laisse gagner leur vie, au moins. »

Le vieillard soupira et se tut.

Mais le jeune homme s'exaltant :

« Je suis allé à Fontainebleau dimanche dernier, reprit-il, et ça vous fait suer de voir ce qu'ils appellent la nouvelle garde, un tas de blancs-becs qui portent des panaches comme des suisses de cathédrale, et qui n'ont seulement jamais vu le feu. J'en ai reconnu un qui est colonel maintenant et qui était officier dans l'armée autrichienne, — un Français qui servait contre la France ! c'est du propre !

— Tais-toi, Philibert, tais-toi ! dit le vieillard, si un garde passait par ici...

— Eh bien ?

— Et qu'il t'entendît... On nous chasserait... et nous n'aurions plus de pain.

— Bah ! nous irions à Paris... dans le faubourg, il y a toujours du pain et du travail pour les soldats de l'Empereur. »

Le vieux continua :

« Je me méfie surtout de Gobert. Tu sais, le brigadier des gardes-chasse.

— Et pourquoi vous méfiez-vous de lui ?

— C'est un chenapan. Il courtisait, dans un temps, ta sœur Marie-Madeleine ? mais c'était au temps de l'Empereur, et il n'était que simple garde. Je ne le craignais pas, je l'ai mis à la porte de chez nous, un soir qu'il venait y rôder. Depuis ce temps-là, il nous en veut à la mort. Faut se méfier, aujourd'hui qu'il est garde-chef.

— Marie-Madeleine est mariée maintenant, dit Philibert, et elle n'a plus peur de lui, pas plus qu'elle n'a besoin de nous pour la protéger. Le grand Jacques, son mari, assommerait Gobert d'un coup de poing, s'il voulait.

— Oui, mais je suis vieux, moi, reprit le père Morin, et Gobert peut nous jouer un mauvais tour.

— N'ayez donc pas peur ainsi, père, dit brusquement Philibert.

— C'est égal, tu devrais couper tes moustaches.

— Jamais!

— Et quitter ce maudit pantalon d'uniforme. »

Philibert haussa une seconde fois les épaules.

« Père, dit-il, est-ce que vous croyez que ça va durer ça?

— Quoi donc?

— Eh bien! le roi, sa royauté et tout le tremblement?

— Mais tais-toi, malheureux! veux-tu donc nous perdre?

— Je vous dis que l'Empereur reviendra, moi. »

Le vieillard secoua la tête et ne répondit pas.

Philibert continua à s'exalter :

« Je vous dis qu'il reviendra, père. Et alors vous verrez tous ces beaux freluquets s'en aller sans demander leur reste. »

Voyant son fils aîné exalté, le vieux bûcheron se leva et alla sur le seuil de la hutte pour voir si personne ne rôdait à l'entour.

Tout à coup il rentra :

« Silence! dit-il.

— Qu'est-ce qu'il y a? dit Philibert.

— On marche sous bois.

— Ah!

— C'est quelque garde, sans doute.

— Ou quelque braconnier.

— L'un et l'autre sont dangereux.

— Mais pourquoi donc ça, père? demanda Philibert d'un ton d'humeur.

— Parce que, répondit le timide vieillard, les gardes me font peur.

— Et les braconniers aussi? ricana Philibert.

— Sans doute, car si nous étions surpris causant avec un braconnier....

— Nous serions mal notés, n'est-ce pas?

— Justement.

— Père, dit Philibert, vous êtes plus peureux qu'un lièvre.

— Je suis vieux et j'ai de l'expérience, mon garçon. »

Philibert ne répondit pas.

Lui aussi avait entendu un bruit de pas sous la futaie.

Soudain le père Morin vit quelque chose de blanc courir à travers les arbres.

Puis, peu après, un chien fit irruption dans la hutte.

Ce chien aperçut Philibert et courut à lui en remuant la queue.

Philibert s'écria :

« Sultan! »

Le chien fit entendre un grognement joyeux.

L'ancien soldat se leva vivement :

« Hé! dit-il, c'est le chien de la mère Michel.

— La mère Michel? dit le vieux bûcheron avec étonnement.

— Oui, notre cantinière. »

Et comme Philibert disait cela, les pas s'arrêtèrent au seuil de la hutte.

En même temps, Philibert vit apparaître la mère Michel, qui avait repris son fils dans ses bras, car ses forces avaient de nouveau trahi le pauvre enfant.

Et la mère Michel, reconnaissant Philibert, s'écria en regardant son fils :

« Ah ! je savais bien que le bon Dieu ne nous abandonnerait pas ! »

XLV

Une heure après, on aurait pu voir la cantinière et son fils, réconfortés par une bonne assiettée de soupe et quelques gorgées d'eau-de-vie, assis autour du feu de la hutte, en compagnie des deux bûcherons.

La cantinière avait fait le récit de sa longue et douloureuse odyssée.

Et plus d'une fois, en l'écoutant, Philibert avait serré les poings avec fureur.

Le vieux Morin s'en allait de temps en temps sur le seuil et prêtait une oreille inquiète aux bruits vagues de la forêt.

Il ne rêvait que gardes, gendarmes, inspecteurs, tous gens à qui l'ancien uniforme devait être particulièrement désagréable.

Le danger permanent, dont il s'était plaint à son fils et qui avait le maudit pantalon pour cause, s'était accru de la dangereuse présence de la cantinière.

En effet, cette dernière pouvait achever de compromettre le père Morin aux yeux des gardes.

Mais Philibert ne prit nulle attention aux signes de désespoir que lui faisait son père.

Philibert avait vécu dix années sous le même drapeau que maman Michel, il avait fait sauter l'enfant sur ses genoux.

Maman Michel l'avait pansé sur le champ de bataille ;

16

elle lui avait plusieurs fois sauvé la vie, en approchant de ses lèvres enfiévrées son bidon bienfaisant.

Le soldat disait :

« Qu'allez-vous donc faire à présent, mère ?

— Nous allons à Paris.

— Oui, j'entends bien, mais.... »

Et Philibert acheva sa phrase par un regard d'éloquente inquiétude et qui semblait dire :

« Comment vivrez-vous ?

— Nous travaillerons, le petit et moi, dit-elle.

— Mais, à quoi ?

— Voici, dit maman Michel. En nous en revenant de cette satanée Provence, où on a voulu nous écharper plus d'une fois, je pensais à tout ce qui m'était arrivé depuis vingt ans que je suis au service.

— Et il vous est arrivé bien des choses ?

— Comme tu le dis, mon garçon. Mais je me suis souvenue que j'avais rendu un grand service à un homme qui doit être aujourd'hui puissant et riche, vu que c'était un ci-devant. »

Ces paroles calmèrent un peu les inquiétudes du vieillard, et lui mirent quelques gouttes de baume sur le cœur.

Maman Michel poursuivit :

« C'était pendant la campagne de Saxe.

Nous occupions Dresde depuis la veille, et je m'étais installée, avec ma cantine, dans une maison que le canon avait mise à jour.

Les maîtres avaient fui devant la bataille. La maison était abandonnée.

Du moins je le croyais.

Au milieu de la première nuit, comme je dressais mon lit de camp pour me coucher, il me sembla qu'on marchait au-dessus de ma tête.

J'appelai mon camarade Pichot, un soldat qui m'aidait à la cantine, il s'arma d'un fusil et moi d'un sabre et nous nous mîmes à visiter la maison.

« Je crois bien que vous n'avez rien entendu du tout, finit par me dire Pichot.

— Je suis sûre du contraire, » répondis-je.

En même temps je découvris une vaste armoire placée dans un coin, et je l'ouvris.

Pichot recula et épaula vivement son fusil.

Je l'arrêtai.

Il y avait, dans l'armoire, un grand jeune homme revêtu d'un uniforme autrichien.

Il sortit et joignit les mains en me disant :

« Ne me perdez pas ! »

Il parlait français comme toi et moi.

« Je n'ai pas eu le temps de fuir, poursuivit-il, et je meurs de faim et de soif.

— Vous êtes Autrichien, lui dis-je.

— Non, je suis Français. »

A ces mots, je fis un pas en arrière et je compris tout.

J'avais devant moi un émigré qui avait porté les armes contre la France, crime puni de mort.

Je fis jurer à Pichot qu'il ne nous trahirait pas. Puis je me procurai des habits de paysan allemand que je fis endosser à l'émigré et je m'empressai de cacher soigneusement son uniforme.

Il but et mangea avec avidité.

« Maintenant, me dit-il, je ne puis pas rester ici. On me reconnaîtrait. Il faut que je parte et que je gagne les avant-postes autrichiens. Mais comment sortir de Dresde ?

— Je vous accompagnerai, lui dis-je.

— Je suis sans argent, » me dit-il.

J'avais alors des économies, je lui prêtai un petit rouleau d'or.

Puis, avant le jour, je le conduisis aux portes de Dresde, sous prétexte de me faire aider par lui pour acheter de la bière et de l'eau-de-vie de grains dans les fermes environnantes.

La mère Michel passait partout.

Quand nous fûmes en rase campagne, il me prit les mains, me les serra avec effusion et me dit :

« Si jamais je rentre en France, c'est que le roi remontera sur son trône, et alors vous verrez que je ne suis point ingrat.

— Et, dit Philibert, vous ne l'avez point revu depuis ?

— Jamais. Seulement, l'autre jour, en traversant Dijon, je me suis arrêtée dans un cabaret pour manger un morceau. Il y avait une gazette sur une table. Je l'ai parcourue et j'ai vu son nom.

— Ah! vous savez son nom, maman Michel ?

— Oui, mais je ne le dirai pas, car c'est une honte d'avoir porté les armes contre la France.

— Attends. D'après la gazette, cet homme est un des grands personnages du nouveau régime.

Il est riche, j'irai le trouver.

— Que lui demanderez-vous donc, mère ? fit le soldat avec hésitation. Vous ne voulez pas rentrer dans l'armée, je suppose ?

— Non, mais je le prierai de me rendre les quinze louis que je lui ai prêtés ; avec cet argent nous tâcherons de nous établir quelque part, aux barrières, et d'exploiter un petit bouchon.

— Maman, dit l'enfant, silencieux jusque-là, ce sera moi qui tirerai le vin, n'est-ce pas ?

— Oui, mon garçon. »

Philibert hochait la tête.

« On ne va pas loin avec quinze louis, mère Michel, dit-il, vaudrait mieux vous associer avec quelqu'un. Tenez, je sais une brave femme comme vous, et aussi crâne que vous, sauf votre respect, qui pourrait vous donner un fier coup de main : la mère Toinette.

— Celle qui était à Montmirail.

— Oui.

— Je la connais, dit la mère Michel, c'est une bonne patriote, elle aimait bien l'Empereur.

— Et peut-être bien, poursuivit Philibert, que son cousin, notre ancien camarade Quille-en-Bois...

— Pauvre Quille-en-Bois, dit la mère Michel, c'est moi qui le tenais quand on lui coupa la jambe !

— Eh bien ! reprit Philibert, il est établi forgeron juste en face le cabaret de mame Toinette. Peut-être bien qu'il prendrait le petit pour apprenti.

— J'aimerais ça, être forgeron, dit l'enfant. C'est comme qui dirait la moitié d'un soldat. On a toujours du fer dans les mains.

— En attendant, reprit Philibert, vous ne pouvez pas coucher ici, maman, vous seriez trop mal. »

Le vieux, toujours inquiet, respira plus librement.

« Et où veux-tu donc que j'aille ? demanda la cantinière.

— Je vais vous conduire chez ma sœur, à la ferme du grand Jacques.

— Y songes-tu ? s'écria le père Morin.

— Pourquoi donc pas ? dit le fils avec calme.

— Mais.... les gardes....

— Je m'en moque.

— Et les gendarmes ?

— Je m'en moque aussi. Ça mais ! sommes-nous pas d'honnêtes gens, après tout ?

— Oui.... mais....

— Père, dit sévèrement Philibert, vous parlez mal depuis que l'Empereur est parti. On dirait sensément que vous êtes devenu royaliste. »

Le père Morin n'eut pas le temps de répondre.

Des pas se firent entendre au dehors, puis s'arrêtèrent au seuil de la hutte.

Et le père Morin frissonnant vit apparaître l'homme qu'il redoutait tant....

Gobert, le garde-chef, l'homme qu'il avait chassé autrefois, et qui ne lui avait jamais pardonné.

XLVI

Gobert était un homme de trente-cinq ans environ, au front bas, aux cheveux roux, à l'œil petit et enfoncé sous l'orbite.

Il avait un embonpoint prématuré, les joues pleines, les mains grassouillettes, les lèvres papelardes, le ton mielleux et quelque chose de faux et de déplaisant dans toute sa personne.

Courbant l'échine, comme un plat valet qu'il était, devant quiconque lui était supérieur, il était cruel et sans pitié pour ceux qui se trouvaient placés sous sa dépendance.

Gobert avait fait son chemin par la délation et la flatterie.

Valet de charrue, quinze années auparavant, il avait

dénoncé à l'inspecteur des forêts un garde qui prêtait la main au braconnage.

La place du garde destitué avait été sa récompense.

Lorsque le roi était revenu, Gobert avait été un des premiers à mettre une cocarde blanche à son chapeau.

Depuis trois mois que la France avait cessé de s'appeler l'Empire français, Gobert faisait une police minutieuse au profit du pouvoir nouveau.

Avec son ton patelin et ses façons obséquieuses, il avait plu au nouveau conservateur des forêts, qui l'avait nommé garde-chef.

Gobert avait répondu à cette faveur par ces paroles :

« Monsieur le conservateur, les gardes actuels sont tous des créatures du Tyran. Si vous voulez que la forêt soit bien gardée et qu'on ne braconne pas le gibier du roi, il faut renvoyer tous ces gens-là. »

Le conservateur avait laissé carte blanche à Gobert, qui en avait abusé.

Gobert avait renvoyé tous les vieux serviteurs de la forêt et les avait remplacés par des chenapans comme lui.

Mais cet homme ne se contentait pas de devenir l'objet de l'animadversion générale, il haïssait pour son propre compte, et ses haines étaient féroces.

Le père Morin, son gendre, sa fille et son fils, étaient surtout l'objet de son aversion.

Le père Morin était le plus pauvre et le plus honnête bûcheron de la forêt.

Il y avait plus de quarante ans qu'on l'employait aux coupes de bois annuelles, et qu'il gagnait bien son salaire. Un fermier, un pauvre homme, du reste, le grand Jacques, avait épousé sa fille Marie-Madeleine.

Son fils, licencié après l'abdication de Fontainebleau,

était, comme nous l'avons vu, revenu au pays et redevenu bûcheron.

Gobert qui ne pardonnait pas à Marie-Madeleine, la plus jolie fille de Marlotte autrefois, de lui avoir préféré le grand Jacques, avait juré de se venger de ce dédain sur la famille entière.

Le conservateur, gentilhomme revenu de l'émigration trois mois auparavant, et royaliste ardent, avait froncé le sourcil, lorsque Gobert lui dénonça la famille Morin comme Bonapartiste enragée.

Mais le garde général, qui avait été conservé et qui était un homme juste et franc, avait défendu les Morin en disant que c'étaient les plus honnêtes gens du pays.

Gobert avait donc ajourné provisoirement ses projets de vengeance.

Mais il ne perdait aucune occasion de surveiller le père Morin et son fils, se promettant bien de revenir à la charge auprès du conservateur.

Or précisément ce jour-là, vers quatre ou cinq heures de l'après-midi, Gobert, se trouvant en tournée du côté des gorges d'Aspremont, avait rencontré le conservateur qui tirait des lapins au furet.

Deux bûcherons travaillaient dans une clairière voisine, et entassaient des fagots.

Ces deux hommes, Gobert les avait reconnus, à sa propre haine, bien plus encore qu'à leur visage.

C'étaient Morin et son fils.

Gobert s'approcha obséquieusement de son chef et le salua.

Le conservateur avait, lui aussi, remarqué les deux bûcherons, et le pantalon d'uniforme de l'ancienne armée lui avait fait froncer le sourcil.

« Quels sont donc ces hommes? demanda-t-il à Gobert en lui désignant les deux bûcherons.

Gobert prit son ton hypocrite et mielleux :

« Ce sont les protégés de M. le garde général, dit-il.

— Hein ? fit l'inspecteur.

— Morin père et fils, poursuivit Gobert, des bonapartistes enragés. »

Le conservateur se souvint qu'en effet le garde général avait chaudement pris la défense des deux Morin.

Il ne souffla mot.

Mais Gobert reprit :

« Après ça, M. le garde général a le droit d'être indulgent. L'Empereur l'emmenait avec lui quand il chassait. »

Ces mots perfides firent monter le rouge au visage du conservateur.

« Gobert, dit-il, êtes-vous sûr que ces gens-là pensent mal ?

— Oh ! je puis l'affirmer à M. le conservateur. Ils conspireraient même que cela ne m'étonnerait nullement.

— Ils conspireraient ?...

— Mais, se hâta de dire Gobert, ce ne sont point là mes affaires. Je ne suis pas de la police, moi. »

Et il salua le conservateur et fit mine de se retirer.

Le conservateur le retint d'un geste :

« Encore un mot ! » dit-il.

Gobert attendit, comme un soldat au port d'armes.

« Où demeurent ces hommes ?

— Tantôt dans une ferme auprès de Barbison, et tantôt dans une hutte qu'ils se sont construite près d'ici, en pleine futaie.

— Vous irez les trouver ce soir, Gobert. »

Gobert s'inclina.

« Et vous direz au fils que, s'il veut continuer à trouver de l'ouvrage dans la forêt de Fontainebleau, il fera bien de se vêtir convenablement. »

Gobert s'éloigna ivre de joie, et le conservateur se remit à chasser.

Gobert était suivi d'un chien braque, marron et blanc, mais dont les oreilles en tire-bouchon et la queue en trompette attestaient la bâtardise.

Ce chien était aussi méchant que le maître.

Gobert lui avait inculqué la haine des uniformes de l'ancienne armée.

Quand il passait auprès du fils Morin, il grognait, montrait ses dents, et eût sans doute mordu, si son maître ne l'eût retenu prudemment.

Morin fils avait dit un jour à Gobert, en brandissant un gros bâton :

« Je t'engage à veiller à ton chien, car s'il se jette sur moi, je lui casse les quatre pattes. »

Gobert se l'était tenu pour dit.

Chien et maître étaient exécrés, du reste, par la population forestière.

Gobert s'en allait donc, suivi de son chien, son fusil sous le bras.

Il arriva ainsi à la route de Fontainebleau à Paris.

Cette même route que suivait, à l'entrée de la nuit, la pauvre cantinière dont le fils ne pouvait plus marcher.

Abrité derrière un chêne, Gobert aperçut la mère Michel.

Mais lorsque son fils tomba sur la route et que la malheureuse mère chercha des yeux du secours, elle ne vit point Gobert, assis à cent pas de là.

Et Gobert ne bougea pas.

On devine le reste. Il la suivit de loin, lorsqu'elle entra sous bois.

Il la vit ensuite se diriger vers la hutte des Morin :

Et alors une joie haineuse lui vint au cœur :

« Je crois, murmura-t-il, que je tiens enfin ma vengeance. »

Il avait rôdé de loin à l'entour de la hutte, imposant silence à son chien, lorsque celui-ci grondait sourdement.

Il voulait bien se convaincre que la cantinière allait recevoir l'hospitalité des Morin.

C'était un grief de plus à ajouter à tous les griefs que pouvait avoir le conservateur.

Et puis, qui sait ? Le fils Morin se porterait peut-être à quelque acte de violence.

De là, procès-verbal et plainte, à la suite de quoi on ferait bonne justice.

Gobert attendit donc une bonne heure, à cent mètres de la hutte, assis sur un rocher.

Puis il s'approcha.

Le père Morin, comme on l'a vu, pâlit en le voyant entrer.

La cantinière le regarda avec curiosité.

Quant au fils Morin, il se contenta de lever sur lui un œil dédaigneux.

« Qu'est-ce qu'il y a pour votre service ? dit-il.

— C'est le conservateur qui m'envoie, » répondit Gobert, d'un ton hautain.

Et il entra dans la hutte.

Son chien grognait entre ses jambes et regardait le caniche qui s'était dressé, prêt au combat.

XLVII

Le père Morin dit, tout tremblant :

« Que peut nous vouloir le conservateur ?

— Vous allez le savoir. »

Et Gobert mit son fusil sur son épaule.

« Voyons ? dit Philibert avec un calme irritant.

— Vous étiez en bas des gorges d'Aspremont aujourd'hui, n'est-ce pas ?

— Nous y avons travaillé tout le jour.

— C'est bien cela : le conservateur vous a vus....

— Ce n'est pas malin, répondit Philibert, il chassait par là, ton conservateur.

— Et il m'a chargé d'une commission pour vous, continua Gobert.

— Laquelle ?

— Il vous prie de ne plus venir travailler dans une forêt du roi avec ce pantalon.

— Après ? fit l'ancien soldat toujours calme.

— De couper vos favoris et vos moustaches, ajouta Gobert qui prit sous son bonnet cette dernière injonction.

— Est-ce tout ? »

Et Philibert était d'un calme irritant.

« Non, dit Gobert.

— Voyons le reste !

— Il désire que vous n'abritiez pas chez vous des conspirateurs et des vagabonds. »

Et, parlant ainsi, il regardait la mère Michel et son fils.

La cantinière se leva indignée.

« Misérable ! » dit-elle.

En même temps, elle portait la main à cette croix que l'Empereur lui avait donnée un soir de bataille.

En même temps aussi, le chien de Gobert passa à travers ses jambes et se jeta sur le caniche.

Le caniche le reçut bravement.

Mais Philibert Morin avait été plus prompt encore.

Il s'était élancé sur Gobert, avant que celui-ci eût pu se servir de son fusil, et l'avait rudement saisi à la gorge.

« Misérable ! dit-il, tu as insulté la cantinière de mon régiment, c'est à moi que tu vas avoir affaire.

— Mon garçon ! au nom du ciel ! » supplia le père Morin d'un ton lamentable.

Mais, aveuglé par la fureur, Philibert serrait la gorge de Gobert à l'étrangler.

Gobert était lâche autant qu'insolent.

Il demanda grâce.

Philibert lui avait arraché son fusil et l'avait jeté dans un coin de la hutte.

En même temps, le caniche tout las et tout boiteux qu'il était, avait renversé le chien corniau sous lui et le mordait à belles dents.

Philibert ayant lâché Gobert, l'enfant de troupe fit un signe au chien.

Et le chien cessa de mordre son adversaire.

Il y eut un moment de répit pendant lequel le chien du garde sortit de la hutte en hurlant.

Gobert, lui, était pâle et frémissant; mais il n'osait plus ni parler, ni injurier.

« Écoute-moi bien, lui dit Philibert, de manière à rapporter à ton conservateur ce que je vais te dire. »

Le père Morin avait beau adresser à son fils des regards suppliants, Philibert poursuivit :

« Je porte un pantalon qui me plaît, des moustaches qui me plaisent, et je n'ai d'ordre à recevoir de personne. Tu as entendu, n'est-ce pas ? »

Gobert ne répondit point.

« Va-t-en ! » ajouta Philibert.

Et il poussa le garde par les épaules hors de la hutte.

Le garde, une fois dehors, retrouva son insolence :

« Tu vas me rendre mon fusil, n'est-ce pas ? dit-il.

— Oui, quand je t'aurai fait un bout de conduite. »

Et Philibert prit le fusil et le passa en bandouillère.

Puis se tournant vers son père, la cantinière et son fils :

« Quant à vous autres, dit-il, attendez-moi pour vous en aller à la ferme. Je reviens. »

Et il continua à pousser Gobert devant lui, disant :

« Marche, mauvais drôle !

— Tu me payeras cela plus cher que tu ne crois, » grommelait Gobert.

Mais comme Philibert portait toujours le fusil, il n'osait pas manifester trop haut ses opinions.

Ils cheminèrent ainsi pendant une demi-heure, le garde désarmé et le bûcheron le suivant à distance.

La nuit était claire.

Tous deux marchaient dans un de ces sentiers qu'on appelle, en forêt, des faux chemins.

Comme ils sortaient de la futaie pour traverser un bois taillis, Gobert tressaillit.

Une femme marchait pieds nus, en avant, dans le même sentier que lui.

Cette femme, il la reconnut à sa tournure.

C'était la montreuse de vipères, la Vipérine, comme

on l'appelait d'un bout à l'autre de la forêt de Fontainebleau.

La Vipérine était bien nommée.

C'était une grande fille au teint jaune, aux cheveux roux, au regard louche, qui faisait la chasse aux vipères, les enfermait dans une cage où elle leur donnait des mulots et des taupes en pâture, et les vendait ensuite aux pharmaciens de Melun et de Fontainebleau.

La Vipérine appartenait à une race de bohémiens venus, on ne savait d'où, quinze ou vingt ans auparavant.

Véritable tribu composée d'hommes de mauvaise mine, de femmes insolentes et d'enfants déguenillés, ces gens-là avaient pris possession des gorges d'Aspremont et s'y étaient établis.

Ils vivaient pêle-mêle dans les roches creuses, braconnant, pillant et inspirant aux populations de la forêt une véritable terreur.

La Vipérine était la plus redoutable de la tribu.

Elle battait les enfants, insultait les hommes, et menaçait les fermiers du voisinage de mettre le feu à leurs granges.

Les gardes eux-mêmes craignaient la Vipérine bien plus que les braconniers.

Gobert, en l'apercevant, se dit :

« Elle pourrait bien me tirer d'affaire. »

Comment ?

Il ne le savait pas encore ; mais il entrevoyait la possibilité d'une alliance contre les Morin avec cette mégère.

Philibert arma le fusil et fit feu en l'air des deux coups.

Gobert se retourna effrayé.

Mais alors le bûcheron lui tendit son arme et lui dit :

« Maintenant, je ne te crains plus, voilà ton outil, et tâche de ne jamais te retrouver sur mon chemin. »

Et il s'en alla.

Au bruit des deux coups de feu, la Vipérine s'était pareillement retournée.

Gobert courut à elle.

« Ah ! dit-il en jouant l'effroi, tu m'as sauvé la vie, ma petite.

— Moi ? dit-elle étonnée.

— As-tu vu cet homme qui s'enfuyait ?

— Oui.

— Eh bien ! il a tiré sur moi.

— Allons donc !

— Mais il m'a manqué, sans doute qu'en te voyant il a eu de l'émotion. »

La Vipérine le regarda d'un air sceptique :

« Est-ce que vous voulez rire ? » dit-elle.

Et Gobert cligna des yeux.

« Mais il a tiré avec votre fusil....

— Je ne dis pas non.

— Et ensuite il vous l'a rendu.

— Qu'est-ce que ça prouve ?

— Ça prouve, dit la Vipérine que s'il avait voulu vous tuer, il ne vous aurait pas rendu votre fusil.

— Ma petite, dit Gobert d'un air narquois, je gage que, si je te donnais une belle pièce blanche, tu changerais d'opinion.

— Ça se peut bien, répondit la Vipérine, dont les yeux brillaient de convoitise. »

Et elle attendit que Gobert s'expliquât.

XLVIII

Gobert et la Vipérine étaient faits pour se comprendre.

Celle-ci regardait le garde avec un œil brillant de cupidité.

Gobert, au contraire, n'était pas pressé de parler et voulait exciter la convoitise de la bohémienne.

« Ah ! dit-elle, vous voudriez donc faire croire qu'il a tiré sur vous?

— Je voudrais le faire prouver par des témoins, » dit froidement Gobert.

La Vipérine répondit avec cynisme :

« On trouve toujours des témoins quand on y met le prix.

— On payera ce qu'il faut.

— C'est différent, reprit la Vipérine, mais un seul témoin ça ne prouve guère en justice. Il en faudrait deux...

— Ah! ah! ah ! fit Gobert. Où donc trouver le second?

— Aux gorges d'Aspremont, on en trouvera dix, si vous voulez.

— C'est peut-être un peu cher, dix.

— Mettriez-vous bien vingt francs pour tous?

— Oui, dit Gobert.

— Tope! c'est conclu. Le marché est fait. Mais quel est cet homme?

— C'est ce soldat qui est revenu à la ferme du grand Jacques.

— Philibert Morin?

— Justement. »

Un hideux sourire vint aux lèvres de la Vipérine.

« Faut pas vous demander, dit-elle, pourquoi vous lui en voulez. C'est clair et net, depuis que Marie-Madeleine a épousé le grand Jacques.

— C'est encore possible, répondit sèchement Gobert.

— Son compte ne sera pas long s'il est prouvé qu'il a tiré sur un garde, et on le prouvera.... »

Les yeux de Gobert étaient brillants d'une joie sauvage.

La Vipérine continua :

« Mais comment ça se fait-il donc qu'il vous ait pris votre fusil ? »

Gobert pensa que la franchise ne pouvait que le servir auprès de la Vipérine.

Et il lui raconta ce qui s'était passé à la hutte.

Après l'avoir écouté attentivement, la Vipérine lui dit :

« Faut pas raconter la chose comme ça. D'abord, il faut recharger votre fusil.

— Bon ! après ?

— Après on trouvera un fusil quelque part et on le cachera dans les broussailles.

— Petite, s'écria le garde, tu es un amour de femme, tu trouves toujours une bonne idée.

— Mais, reprit la Vipérine, comme le fusil sera confisqué, faudra le payer.

— On le payera, dit Gobert qui, pour assouvir sa vengeance, ne reculait devant aucun sacrifice d'argent.

— Et cette cantinière, et le chien, et le mioche, vous déplaisent-ils aussi, M. Gobert ?

— Autant que les Morin.

— On peut leur être désagréable, si ça vous fait plaisir, monsieur Gobert.

— Mais comment?

— On mettra le feu à la hutte et on les rôtira. »

Gobert regarda ce monstre avec une sorte d'admiration.

« Mais, dit-il, je ne crois pas qu'ils restent à la hutte.

— Et où iront-ils donc?

— A la ferme du grand Jacques.

— Alors, ils passeront par ici et par les grottes.

— C'est leur chemin, du moins.

— Monsieur Gobert, dit la Vipérine, je suis, comme on dit, une bonne fille : ce que j'en vais faire, c'est pour vous obliger, parce que vous me plaisez.

— Que vas-tu donc faire, petite?

— Je vas mettre sur pied tous les amis des grottes.

— Bon!

— Et quand les Morin et la cantinière passeront.... vous verrez.... on leur fera un joli tapage! »

Gobert prit la Vipérine par la taille et l'embrassa sur son cou brûlé des rayons du soleil.

« Moi aussi, j'en veux aux Morin, continua la Vipérine, et à tous ceux qui regrettent l'usurpateur, vu que, de son temps on a mis deux fois le feu aux grottes pour nous enfumer, parce que nos hommes ne voulaient pas marcher à la conscription. »

Vous allez voir comme je vais les monter.

Gobert écoutait, ravi, cette misérable femme qui traitait d'un faux témoignage comme de la vente d'un panier de cerises.

Elle poursuivit :

« Si vous voulez que tout marche bien, monsieur Gobert, écoutez-moi.

— Parle.

— Vous allez prendre la route aux Corbeaux et vous descendrez jusque chez Valdoiseau, le garde.

— Bon !

— Vous arriverez chez lui tout effaré. Vous aurez l'air d'avoir eu une venette épouvantable.

— Après ?

— Et vous lui direz qu'on a tiré sur vous. Mais faut pas lui dire qui. Il est nuit, vous n'avez pas pu voir. Seulement, les balles ont sifflé à vos oreilles et, comme vous vous retourniez, vous avez vu un homme qui se sauvait dans le bois.

— Et si Valdoiseau me demande qui je soupçonne ?

— Vous répondrez que vous ne soupçonnez personne.

— Mais alors ?...

— Le reste me regarde, dit la Vipérine. Seulement, vous amènerez Valdoiseau par ici, sous prétexte de chercher l'assassin... »

Gobert, depuis qu'il était garde-chef, avait l'argent assez mignon.

Il tira deux écus de cent sous de sa poche et les tendit à la Vipérine.

« Tiens, dit-il, voici un à-compte.

— Merci, monsieur Gobert. »

La Vipérine fit disparaître les deux écus dans la poche de son tablier et ajouta :

« Allez vite, monsieur Gobert. Faut pas perdre de temps. Moi je vais chercher le fusil. Ah ! par exemple, vous ferez bien de recharger le vôtre. »

Gobert suivit le conseil, rechargea son fusil, essuya soigneusement les deux bassinets et jetant l'arme sur son épaule, il échangea une dernière poignée de main avec la Vipérine.

Puis il s'élança en courant, dans ce faux chemin que la Vipérine appelait la fuite aux Corbeaux.

La Vipérine continua son chemin à travers les roches

des gorges, gagna un sentier qui montait en zigzags jusqu'au sommet du coteau.

Les grottes d'Aspremont ont deux issues, l'une en haut de la colline, l'autre dans le vallon.

Auprès de l'issue d'en haut, il y avait une misérable hutte.

C'était le logis de la Vipérine.

Tandis que le reste de sa tribu couchait dans les cavités, à même le roc, la Vipérine qui était une manière de reine de ces étranges bohémiens, s'était bâti une cabane en vieilles planches, dans laquelle elle avait installé ses vipères.

Le jour elle vendait aux promeneurs, aux gardes, aux bûcherons, de la mauvaise eau-de-vie et du vin bleu; elle montrait ses vipères pour un sou aux enfants curieux.

La nuit elle courait la forêt et les fermes du voisinage, se livrant à ses instincts de rapine.

La Vipérine avait un compagnon.

C'était un gamin de quinze ou seize ans, petit, grêle, décharné, aux yeux méchants, à la mine de renard, qui riait d'un mauvais rire et qui, comme sa sœur, — car la Vipérine était sa sœur, — tenait des discours incendiaires à faire frémir les gendarmes eux-mêmes.

Tandis que la Vipérine gravissait le sentier, il y avait de la lumière dans la hutte.

« Ce gredin de Pignolet va me brûler toute ma chandelle! » murmura-t-elle en pressant le pas.

Quelques minutes après, elle arriva tout essoufflée à l'entrée de la hutte et s'arrêta un moment sur le seuil.

Pignolet, c'était le nom du gamin, avait posé un bout de chandelle sur la longue cage plate, dans laquelle se trouvaient les vipères pêle-mêle avec deux malheureux petits mulots réfugiés tout tremblants dans un des coins.

Le gamin regardait avec une joie cruelle et une sauvage attention les hideuses bêtes que la lumière et la chaleur avaient tirées de leur apathie.

Elles commençaient à dresser la tête, à se dérouler, à s'allonger, pour s'enrouler et se replier encore....

Les mulots frissonnaient.

Le gamin attendait anxieux.

Tout à coup, une des vipères se déroula comme un ressort, et la tête alla mordre l'un des mulots.

Le pauvre rat des champs ne bougea pas; mais tout son corps se prit à frissonner, ses yeux s'obscurcirent, et il s'affaissa sur lui-même.

Alors la vipère qui, après l'avoir mordu, avait regagné l'autre extrémité de la cage, — la vipère se déroula de nouveau pour s'enrouler autour du mulot expirant, lui broya les reins et le couvrit de bave.

Le gamin suivait du regard ce drame horrible dans l'infiniment petit, lorsqu'une calotte lui fut appliquée par derrière.

« Méchant drôle! lui dit la Vipérine, nous avons autre chose à faire. »

Les yeux de l'enfant brillèrent:

« Est-ce quelque bon coup?

— Oui, et voilà des arrhes! »

En même temps, la femme aux cheveux roux fit briller à la chandelle un des écus de cinq francs.

« Allons-nous assassiner quelqu'un? » dit l'enfant avec une joie féroce.

XLIX

Cependant Philibert Morin, qui ne se doutait pas que cet excès de précaution qu'il avait eu de décharger en l'air le fusil de Gobert, avant de le lui rendre, pouvait lui devenir funeste, s'en était retourné à sa hutte.

Le père Morin était dans un état lamentable.

« Seigneur Dieu ! murmurait-il, on nous chassera de la forêt pour sûr. Vous verrez, ma bonne femme....

— Mais, pourquoi vous chasserait-on? demanda la cantinière étonnée.

— Mais parce que Gobert nous en veut.... et qu'il est tout-puissant, au jour d'aujourd'hui.

— Votre fils pourtant ne le craint guère.

— Mon fils a tort.

— N'avez-vous donc pas vu, dit l'enfant de troupe, comme il est lâche? »

En même temps il caressait le vaillant caniche qui avait fait un si mauvais parti au chien du garde-chef.

« Il est lâche, c'est vrai, murmura le père Morin qui ne se consolait pas de l'incartade de son fils, mais il est très-bien avec le conservateur, et il nous fera chasser.

— Mais, dit encore la cantinière, vous n'êtes pas cependant employés par le gouvernement.

— Nous travaillons pour lui à la journée.

— Eh bien ! dit maman Michel, vous travaillerez pour les particuliers.

— Oh! Seigneur Dieu! fit le vieillard, voici quarante

ans que je passe dans la forêt, et vous voulez que je m'en aille. »

Et il eut deux grosses larmes sur ses joues brunes et sèches comme du parchemin.

En ce moment, Philibert rentra.

« Mon père, dit-il, pourquoi vous tourmentez-vous donc ainsi ?

— Mais, mon garçon, dit le vieillard, tu ne sais donc pas à quoi tu t'es exposé ? »

Philibert haussa les épaules.

« Tu as maltraité un garde, continua le vieillard, et ce garde est notre ennemi. Il va porter une plainte, c'est sûr.

— Eh bien ! il la portera.

— Et nous serons chassés....

— On nous chassera, je m'en moque !

— Mais que deviendrons-nous, malheureux ?

— Nous irons à Paris. Là, il y a toujours du travail. »

Et Philibert ajouta d'un ton rude :

« Allons ! père, au lieu de trembler comme ça, prenez votre cognée et votre bâton et allons-nous-en coucher à la ferme de Marie-Madeleine. »

En même temps, il prit la cruche de vin et la porta à ses lèvres.

Mais la cruche était vide.

« J'ai pourtant une soif d'enragé, murmura-t-il.

Bah ! nous trouverons à boire un coup aux grottes d'Aspremont. Pour deux sous la Vipérine nous versera un demi-verre d'eau-de-vie et de l'eau par-dessus le marché.

— La Vipérine ! exclama le père Morin avec un redoublement d'effroi.

— Eh bien ! oui, la Vipérine. Avez-vous aussi peur de celle-là, père ?

— Je crois bien que j'ai peur de tous ces bohémiens, murmura naïvement le vieillard.

— Vous avez peur de tout, vous, dit Philibert d'un ton d'humeur.

Allons, maman, venez? »

Et il prit la cantinière par le bras.

Mais celle-ci, d'un regard éloquent, lui montra son fils.

L'enfant avait les pieds tellement gonflés et ensanglantés qu'il ne pouvait se tenir debout.

« Toi, mioche, dit Philibert, je te porterai.

— Oh! fit l'enfant dont la fierté se révolta. »

Mais sa mère lui dit :

« Philibert est ton ancien. Au régiment, tu lui aurais obéi. Allons! laisse-toi faire!... »

L'enfant ne résista plus. Philibert le chargea sur son dos.

Le vieux couvrit soigneusement le feu et ferma la hutte à l'aide d'une porte à claire-voie.

Puis ils se mirent en route.

Nous l'avons dit, la nuit était claire, bien que la lune ne fût pas levée encore.

Philibert connaissait, du reste, la forêt comme sa poche. Il marcha devant et prit au plus court, c'est-à-dire qu'il descendit droit aux gorges d'Aspremont en disant :

« J'ai une soif d'enfer! »

Le vieux lui dit cependant :

« Si tu m'en crois, tu endureras la soif une demi-heure de plus, et nous irons par le plus long à la ferme du grand Jacques. J'ai idée que, si nous passons par les gorges, il nous arrivera malheur.

— Vous êtes un fier trembleur, mon père, dit Philibert. »

Et il continua à suivre le chemin qu'il avait pris.

De la hutte aux gorges il n'y avait pas un quart de lieue.

Bientôt, à travers les arbres, Philibert aperçut une vive lumière sur les rochers.

Puis, passant et repassant devant cette lumière, des silhouettes noires qui ressemblaient, dans l'éloignement, à des ombres chinoises sur un mur.

La lumière provenait d'un grand feu allumé sur les rochers.

Autour de ce feu les bohémiens des grottes dansaient et chantaient.

« Voilà des gens bien gais, murmura Philibert, ils nous donneront à boire. »

Et il se mit à gravir le sentier qui montait en zigzags dans les roches.

Un homme se leva sur son passage :

« Tiens! dit-il, c'est Philibert Morin.

— Justement, camarade, répondit l'ancien soldat qui reconnut un des bohémiens.

— Où vas-tu donc, Philibert?

— Ma compagnie et moi, répliqua le bûcheron, nous allons nous coucher à la ferme, chez ma sœur.... Mais, comme nous avons soif, nous avons pensé que nous trouverions une goutte d'eau-de-vie chez la Vipérine.

— A moins que les autres n'aient tout bu, dit le bohémien. Dépêche-toi, camarade.

— Tiens! dit Philippe, vous avez l'air joliment en joie, vous autres?

— C'est fête pour nous.

— Ah !

— Tu sais bien que nous sommes d'une autre religion que vous autres. »

Philibert continua à gravir les roches.

À mesure qu'il avançait, il rencontrait d'autres bohémiens qui tous lui disaient amicalement :

« Bonsoir, Philibert. »

Le bûcheron ne se croyait pas si populaire parmi les hôtes dangereux des grottes.

Le feu flambait, les bohémiens dansaient.

Lorsque Philibert et sa suite entrèrent dans le cercle de lumière décrit par le brasier, la Vipérine s'écria :

« Tiens ! c'est Philibert ; bonjour, Philibert.... »

Et elle se mit à rire d'un air moqueur.

« Un malin, celui-là, dit Pignolet, le petit bohémien.

— Bravo, Philibert ! répétèrent les autres. »

Philibert s'arrêta stupéfait.

Il ne savait pas ce qu'il avait pu faire pour mériter cet excès de popularité et ces applaudissements.

En déposant l'enfant de troupe à terre, il dit à la Vipérine :

« Donne-nous donc de l'eau-de-vie, commère !

— Ah ! je crois bien que je vais t'en donner, fit la Vipérine, tu l'as bien gagnée....

— Vive Philibert ! crièrent en chœur les bohémiens. »

Philibert commença à regarder tous ces gens-là avec inquiétude.

Le père Morin avait de grosses gouttes de sueur au front.

La cantinière elle-même ne savait trop ce que cette ovation improvisée voulait dire.

« Tu as du courage, Philibert, dit la Vipérine en lui apportant un verre d'eau-de-vie, mais tu n'es pas un malin tireur.

— Que veux-tu dire, commère ? »

Philibert était de plus en plus surpris.

« Farceur ! dit la Vipérine en clignant des yeux, tu le sais bien, va, ce que je veux dire.

Il l'a échappé belle, le garde.

— Hein? dit Philibert.

— A la bonne heure! fit un autre bohémien, les enfants de la forêt se réveillent, et n'ont pas peur des gardes.

Quel malheur que tu l'aies manqué!...

« Il se sera trop pressé, dit un troisième.

— Il a tiré coup sur coup....

— Moi, fit un vieillard, quand j'ai entendu les deux coups, j'ai pensé que c'était un braconnier, et je me suis dit : le maladroit n'espace pas ses coups. C'est de la poudre perdue. »

Philibert ahuri écoutait tout cela et ne comprenait pas encore.

Tout à coup un enfant déguenillé gravit les roches en courant, arriva tout essoufflé et s'écria :

« Sauve-toi, Philibert, voilà les gendarmes! »

A ces derniers mots seulement, Philibert comprit qu'il se tramait contre lui quelque abominable machination, et il ne put s'empêcher de pâlir.

L

Mais l'émotion du bûcheron fut de courte durée.

Philibert n'avait pas servi dix années pour trembler en face d'une poignée de mendiants et de bohémiens.

Il but tranquillement le verre d'eau-de-vie que lui avait apporté la Vipérine et dit :

« Qu'est-ce que cela peut me faire, les gendarmes?

— Comment! malheureux? fit la Vipérine, tu le demandes!

— Il a de l'aplomb, dit Pignolet.

— Et un rude encore!

— Mais sauve-toi donc, Philibert!

La colère prit le bûcheron à la gorge :

« Il n'y a que des malheureux comme vous, dit-il, qui puissent craindre les gendarmes.

— Mon petit père, reprit Pignolet d'un ton pleurard, faut pas faire longtemps le malin avec nous. Tu as tiré sur le garde Gobert.

— C'est faux! s'écria Philibert.

— Farceur, va! dit la Vipérine. »

Le père Morin éperdu s'écria :

« Philibert, allons-nous-en?

— Avec ça que je ne t'ai pas vu, moi, reprit la Vipérine.

— Et moi donc, fit Pignolet.

— Vous êtes des canailles! » s'écria Philibert.

Et il mesura les bohémiens d'un regard si menaçant que le cercle qui s'était fait autour de lui s'élargit.

« Tu as tort de nous traiter comme cela, Philibert, reprit la Vipérine d'un ton doucereux. Quiconque tire sur les gardes est notre ami. Nous n'aimons pas le gouvernement, nous, et si tu veux, nous te cacherons. Nos grottes sont profondes, il n'y a pas de danger que les gendarmes s'y risquent. Tu resteras avec nous. Nous prendrons soin de toi, et de madame aussi... fit-elle en se tournant vers la mère Michel ébahie : »

Puis elle ajouta :

« Je gage que c'est madame qui t'a conseillé le coup. Ça lui fait honneur, tout de même!...

— Mais vous êtes des misérables! s'écria Philibert. Je n'ai pas tiré sur le garde.

— Philibert! sauve-toi! » répétèrent plusieurs voix qui montaient du vallon.

Le bûcheron eut un moment d'égarement :

« Oh ! dit-il, vous êtes tous des lâches et des infâmes !

— Mais non, puisque nous sommes tes amis, ricana la Vipérine.

— Et que, si tu veux, nous te cacherons, dit Pignolet.

— Il est trop tard ! cria une voix. Voici les gendarmes. »

En effet, les tricornes galonnés apparurent tout à coup au milieu des bohémiens, et un brigadier cria :

« Que personne ne bouge ! »

Un homme marchait à la tête des gendarmes. C'était le garde chef Gobert.

Philibert comprit tout. Gobert était d'accord avec les bohémiens.

Cependant la Vipérine eut l'audace de se placer devant lui comme pour le dérober aux regards du gendarme.

Mais Philibert la repoussa, puis il attendit.

Gobert disait aux gendarmes :

« Voilà l'homme qui a tiré sur moi. »

Le brigadier s'avança vers Philibert, et voulut lui mettre la main au collet.

« Ne me touchez pas ! dit le bûcheron. Si vous avez ordre de m'arrêter, je vous suivrai sans résistance.

— Nous t'arrêterons, si tu es coupable.

— De quoi m'accuse-t-on ? demanda Philibert.

— Je vais vous le dire, fit Gobert. »

Et il regarda Philibert avec une audace inouïe.

« Cet homme est fort mal noté, dit-il, à Barbizon, à Marlotte et dans tous les villages des environs, il a cherché souvent à soulever les gens contre le roi.

— C'est faux, dit Philibert. »

Gobert continua :

« Le conservateur l'a rencontré aujourd'hui, et il m'a

chargé de lui faire des observations. Je suis allé le trouver.

— Après ? » dit Philibert avec dédain.

Le vieux Morin pleurait à chaudes larmes.

La mère Michel et son fils échangeaient un douloureux regard.

« Je suis allé le trouver, poursuivit Gobert, et je lui ai fait des observations. Il m'a fort mal reçu. Comme je savais que c'est un homme violent, je me suis en allé. »

Mais je n'avais pas fait cent pas dans le bois que deux balles ont sifflé à mes oreilles.

« Misérable ! dit Philibert, tu sais bien que cela est faux ! Oui, j'ai tiré deux coups de fusil. Je ne le nie pas. Mais c'était ton propre fusil, que je t'avais pris, que j'ai déchargé en l'air avant de te le rendre !

— Ah ! ceci est trop fort, s'écria Gobert en riant. Voici huit jours que je ne me suis pas servi de mon fusil. »

Et il tendit au brigadier l'arme qu'il avait sur l'épaule.

Le brasier éclairait cette scène comme en plein jour.

Philibert put voir que Gobert avait changé de fusil.

Le brigadier abattit l'un après l'autre les deux bassinets et dit :

« C'est vrai, la poudre est vieille. »

C'était l'heure du faux témoignage.

Pignolet, le cruel gamin qui se plaisait à voir un mulot dévoré par une vipère, dit au brigadier :

« Si je n'avais pas peur de Philibert, je dirais bien où est le fusil avec lequel il a tiré sur M. Gobert.

— Moi aussi, dit la Vipérine.

— Mais ne croyez donc pas ces gens-là ! s'écria Philibert hors de lui. Ils s'entendent tous pour me perdre. Je ne suis pas un assassin. Je suis un soldat. Demandez à cette brave femme que voilà, qui m'a vu pendant dix ans sur le champ de bataille.

— C'est vrai, dit la mère Michel en s'avançant. Cet homme est un honnête garçon, je vous le jure. »

Le brigadier la regarda de travers :

« Vous, ma petite mère, dit-il, vous auriez beaucoup mieux fait de passer votre chemin.

— Et pourquoi cela? demanda fièrement la cantinière.

— Parce que j'ai des ordres qui vous concernent.

— Moi!

— Vous. »

Et se penchant à son oreille, il lui dit :

« Vous ne me connaissez pas, mais j'ai fait avec vous la campagne de Russie. »

Un éclair se fit dans le souvenir de la mère Michel.

« Vous étiez dans les grenadiers et vous vous appelez Sylvain.

— C'est vrai, dit le brigadier, mais je suis gendarme aujourd'hui, et j'ai l'ordre de vous arrêter.

— Mais, qu'ai-je donc fait, dit la cantinière.

— Vous avez crié vive l'Empereur, tout le long de votre route depuis ce matin.

— Et je le crie encore, dit la mère Michel avec un accent d'indignation : Vive l'Empereur!

— Arrêtez cette femme! ordonna le brigadier.

— Ah! misérable! murmurait Philibert en montrant le poing à Gobert, le garde-chef. Tout cela est ton œuvre!...

— Tu peux m'insulter, répondit Gobert avec cynisme. La justice aura raison de toi.

— Ainsi, dit le brigadier s'adressant à Pignolet, tu sais où est le fusil.

— Pardine! répondit le petit drôle.

— Et toi aussi? continua le brigadier, s'adressant à la Vipérine.

— Moi aussi. »

Cependant le brigadier eut un soupçon :

« Prenez garde! dit-il. Les faux témoins sont sévèrement punis.

— Nous ne craignons rien, dit la Vipérine. Quand Philibert a eu tiré sur le garde, il a jeté le fusil dans une broussaille que je vous montrerai, et il s'est sauvé. »

Le brigadier se tourna vers les autres gendarmes ;

« Mettez les menottes à cet homme, dit-il.

— Mille tonnerres! exclama Philibert! est-ce que vous oseriez cela? »

Mais la mère Michel le calma d'un regard et lui dit ensuite :

« Ces gens-là obéissent aux ordres qu'ils ont reçus. Ne résiste pas. Dieu est juste....

— Quant à vous, ma pauvre mère, dit le brigadier, tandis qu'on mettait les menottes à Philibert, j'ai ordre de vous arrêter, je vous l'ai dit. Mais il y a encore des braves gens en ce monde et je suis bien sûr qu'on vous relâchera.

— Marchons! dit la cantinière avec fierté. »

La Vipérine se mit alors, avec son frère, à marcher en tête des gendarmes, que les bohémiens escortaient en riant.

On fouilla le buisson et on y trouva en effet un fusil à deux coups fraîchement déchargé.

« Je suis perdu! murmura Philibert.

— Courage! dit la cantinière.

— Courage! reprit l'enfant de troupe, qui marchait fièrement à côté de sa mère.

18

LI

Neuf heures du matin sonnaient, et on venait de relever les sentinelles de garde à la porte du vieux Louvre, dans lequel était logée une partie de l'état-major de la garde nationale.

Une femme, dont la mise était celle d'une ouvrière du faubourg, se présenta à la sentinelle qu'on venait de placer en faction, et lui dit :

« N'est-ce pas ici, camarade, que loge le colonel d'Ormignies ?

— Oui, ma bonne femme, répondit le soldat.

— Je voudrais lui parler. »

La sentinelle regarda curieusement celle qui s'adressait à lui et demandait si naïvement à parler à un homme si important que le colonel d'Ormignies.

« Oui, répéta-t-elle, je voudrais lui parler.

— Avez-vous un laisser-passer ?

— Non.

— Une lettre d'audience ?

— Pas davantage.

— Alors, ma bonne femme, vous pouvez continuer votre chemin, dit la sentinelle. On n'entre pas ici comme dans une auberge. »

La solliciteuse regarda le soldat :

« Quel âge as-tu, toi, blanc-bec? lui dit-elle. »

Le soldat rougit et répondit assez grossièrement :

« Vous êtes bien curieuse, la mère !

— C'est que, reprit-elle, tu me fais l'effet d'une recrue, et tu n'as pas connu l'*Autre*. Sans ça, au lieu de me recevoir comme un chien dans un jeu de quilles, tu me porterais les armes.

— Ah! bah! fit insolemment le soldat. »

Mais elle fit peu d'attention au geste moqueur dont il accompagna cette exclamation.

« Je reviendrai dans deux heures, dit-elle, quand on t'aura relevé. Peut-être bien qu'il y aura à ta place un *ancien* qui me reconnaîtra et me laissera passer »

Elle allait s'éloigner, crânement, au pas militaire, le poing sur la hanche, lorsqu'un brillant officier arriva, en caracolant sur une superbe jument limousine, à ce même guichet dont le conscrit gardait si rigoureusement l'entrée.

Cet officier, qui portait l'uniforme de l'état-major de la garde nationale, la fourragère et l'épaulette de chef de bataillon, jeta un curieux regard sur la solliciteuse et dit au soldat :

« Quelle est cette femme?

— Je n'en sais rien, répondit le conscrit. Elle veut entrer sans laisser-passer.

— Qui demande-t-elle?

— Le colonel d'Ormignies. »

Le commandant appela la femme qui était déjà à vingt pas du guichet.

Elle se retourna.

Puis, sur un signe de l'officier, elle s'approcha et, la main gauche à son front, faisant le salut militaire, elle attendit que l'officier l'interrogeât.

« Que demandez-vous, ma bonne femme? lui dit le jeune homme.

— Mon commandant, répondit-elle, je désirerais parler au colonel d'Ormignies. Mais il paraît qu'on n'entre pas ici comme on y entrait autrefois. »

Le commandant sourit.

« Est-ce que vous connaissez le colonel?

— Je ne l'ai vu qu'une fois, soyez tranquille, dit-elle, il doit s'en souvenir.

— Ah! vraiment?

— Nous nous sommes vus dans des circonstances qu'on n'oublie pas; allez!

— Et vous désirez lui parler?

— Oui, monsieur. J'en ai le plus pressant besoin.

— Pensez-vous que le colonel se souviendra de votre nom?

— Oh! certes...

— Dites-le moi : j'ai justement affaire à lui; et s'il consent à vous recevoir, je vous enverrai chercher par un planton.

— Je m'appelle la mère Michel, répondit la femme.

— La mère Michel qui a perdu son chat? demanda le jeune homme en riant.

— Peut-être bien, dit-elle, souriant à son tour. Cependant, s'il ne se souvenait pas de mon nom, dites au colonel que je suis la cantinière de Dresde. »

Le commandant avait regardé avec plus d'attention cet énergique et beau visage de l'ancienne cantinière.

« Vous n'attendrez pas longtemps, la mère, lui dit-il. Restez-là, avant un quart d'heure, je vous enverrai chercher. »

Il mit pied à terre, jeta la bride au dragon qui lui servait d'ordonnance et disparut sous la voûte du vieux palais.

La cantinière alla s'asseoir en face du guichet sur un banc de pierre qui se trouvait là par hasard, non sans avoir regardé la sentinelle toute confuse avec un certain dédain.

Pendant ce temps, le brillant chef d'escadrons montait l'escalier en faisant sonner ses éperons.

Le colonel d'Ormignies logeait au premier.

« Le colonel est-il seul ? demanda-t-il au planton.

— Non, mon commandant.

— Avec qui est-il ?

— Avec un chef de division de la préfecture de police.

— Bon ! je sais qui c'est. »

Et, en familier de la maison qu'il était, le commandant frappa deux coups et ouvrit la porte avant même qu'on l'eût invité à entrer.

Le chevalier Justin d'Ormignies, en petite tenue du matin, nonchalamment étendu dans un vaste fauteuil causait avec un personnage chamarré de croix étrangères, et portant, avec une grâce parfaite de vieil émigré, un habit marron coupé à la française.

Ce dernier personnage, qui s'était appelé jadis le chevalier de Biribi, avait repris son vrai nom, du moins celui que tout le monde lui connaissait dans le nouveau gouvernement.

M. le baron de Fenouil-Caradeuc, nommé par le roi chef de division à la préfecture de police, était un homme fort bien en cour.

Louis XVIII faisait grand cas de son habileté, de ses relations et de son dévouement.

M. de Fenouil avait eu plusieurs fois les honneurs d'une audience, et le comte d'Artois, qui se piquait de savoir par cœur le nom de tous les gentilshommes de France, l'ayant rencontré un jour dans les antichambres, lui avait dit un exquis « Bonjour, Fenouil. »

Le roi avait comblé le baron de places et de traitements; mais il s'était montré rebelle à l'endroit de la croix de Saint-Louis, répondant d'une façon évasive toutes les fois que l'aventurier s'était permis une allusion discrète.

Cette croix-là et celle de la Légion d'honneur étaient les seules qui ne s'étalassent point sur l'habit marron de l'ex-chevalier Biribi.

Quant à M. Justin d'Ormignies, qui avait failli être fusillé, le jour même du siége de Paris par les alliés, il les avait obtenues toutes les deux, en même temps que le grade de colonel dans la garde nationale de la Seine.

Or, le jeune colonel, qui ne se doutait pas le moins du monde qu'il eût été, trois mois auparavant, arrêté sur l'ordre de Biribi, tenait ce dernier en plus haute estime que jamais.

A peu près tous les matins, celui-ci venait faire un tour au Louvre et voir son ami.

D'ailleurs, comme on va le voir, le colonel de fraîche date avait plus que jamais besoin des lumières du chevalier Biribi.

Justin d'Ormignies disait, au moment même où le jeune commandant causait avec la mère Michel, à la porte du Louvre :

« Savez-vous que je ne renonce nullement à l'espoir d'épouser un jour ma cousine ?

— Mais, mon cher chevalier, dit le baron, il me semble que votre mariage est plus coulé que jamais.

— Comment cela ?

— Mlle de Bernerie doit épouser l'ex-colonel de Vauxchamps, aussitôt qu'il sera rétabli.

— J'espère bien qu'il ne se rétablira jamais.

— Bah ! dit Biribi, demandez donc cela au vicomte, qui les voit presque tous les jours tous deux. »

Et Biribi désignait le jeune commandant d'état-major qui entrait en ce moment.

Or, cet officier n'était autre que notre ancienne connaissance le vicomte de Montrevel...

C'est-à-dire notre bon ami Coqueluche.

Et Coqueluche dit brusquement au nouveau colonel :

« Vous avez donc connu à Dresde une cantinière appelée la mère Michel? »

A ce nom Justin d'Ormignies pâlit et fit un soubresaut dans son fauteuil.

« Elle est en bas, ajouta Coqueluche, et elle désire bien vous voir. »

Et comme le jeune colonel était fort pâle, Biribi et Coqueluche se regardèrent avec curiosité.

LII

M. Justin d'Ormignies se remit néanmoins bientôt du trouble que lui avait causé ce nom de mère Michel, prononcé tout à coup.

« Savez-vous, dit-il, que je viens de me rappeler une de mes plus terribles émotions ?

— Bah! fit Coqueluche.

— Il était écrit dans ma destinée, continua M. d'Ormignies, que je serais souvent exposé à être fusillé. La femme qui demande à me voir m'a sauvé une première fois.

— Comment cela ? demanda le baron de Fenouil-Caradeuc.

— Vous savez, continua le jeune colonel, que j'ai servi pendant quelque temps dans l'armée autrichienne, au grand désespoir de M. de Bernerie, mon grand-père, qui a toujours été jacobin. Quand les Français prirent Dresde, je n'eus pas le temps de me sauver, et je demeurai caché dans une maison qui, justement, fut occupée par cette femme qui était vivandière.

Au bout de deux jours, mourant de faim, je fus découvert par elle.

« Non-seulement elle me donna à manger, mais elle facilita ma fuite et me prêta quinze louis, que, je l'avoue à ma honte, je ne lui ai pas encore rendus.

— C'est pour cela sans doute qu'elle vient, dit Biribi.

— Vous vous trompez, mon oncle, dit Coqueluche. Elle a l'air très-fier.

— Quoi qu'il en soit, dit Justin, je vais la recevoir. »

Et il appela le planton qui se trouvait dans l'antichambre, et lui donna l'ordre d'aller chercher la cantinière.

Tandis que le planton descendait, Biribi dit au colonel :

« Ne jouez-vous pas gros jeu ?...

— En quoi ?

— En recevant au Louvre cette femme qui doit être une ennemie acharnée de la monarchie !

— Il faut bien que je paye mes dettes, » répondit Justin d'Ormignies.

Coqueluche cligna de l'œil d'une façon perceptible pour Biribi seulement, et qui voulait dire :

« Laisse-le faire, il me vient une idée. »

Quelques minutes après, la cantinière arriva.

Le chevalier d'Ormignies alla vivement à elle et lui prit la main avec effusion.

Émue elle-même, la cantinière lui sauta au cou.

« Ah ! dit-elle, vous êtes un brave garçon, décidément, quoique vous ayez fait une faute dans un temps. »

Elle faisait allusion sans doute au temps que le chevalier avait passé sous les drapeaux de l'Autriche.

« Voyons, ma bonne femme, lui dit-il, que puis-je faire pour vous?

— Mon cher monsieur, répondit la mère Michel, telle que vous me voyez, on m'a mis mon fils en prison, et on va fusiller un pauvre homme, à Fontainebleau, dont le seul crime est de m'avoir donné à boire et à manger. »

Le colonel regarda Coqueluche et Biribi d'un air d'étonnement.

Biribi était curieux sans doute, car adressant à son tour la parole à la cantinière, il lui dit :

« Voyons, ma bonne femme, expliquez-vous. »

La mère Michel n'y allait pas de main morte, en matière de franchise.

Elle se souciait peu de cacher ses opinions et de dissimuler son attachement fanatique au petit caporal.

Elle raconta donc sa longue et pénible odyssée de Fontainebleau à Toulon et son triste retour.

Plusieurs fois, le chevalier avait froncé le sourcil, mais la mère Michel ne s'en était pas aperçue.

Continuant son récit, elle lui raconta ce qui s'était passé à Fontainebleau, à savoir l'abominable machination ourdie par le garde-chef Gobert, les faux témoignages des bohémiens, l'arrestation de Philibert Morin, d'elle et de son fils.

Comment était-elle sortie de prison ?

C'était presque un miracle.

Tandis qu'on instruisait l'affaire de Philibert, inculpé de tentative d'assassinat sur la personne d'un garde dans l'exercice de ses fonctions, la ville de Fontainebleau s'était trouvée tout à coup divisée par deux courants d'opinions.

L'un de ces courants était favorable à Philibert, — l'autre lui était contraire.

Selon les uns, le bûcheron avait bien réellement tiré sur le garde.

Selon les autres, il était innocent.

La garnison de Fontainebleau avait pris parti pour le bûcheron.

Les bourgeois tenaient pour Gobert.

D'abord on avait accusé la cantinière de complicité.

Son uniforme proscrit, sa fierté, l'âpre franchise avec laquelle elle se glorifiait de sa fidélité à l'Empereur avaient irrité les magistrats.

Mais le juge d'instruction eut beau faire, — il ne put établir la complicité, et force lui fut de rendre une ordonnance de non lieu, touchant la mère Michel.

Seulement, en la faisant mettre en liberté, il garda son fils en prison, disant que l'enfant était en état de vagabondage et qu'il devait, avant de le relâcher, en référer à l'autorité militaire.

C'est alors que la mère Michel, un moment écrasée de douleur, avait retrouvé son indomptable énergie.

Elle s'était souvenue de ce Français qui lui devait la vie et qui, maintenant, était en faveur.

Et elle s'était remise en route pour Paris, résolue à arriver jusqu'au colonel d'Ormignies, à obtenir de lui la mise en liberté de son fils et celle de Philibert qui, s'il était déclaré coupable, serait certainement fusillé.

Justin d'Ormignies avait écouté le récit de la cantinière avec une attention soutenue.

Parfois, un léger froncement de sourcil avait trahi sa haine pour le parti bonapartiste, mais il n'avait pas dit un mot qui pût arrêter la vivandière.

Quand elle eut fini, il lui dit :

« Eh bien ! que puis-je faire?

— Mais mon bon monsieur, dit-elle, vous ne doutez pas de ma parole, je crois ?

— Assurément non.

— Philibert est innocent.

— Je le crois comme vous.

— Il faut que vous sauviez Philibert, il faut que vous me fassiez rendre mon fils.

— Revenez demain, dit-il : ce sera fait. J'irai voir le roi et je lui en parlerai. »

Coqueluche et Biribi ne donnèrent aucune marque d'approbation à ces paroles.

« Où êtes-vous logée ? demanda encore Justin d'Ormignies.

— Au faubourg Saint-Antoine. »

Justin tressaillit.

« Chez de braves gens qui me nourrissent, car je suis sans ressources, dit-elle simplement.

— Comment les nommez-vous ?

— Mame Toinette et Quille-en-Bois, la mère des compagnons et un forgeron. »

Le chevalier reçut un coup de couteau en pleine poitrine, à ces derniers mots. Et son amour pour Suzanne, un moment assoupi, se réveilla plus violent que jamais.

« C'est bien, dit-il avec une émotion subite dans la voix, j'irai vous voir. Il est inutile que vous vous dérangiez : avant demain vous aurez de mes nouvelles. »

En même temps, il ouvrit un tiroir, y prit un rouleau d'or de mille francs, et le mit dans la main de la cantinière émue jusqu'aux larmes :

« Permettez-moi en attendant, dit-il, d'acquitter une dette.

— Ah ! je le répète, dit-elle, vous êtes un brave garçon.... »

Et la mère Michel s'en alla tout émue et l'espoir au cœur.

. . . .

Quand elle fut partie, Biribi regarda froidement Justin d'Ormignies.

« Mon cher chevalier, lui dit-il, je crois que vous venez de faire ce qu'on appelle communément une sottise.

— Hein ? » dit le chevalier.

Biribi continua :

« Je maintiens le mot et je le prouve. »

Justin d'Ormignies l'examina avec une curiosité inquiète, et Biribi changea un nouveau regard avec Coqueluche, son âme damnée.

« Que voulez-vous dire ? balbutia Justin d'Ormignies.

— Vous allez voir....

LIII

Coqueluche, il faut lui rendre cette justice, était demeuré impassible durant tout le récit de la cantinière.

Il n'avait témoigné aucun étonnement des promesses de Justin d'Ormignies, et avait paru, au contraire, les trouver toutes naturelles.

« Voyons, mon oncle, dit-il, tâche de ne pas être froid comme un diplomate et sceptique à l'endroit du bon cœur de M. le chevalier d'Ormignies. »

Biribi répondit froidement :

« On ne fait avec du cœur ni de la politique, ni ses propres affaires, et le colonel vient de compromettre singulièrement les siennes.

— Cette femme m'a sauvé la vie autrefois, dit Justin d'Ormignies.

— Autres temps, autres mœurs, dit Biribi qui secoua d'un geste élégant, quelques grains de tabac éparpillés sur son jabot.

« Cette jacobine avait prêté quinze louis au chevalier, il lui en rend cinquante, c'est fort bien ; mais s'il allait trouver le roi, s'il s'intéressait à un bûcheron mal noté, à un enfant de troupe emprisonné comme vagabond, il se compromettrait bien inutilement.

« Le roi, qui ne refuse jamais, s'empresserait de mettre en liberté le bûcheron et l'enfant de troupe.

« Seulement, le lendemain, le conservateur des forêts, la garnison de Fontainebleau et le parquet réclameraient.

C'est là un guêpier où je ne conseille nullement au chevalier de se fourrer, acheva Biribi.

Coqueluche se mit à rire :

« Hé ! hé ! mon oncle, dit-il, tu oublies une chose.

— Laquelle ?

— C'est que le chevalier est aussi tenace au point de vue de ses passions qu'au point de vue de ses idées d'ambition et de fortune.

— Hein ? fit Justin d'Ormignies.

— Plaît-il ? » ajouta Biribi.

Coqueluche reprit :

« Le chevalier est toujours amoureux de Suzanne. »

Justin pâlit et rougit tour à tour.

« Et tu veux, poursuivit Coqueluche, qu'il renonce à la bonne fortune qui lui est offerte, de s'introduire de nouveau dans la maison de maître Quille-en-Bois ? »

Justin se taisait.

Biribi haussa légèrement les épaules.

« Je croyais, dit-il, que le chevalier ne pensait plus à cette fillette. Entre nous, il n'a nul besoin, si elle lui tient toujours au cœur, de s'occuper de sa cantinière, pour se faire aimer de la petite.

— Tu crois, mon oncle ?

— Parbleu ! dit Biribi ; quand le chevalier voudra, je la lui ferai enlever. »

Coqueluche ne se tint pas pour battu :

« Moi, dit-il, je vois les choses à un tout autre point de vue, mon oncle.

— En vérité !

— Et je soutiens même que c'est la fortune qui est venue frapper à votre porte ce matin sous les traits de cette cantinière. »

Biribi se mit à rire, Justin d'Ormignies regarda Coqueluche avec étonnement.

Coqueluche continua :

« Avant de m'expliquer, laissez-moi vous faire une question.

— A moi ou au chevalier ?

— A tous les deux. »

Et regardant Biribi :

« Je commence par toi, mon oncle. Es-tu pleinement satisfait ?

— De quoi ?

— Du nouveau régime.

— Non ! non ! fit Biribi, le roi m'a donné une assez bonne place, mais....

— Mais il aurait pu mettre deux cent mille francs dans la corbeille de mariage de Juliette.

— C'est vrai.

— Ensuite, il te traite un peu légèrement, cavalièrement même. Il t'a donné un emploi dans sa police au lieu de te créer pair ou gentilhomme de sa chambre. »

Biribi soupira,

« Enfin, acheva Coqueluche, quand tu lui demandes la croix de Saint-Louis, ne fait-il pas la sourde oreille ?

« A vous, maintenant, chevalier ? »

Et Coqueluche s'adressant à Justin d'Ormignies :

« En vérité ? dit-il, les rois ne sont pas aussi reconnaissants qu'ils pourraient l'être.

Vous avez risqué votre vie dix fois pour la monarchie, — à Fontenelle, par exemple.

« Qu'a fait le roi pour vous ? Au lieu de vous nommer à un grade élevé dans l'armée, il vous a fait colonel dans la garde nationale, un emploi pour rire. »

Justin d'Ormignies se mordit les lèvres.

Mais Coqueluche, impitoyable dans sa critique, continua :

« Louis XVIII est bien le descendant de Henri IV. Il a pour maxime qu'il faut gagner les cœurs qu'on n'a pas, et ne rien faire pour les gens sur le dévouement desquels on peut compter. »

Justin d'Ormignies fit un geste de dépit :

« Vous avez un peu raison, dit-il.

— Mon avis est, poursuivit Coqueluche, qu'il faut toujours se montrer indispensable, quand on veut fixer la faveur des rois.

— Celui de France n'a pas besoin de nous.

— Bah! » dit Coqueluche.

Et il eut un rire moqueur.

Biribi regarda son prétendu neveu :

« Je vois revenir ton fameux *dada*, dit-il, ta conspiration.

— Une conspiration ? fit Justin un peu surpris.

— Peut-être bien....

— Mais ourdie par qui ? contre qui?

— Ourdie contre le nouveau régime, cela va de soi, par les bonapartistes, cela se devine, et découverte par nous assez à temps pour sauver la monarchie.

« Alors dame; le jour où nous irons trouver le roi et où nous lui dirons : « Sire, nous pouvons empêcher un grand malheur. Mais M. d'Ormignies veut devenir maréchal de camp et épouser sa cousine ; mon oncle, le baron de Fenouil-Caradeuc songe à me donner sa fille en mariage, mais il souhaiterait que votre Majesté la dotât richement, et qu'elle fît son père chevalier de Saint-Louis ; mais moi-même, Sire, ayant toujours eu du goût pour la diplomatie, je m'accommoderais d'une ambassade ; » ce jour-là, le roi fera ce que nous voudrons.

— C'est fort bien, dit Justin d'Ormignies, mais il n'y a pas de conspiration.

— C'est vrai.

— Et y en eût-il une, qui vous dit que c'est nous qui pourrions la déjouer ?

— Vous êtes naïf, fit Coqueluche. Les conspirations s'organisent quelquefois toutes seules.

— Que voulez-vous dire ?

— Écoutez-moi bien. Cette femme qui sort d'ici, devant nous qui sommes des sujets fidèles du roi, n'a pas craint de parler très-haut de son attachement à l'usurpateur.

— C'est vrai.

— Elle est logée dans le faubourg Saint-Antoine où tout, ouvriers, femmes, enfants, vieillards, regrettent Napoléon.

— Eh bien ?

— Qu'on lui refuse ce qu'elle demande, que son fils demeure en prison, qu'on laisse fusiller le bûcheron de

Fontainebleau, et elle criera tout haut à la tyrannie; qu'enfin quelques agents adroits se mêlent à tous ces imbéciles, et il n'en faut pas davantage pour qu'une conspiration s'organise, et qu'un fanatique sorte de là, un soir, armé d'un poignard ou d'un pistolet pour attenter à la vie du roi.

— Mais c'est abominable, ce que vous dites là? s'écria Justin d'Ormignies, dont toute la fierté se révolta.

— Aussi, dit Coqueluche, je ne vous propose pas de vous en mêler.

— Alors ?...

— Je ne vous demande qu'une chose.

— Laquelle ?

— C'est de laisser faire.

— Mais quoi?

— Laisser faire, ou plutôt ne rien faire, ne vous mêler en rien de cette femme. »

Justin d'Ormignies paraissait triste.

« Je vous offre pourtant un joli prix de votre abstention, dit Coqueluche.

— Lequel ?

— Un prix composé de deux choses: la main de votre cousine d'abord....

— Mais....

— Que vous importe, si j'arrive à mon but ? ensuite un grade sérieux dans l'armée. »

Justin d'Ormignies ne répondit pas.

Les deux bandits venaient de triompher de son vieil honneur de gentilhomme :

Quant à Coqueluche, il termina par ces mots :

« Toi, mon oncle, il est bien convenu que tu me donnes ta fille en mariage. »

Ces trois hommes se regardèrent alors....

Le pacte était conclu.

LIV

Il y avait quinze jours que la mère Michel s'était présentée au Louvre pour la première fois, et avait été reçue par le chevalier d'Ormignies.

Ce dernier lui avait annoncé sa visite pour le soir même, en lui promettant de voir le roi.

Mais le soir était venu, puis le lendemain et les jours suivants.

La mère Michel n'avait plus entendu parler du chevalier.

Alors, elle avait pris le parti de retourner au Louvre.

Mais la sentinelle avait croisé la baïonnette devant elle.

Elle avait attendu une autre sentinelle qui en avait fait autant.

Désespérée, elle s'était adressée à un officier qui passait.

L'officier lui avait dit :

« M. d'Ormignies n'est plus au Louvre.

— Où est-il ?

— Je ne sais pas. »

Elle était revenue le lendemain et les jours suivants, sans plus de succès.

Pendant ce temps son fils était en prison, et on jugeait Philibert.

Le faubourg était en rumeur.

Le matin, il y avait eu une émeute, et un bataillon, arrivé en toute hâte, avait fait feu sur le peuple.

Le peuple s'était retiré, emportant ses morts et ses blessés, mais aux cris maintenant séditieux de : Vive l'Empereur !

Ce soir-là, le cabaret de la mère des compagnons était plein de monde.

Mais on ne buvait pas, on ne parlait pas à haute voix.

Les ouvriers étaient sombres et le visage de Quille-en-Bois avait un aspect menaçant.

Suzanne tremblait comme à l'approche d'un malheur inconnu.

La mère Michel, assise au coin du feu, parlait de l'Empereur avec une mâle et sauvage éloquence.

Les malédictions pleuvaient sur le nouveau régime.

« Oh ! disait Quille-en-Bois, si Paris avait du cœur, comme il chasserait toute cette valetaille empanachée !

— Si nous appelions le faubourg aux armes ! disait Jean le manchot.

— Patience ! murmurait mame Toinette, l'heure de la révolte n'est pas loin. »

Il y avait dans un coin du cabaret un homme silencieux et sombre, portant toute sa barbe et dont les yeux étaient brillants de folie.

C'était l'officier russe Pétrowitz.

Depuis le jour où il était venu tomber mourant à la porte du cabaret, Pétrowitz n'en avait plus bougé.

La prédiction de la bohémienne le poursuivait sans cesse.

Depuis cinq mois, Pétrowitz vivait caché dans le faubourg.

Mais les nouvelles du dehors arrivaient jusqu'à lui.

Il savait que, porté comme déserteur, il avait été jugé par contumace, et condamné à mort par une cour martiale.

Mais cette mort qui l'attendait, ce n'était pas celle prédite par la bohémienne, et Pétrowitz ne la craignait pas.

Les Russes, ces enfants du despotisme, deviennent quelquefois des apôtres ardents de la liberté.

Depuis cinq mois, Pétrowitz vivait au milieu des ouvriers du faubourg, il entendait faire l'apologie de Napoléon, il entendait maudire l'étranger, il écoutait avec une âpre avidité ces récits de gloire et de malheur qui résumaient si bien la grande épopée impériale.

Et le noble Russe devenait peu à peu libéral, et il haïssait la tyrannie.

Pétrowitz était une de ces âmes ardentes qui, une fois lancées sur une pente, ne s'arrêtent plus.

Un homme avait contre-signé l'arrêt de la cour martiale qui le condamnait à mort.

Cet homme était le général Sacken, gouverneur de Paris.

Pétrowitz haïssait le général Sacken, et cette haine grandissait de jour en jour et prenait toutes les proportions du fanatisme.

« Ah! disait Jean le manchot, ce n'est pas tous ces nouveaux officiers qui portent des vestes brodées d'or et des panaches blancs, que nous craindrions beaucoup, nous autres, les vieux soldats des Pyramides! Qu'on nous débarrasse des Russes qui occupent encore Paris, et je me mets à la tête du faubourg, et nous marchons sur les Tuileries. »

A ces paroles de Jean le manchot, Pétrowitz avait dressé l'oreille comme un vieux cheval de bataille au son du clairon.

« Si Sacken n'était plus là, disait Quille-en-Bois, nous verrions bien.... »

Pétrowitz ne dit pas un mot.

Mais il se leva et se dirigea vers la porte.

« Où allez-vous ? Hé ! dit mame Toinette.

— Je vais rejoindre mon régiment, dit-il.

— Mais malheureux ! s'écria Suzanne, vous êtes condamné à mort !

— Je le sais.

— Et si vous vous livrez, on vous fusillera.

— Je l'espère. »

Il disait cela d'une voix sourde et promenait autour de lui un regard égaré.

« Pauvre jeune homme ! murmura la mère Michel, c'est sa folie qui le reprend.

— Oui, dit-il, vous avez raison. C'est la folie du meurtre. »

Et comme on le regardait avec étonnement :

« Si les Russes ne me fusillent pas, dit-il, j'assassinerai le général Sacken. Et alors, la prédiction de la bohémienne s'accomplira, je serai guillotiné. »

Ce mot fit courir un frisson parmi les hôtes de mame Toinette.

« Vous êtes fou, dit Quille-en-Bois, restez avec nous.... Nous vous cacherons....

— Vous le voulez ? dit Pétrowitz.

— Nous vous en supplions, fit la jolie Suzanne.

— Qu'il soit donc fait ainsi, » soupira le Russe.

Et il alla se rasseoir.

En ce moment, la porte du cabaret s'ouvrit et un homme entra.

Cet homme, qui avait été jadis un commensal du cabaret de mame Toinette, personne ne le reconnut, tant il possédait l'art des métamorphoses et des déguisements.

C'était un brillant officier de la garde royale, portant toute sa barbe et traînant sur le pavé des éperons sonores et un sabre retentissant.

Mais si personne ne reconnut Coqueluche, la mère Michel reconnut l'officier qui l'avait introduite auprès du chevalier Justin d'Ormignies.

Et comme les ouvriers le regardaient d'un air menaçant, Coqueluche dit à la mère Michel :

« C'est à vous que j'en ai.

— Ah ! s'écria la cantinière, m'apportez-vous des nouvelles de mon fils ?

— Votre fils est toujours en prison.

— Et Philibert ?

— Condamné à mort. »

La mère Michel jeta un cri.

« Condamné à mort, dit Coqueluche, malgré mes efforts et ceux du colonel. Cependant, il nous reste encore un espoir.

— Lequel ? dit vivement la cantinière.

— Voulez-vous aller vous jeter aux pieds du roi ? Le colonel se charge de vous faire parvenir jusqu'à lui.

— Ah ! si je le veux ! dit la mère Michel.

— Mais, dit Coqueluche, il faut se hâter. L'exécution est pour après-demain.

— J'irai, dit la mère Michel.

— Demain matin, à huit heures, je viendrai vous prendre, » dit Coqueluche.

Puis il fit un pas vers la porte, et se retournant :

« Ah ! dit-il, si l'Empereur était là, tout cela n'arriverait pas.

— Vous regrettez donc l'Empereur, vous ? dit brusquement Quille-en-Bois.

— Vous croyez donc que je ne suis pas Français ? répondit Coqueluche.

Et il sortit.

« Eh bien ! voyez-vous, dit Quille-en-Bois quand il fut

parti, il y en a bien dix mille comme ça dans l'armée de Paris, et qui tourneraient pour nous, si les Russes n'étaient pas là. »

Pétrowitz ne répondit rien.

Mais il détourna les yeux d'un long couteau de cuisine qui se trouvait sur la table.

Un couteau à lame triangulaire et à manche de corne, comme en rêvent ceux que la folie du meurtre a gagnés.

LV

Le roi Louis XVIII sort tous les jours en voiture par la grande grille du jardin des Tuileries, traverse la place Louis XV et monte rapidement les Champs-Élysées.

Un détachement de la Maison-Rouge, c'est-à-dire de chevau-légers et de gardes du corps, escorte le carrosse.

Le roi aime à aller vite.

Cependant, vers le milieu des Champs-Élysées, à l'angle de la rue de Chaillot, le cortége royal a coutume de faire halte un moment.

Chaque jour, en cet endroit, sur les deux côtés de la chaussée, se trouvent de nombreux pétitionnaires.

Le roi aime ces audiences en plein air.

Sur un signe de Sa Majesté, les gardes du corps laissent approcher tous ceux qui ont des placets à remettre au roi.

Ce jour-là, le lendemain de celui où nous avons vu

Coqueluche aller prévenir la mère Michel au faubourg, la cantinière est parmi les porteurs de placets.

Sur le conseil de Coqueluche, la mère Michel a revêtu son uniforme en lambeaux.

Le roi fronce bien un peu le sourcil, mais il dit néanmoins :

« Laissez approcher cette femme. »

La cantinière a placé sa pétition, pliée en quatre et sous pli cacheté, sur le bord de son tricorne, qu'elle élève jusqu'à la portière du carrosse.

Le roi la regarde et la martiale figure de la cantinière le séduit.

« Qui êtes-vous ? dit-il.

— J'étais cantinière dans la garde impériale.

— Après ? fait le roi d'un ton un peu brusque, comment vous nommez-vous ?

— La mère Michel, » répond-elle.

Un jeune garde du corps murmure à mi-voix :

« *Qui a perdu son chat.* »

Ces paroles arrivèrent aux oreilles du roi ; le roi sourit et prend le placet.

Et tout aussitôt un officier de la garde nationale, saisit vivement la mère Michel et la tire en arrière.

D'autres pétitionnaires entourent la voiture, et la cantinière se trouve entraînée hors de la foule.

L'officier de la garde nationale lui dit alors :

« Philibert est sauvé.

— Que dites-vous ? s'écrie la mère Michel avec émotion.

— Vous avez plu au roi.

— Vous croyez ? fait la pauvre femme.

— Le roi a souri. Votre cause est gagnée.

Maintenant, retournez au faubourg : avant ce soir, je vous porterai la grâce de Philibert. »

Et Coqueluche, car c'est lui, fait descendre rapidement les Champs-Élysées à la cantinière, tandis que le carrosse royal continue sa route au grand trot, se dirigeant vers le bois de Boulogne.

Puis il lui fait prendre les rues adjacentes et lui dit :

« A présent, vous n'avez plus besoin de moi, vous savez votre chemin. A ce soir. »

Et Coqueluche quitte la cantinière, revient sur ses pas, gagne la place Beauveau et entre dans un café où l'attend Biribi.

M. le baron de Fenouil-Caradeuc est assis à l'écart dans un coin du café.

Mais il parcourt depuis une demi-heure, d'un air distrait la *Gazette de France* que lui a apportée le garçon.

Son esprit est ailleurs.

Enfin Coqueluche entre, et la physionomie du baron s'éclaire.

« Eh bien ! dit-il.

— Mon oncle, répond Coqueluche, c'est fait.

— La cantinière n'a pu approcher du carrosse ?

— Au contraire.

— Elle est arrivée jusqu'au roi ?

— Oui.

— Elle a remis son placet ?

— Sans doute, dit Coqueluche, et le roi a ri lorsqu'elle a dit qu'elle se nommait la mère Michel.

— Mais, malheureux, s'écria Biribi, si le roi a ri, si le roi a pris le placet....

— Eh bien ?

— Il fera grâce au bûcheron de Fontainebleau et notre plan avorte ? »

Coqueluche se mit à rire.

« Mon oncle, dit-il, j'ai toujours eu raison de te dire

que tu étais naïf à mon endroit. Je suis plus fort que cela, et si je t'ai demandé la conduite de cette petite affaire, c'est que j'avais mon idée.

— Voyons ! dit Biribi d'un air de doute.

— D'abord, dit Coqueluche en s'asseyant, fais-moi donner un verre de xérès. Je n'ai pas grand appétit depuis quelque temps. »

Biribi appela le garçon et Coqueluche continua :

« Qui a écrit le placet de la cantinière?

— C'est moi, dit Biribi.

— Que contenait-il ?

— Une requête chaleureuse en faveur du bûcheron Philibert.

— Fort bien. Reconnaîtras-tu ton écriture ? »

Et Coqueluche ouvrant son uniforme, tira de son sein le placet écrit par Biribi, et le plaça sous les yeux du faux baron.

« Que me chantes-tu donc là ? fit celui-ci. Puisque voilà le placet, la cantinière n'a pu le remettre au roi.

— Naturellement. Mais elle lui en a remis un autre.

— Ah !

— Que j'ai substitué au tien et dont la rédaction m'appartient.

— Que contient-il ?

— Oh ! une demande bizarre.

— Voyons ?

— La cantinière ne sollicite plus la grâce de Philibert, mais elle conseille au roi d'abdiquer et de rappeler Napoléon, le menaçant de soulever le faubourg Saint-Antoine, elle et la mère des compagnons, et de marcher sur les Tuileries. »

A ces étranges paroles de Coqueluche, Biribi fit un soubresaut sur son siége.

« Ne te moques-tu pas de moi? s'écria-t-il.

— Mais non.... mon oncle.... »

Cette fois, Biribi ne put s'empêcher de regarder son prétendu neveu avec admiration.

« Maintenant, mon oncle, poursuivit froidement Coqueluche, je t'engage à ne pas savourer trop longtemps ta tasse de café.

Le roi a sans doute déjà lu le placet. Tu le vois d'ici bondir dans sa voiture.

Il faut qu'il te trouve aux Tuileries, l'attendant dans son cabinet.

— Bien.

— Tu lui diras : Sire, je suis sur les traces d'une vaste conspiration qui n'a rien moins pour but que le soulèvement de Paris, le renversement des Bourbons et le rappel de Bonaparte. Cette conspiration a pour foyer le faubourg Saint-Antoine. »

A la tête se trouve une espèce d'illuminée qu'on appelle la mère Michel.

Tu comprends, mon oncle, que le roi te donnera tous les pouvoirs que tu demanderas.

— Oh ! certes, fit Biribi.

— D'un coup de filet, cette nuit, nous arrêterons Quille-en-Bois, la mère Toinette et les principaux forgerons. On enlèvera la petite Suzanne, puisque cela fait plaisir au chevalier.

— Et, dit Biribi, nous forgerons une petite liste de conspirateurs parmi lesquels se trouvera l'ex-colonel Raoul de Vauxchamps.

— Je crois que ta croix de Saint-Louis est en bon chemin, » acheva Coqueluche.

Biribi jeta cent sous sur la table, et sortit sans redemander sa monnaie.

Coqueluche le suivit.

. . . .

Pendant ce temps, la mère Michel, pleine d'espoir et croyant déjà presser son fils dans ses bras, retournait au faubourg.

Mais comme elle approchait du cabaret de mame Toinette, elle vit un rassemblement sur la porte.

Femmes, enfants, ouvriers entouraient un vieillard fou de douleur et qui pleurait à chaudes larmes.

Ce vieillard, la mère Michel le reconnut.

C'était le père Morin.

Le père Morin était venu de Fontainebleau à pied, malgré son âge.

Le père Morin se tordait les mains de désespoir et demandait vengeance.

Son fils Philibert avait été guillotiné le matin.

C'était le premier acte de la sanglante tragédie imaginée par ces deux bandits qui se nommaient Coqueluche et Biribi.

LVI

Le faubourg était alors et il est encore aujourd'hui assez semblable à une ville de province où tout le monde se connaît et dans laquelle une nouvelle, bonne ou mauvaise, se propage avec la rapidité de l'éclair.

Il y avait à peine une heure que le vieux père Morin était arrivé, et déjà tout le monde savait qu'au mépris de la promesse d'un sursis, le malheureux bûcheron avait été guillotiné le matin.

Aussi le quartier avait-il pris une physionomie menaçante.

On s'était intéressé à Philibert, à cause de la mère Michel et en haine du nouveau régime.

Aussi, lorsque la cantinière arriva, les murmures d'indignation éclatèrent-ils.

Quelques ouvriers crièrent aux armes.

Mais la mère des compagnons retrouva alors toute son autorité.

« Mes enfants, dit-elle, le moment n'est pas encore venu. Du calme... du calme!... L'heure des représailles sonnera. Soyez-en sûrs. »

Mais si on ne fit pas de barricades, si le peuple ne courut pas aux armes, il n'en continua pas moins à stationner par groupes nombreux dans les rues et dans les carrefours.

Quelques agents de police déguisés s'étaient mêlés à la foule.

On les reconnut et ils faillirent être écharpés.

Vers le soir, l'autorité prévenue envoya un bataillon camper sur la place de la Bastille.

Mame Toinette et Quille-en-Bois comprirent que si les soldats entraient dans le faubourg, on ne pourrait plus retenir les ouvriers et qu'une bataille sanglante s'engagerait.

L'invalide et la mère des compagnons prirent bravement un parti.

Ils allèrent sur la place de la Bastille, et, parlementant avec les soldats, ils arrivèrent jusqu'au commandant.

« Je réponds de tout, lui dit mame Toinette, si vous me répondez, vous, que vos soldats ne quitteront pas leur campement. »

Le commandant était un homme intelligent, et de plus un enfant de Paris.

Il savait de quelle popularité la mère des compagnons

jouissait parmi les ouvriers, et quelle autorité elle avait sur eux.

Quille-en-Bois et mame Toinette retournèrent dans le faubourg, et dissipèrent peu à peu les rassemblements.

Puis la nuit vint, les cabarets se fermèrent, l'effervescence fut vaincue par le sommeil et les ouvriers rentrèrent chez eux.

Il ne resta plus chez mame Toinette que les deux forgerons, Quille-en-Bois et Jean le manchot, le vieux père Morin qui pleurait son fils, et la mère Michel, morne et sombre, sur les joues brunies de laquelle roulaient deux grosses larmes.

Elle n'espérait plus qu'une chose, — c'était qu'on lui rendît son fils.

Suzanne n'avait pas voulu se mettre au lit.

Elle était demeurée avec sa marraine dans la salle basse du cabaret.

Vers minuit, on frappa doucement à la devanture, qui était fermée depuis longtemps.

« Qui est là ? demanda Quille-en-Bois.

— Un ami, répondit-on. »

Quille-en-Bois ouvrit.

C'était le brillant officier de la garde nationale, c'est-à-dire Coqueluche.

Il tenait un enfant par la main.

L'enfant de la mère Michel.

La cantinière ne poussa qu'un cri et prit son enfant dans ses bras.

Quille-en-Bois ne reconnut pas Coqueluche plus que la veille.

« Mes amis, dit le faux vicomte de Montrevel, pardonnez-moi, pardonnez-nous. On nous a trompés, on nous a trahis... »

Il était fort ému en parlant ainsi.

« Tel que vous me voyez, dit-il, je suis allé à Fontainebleau à franc étrier, porteur de la grâce de Philibert, Le roi avait signé.

Je suis arrivé trop tard, — un ordre parti de Paris la veille m'avait devancé. »

Il y avait un tel accent de sincérité dans ses paroles que la mère Michel lui tendit la main.

« Vous êtes un brave homme, dit-elle. Je vois bien que vous avez fait tout ce que vous avez pu.

— Je vous rends votre enfant, dit Coqueluche, et je suis chargé de vous remettre cent louis de la part du roi. »

Seul, de toute la maison, le caniche de la cantinière ne paraissait point partager la sympathie générale.

Il avait grogné plusieurs fois, et l'enfant de troupe avait été obligé de le faire taire.

« Donnez-moi un verre de vin, dit Coqueluche. Je meurs de soif. Le petit vous dira que nous ne nous sommes pas arrêtés.

— C'est vrai, » dit l'enfant, que Coqueluche avait amené sur le coussinet de sa selle.

La mère des compagnons souleva la trappe de la cave qui se trouvait dans un coin de la cuisine.

Puis elle prit l'unique chandelle qui se trouvait sur la table, pour descendre chercher du vin.

Pendant cinq minutes, la salle basse demeura dans l'obscurité.

Mais ces cinq minutes avaient suffi à Coqueluche pour laisser tomber un portefeuille dans l'escalier de la cave.

Ce portefeuille, il l'avait volé sur la table de mademoiselle de Bernerie, la veille même, car il continuait à visiter chaque jour M. de Vauxchamps qui entrait en pleine convalescence.

Or, ce portefeuille, marqué aux initiales R... V..., contenait plusieurs lettres à l'adresse du colonel et, en outre, une liste de conspirateurs et un plan de conspiration.

Cette dernière pièce, comme on le pense bien, était l'œuvre de Coqueluche et de Biribi.

Mame Toinette remonta avec deux bouteilles de vieux vin.

Coqueluche en vida un verre d'un seul trait, laissa sur la table les cent louis, et promit d'obtenir au malheureux père de Philibert une petite pension.

Puis, il s'en alla, après avoir serré la rude main de Quille-en-Bois qui disait :

« C'est tout de même un brave garçon. »

Mais quand il fut parti, le chien cessa subitement de grogner.

« Allons ! mes enfants, dit Quille-en-Bois, il faut pourtant nous mettre au lit.

— Je voudrais bien attendre cependant que ce pauvre Pétrowitz fût rentré, » dit mame Toinette.

Alors seulement, on s'aperçut que l'officier russe avait disparu.

Pétrowitz était sorti furtivement du cabaret, un peu avant qu'on ne fermât, et il avait emporté, caché sous son dolman, ce long couteau de cuisine, objet de sa convoitise.

. . . .

Cependant la nuit s'écoulait et Pétrowitz ne rentrait pas.

Vers deux heures du matin, comme l'inquiétude des hôtes de mame Toinette était au comble, un bruit se fit dans la rue.

On entendit les pas cadencés d'une patrouille, et ces pas vinrent s'arrêter à la porte du cabaret.

En même temps, des crosses de fusil sonnèrent sur le pavé.

Puis on frappa à la porte.

« Qui est là et que veut-on ? demanda encore Quille-en-Bois.

— Au nom du roi, ouvrez ! » répondit une voix hautaine.

Les hôtes de mame Toinette se regardèrent.

« Il faut ouvrir, » dit la mère des compagnons.

Quille-en-Bois obéit.

Alors un commissaire de police, ceint de son écharpe, entra dans le cabaret :

« Que personne ne sorte ! » dit-il.

LVII

La mère Michel et les deux autres femmes avaient pâli en voyant entrer le commissaire.

Derrière lui, des soldats pénétrèrent dans le cabaret.

Il y en avait bien une douzaine, et alors même que Jean le manchot et Quille-en-Bois eussent été armés, toute résistance eût été de leur part une folie.

« Que personne ne sorte ! avait dit le commissaire.

— Que voulez-vous ? demanda Quille-en-Bois avec calme, nous sommes d'honnêtes gens et n'avons pas d'affaire avec la justice.

— Comment vous nommez-vous ? demanda sèchement le magistrat.

— Dans le faubourg, on m'appelle Quille-en-Bois.

— Et vous? » fit le commissaire, s'adressant à Jean le manchot. »

Jean donna ses nom et prénoms.

Puis ce fut le tour de mame Toinette et de Suzanne.

La mère Michel fut interrogée la dernière.

« Je me nomme la mère Michel, dit-elle.

— Votre profession?

— Cantinière.

— C'est bien vous, dit le commissaire, qui avez fait tenir un placet au roi?

— C'est moi.

— Au nom de la loi, je vous arrête.

— Moi! exclama la cantinière, quel crime ai-je donc commis?

— On vous le dira, moi, je n'ai d'autre mission que de vous mettre en état d'arrestation. »

Quille-en-Bois s'écria :

« A moi les compagnons! »

Mais le commissaire se tourna vers les soldats :

« Si cet homme pousse un second cri, dit-il, fusillez-le!

— Tais-toi, mon vieux, dit Jean le manchot, il faut être calme, laisse faire la police, elle sera bien habile si elle nous prouve que nous ne sommes pas d'honnêtes gens. »

Quille-en-Bois se rongeait les poings avec fureur; mais la mère Michel dit :

« Vous avez raison, Jean, quand on n'a rien à se reprocher, on ne craint rien. »

L'enfant s'était mis devant sa mère comme pour lui faire un rempart de son corps.

Elle l'écarta doucement et lui dit :

« N'aie pas peur, mon enfant, ils ne me fusilleront pas. »

Et s'adressant au commissaire.

« Je suis prête à vous suivre, monsieur, » dit-elle.

Mais l'enfant s'écria :

« Je vais avec toi, maman. »

Le commissaire répondit à la mère Michel :

« Pas encore. »

Puis, comme tous les soldats étaient entrés dans le cabaret, il ordonna de fermer les portes, ajoutant :

« Nous allons faire une perquisition.

— Vous pouvez chercher tant que vous voudrez, répondit mame Toinette, il n'y a rien de suspect chez moi.

— C'est ce que nous verrons. »

Alors, assisté de deux soldats, le commissaire se mit en devoir d'ouvrir les meubles, les tiroirs, les armoires. Il commença par les chambres du haut et le grenier.

Nulle part, il ne trouva rien.

A mesure que les perquisitions avançaient, le visage crispé de Quille-en-Bois s'éclaircissait et se rassérénait peu à peu.

Seule, Suzanne, toute tremblante, était agitée des plus noirs pressentiments, et son effroi contrastait avec le calme de tous.

La mère Michel elle-même, malgré la menace d'arrestation, avait reconquis tout son sang-froid.

Il ne restait plus que la cave à visiter.

« Vous y trouverez de bon vin, dit mame Toinette avec un dédain railleur, mais voilà tout. »

A son tour, le commissaire fronçait le sourcil, et il murmurait à l'oreille de l'officier qui commandait les soldats :

« Jusqu'à présent, je ne vois pas la moindre trace de conspiration. »

Quille-en-Bois, qui l'entendit, haussa les épaules.

Jean le manchot fut plus explicite :

« Quand nous voudrons conspirer, dit-il, nous appellerons le faubourg aux armes. »

On descendit à la cave..

Les futailles furent sondées, les bouteilles examinées, le sol fouillé.

On ne trouva rien.

Mais comme le commissaire remontait découragé, et murmurait tout haut qu'on l'avait mystifié à la préfecture de police, son pied heurta contre un petit objet qui gisait sur une des marches de l'escalier.

Il se baissa, reconnut un portefeuille et s'en empara.

Mame Toinette et les autres jetèrent un cri d'étonnement.

Quant au commissaire, il ouvrit le portefeuille et étala sur la table les papiers qu'il contenait.

Le premier qu'il ouvrit était la fameuse liste de conspiration.

Et le commissaire, l'ayant rapidement parcourue du regard, dit tout haut :

« Femme Toinette, dite la mère des compagnons, Jean le manchot, et vous, Quille-en-Bois, je vous mets également en état d'arrestation. »

Coqueluche, à dessein sans doute, n'avait oublié qu'un nom sur la liste.

C'était celui de Suzanne.

Et Suzanne tomba en poussant un cri.

. . . .

Suzanne s'était évanouie.

Quand elle revint à elle, elle était seule, gisante au milieu du cabaret.

La chandelle brûlait toujours sur la table.

La porte du cabaret était entr'ouverte.

Où étaient mame Toinette, et Quille-en-Bois, et Jean

le manchot, et la mère Michel, et Blaisot, le garçon cabaretier, et Vierge, la servante?

Les soldats avaient tout emmené.

Suzanne, éperdue, se traîna jusqu'à la porte.

Il était nuit encore et le faubourg était désert.

Mais comme elle allait sortir et appeler au secours, un homme lui barra le chemin et la repoussa vivement à l'intérieur du cabaret.

Puis cet homme ferma la porte.

Et Suzanne murmura :

« Mon Dieu! je suis perdue! »

Cet homme, elle l'avait reconnu.

C'était le même qu'elle avait vu, six mois auparavant, à la ferme de la Rouanière; le même qui, plus tard, s'était présenté dans le cabaret, en compagnie de Coqueluche.

Il s'appelait Justin d'Ormignies!

. . . .

LVIII

Maintenant quittons Paris, et retournons à ce village de Fontenelle qui s'était si héroïquement défendu contre les Cosaques.

Les temps avaient changé, le drapeau blanc flottait sur la maison commune; mais l'esprit de la population était demeuré le même.

Les gens de Fontenelle haïssaient l'étranger et dans chaque maison, dans chaque ferme, on priait tout bas pour le petit Caporal et on ne désespérait pas de le voir revenir.

M. de Bernerie le fils avait remplacé son père dans l'exercice de ses fonctions municipales.

Le nouveau maire n'était pas très-aimé, mais on avait pour lui le respect que commandait son vieux père.

Un seul homme n'avait pu trouver grâce devant l'opinion publique.

C'était le vieux fermier Jean Michel.

Quand, après la rentrée des Bourbons, il était revenu à la Rouanière, de graves désordres avaient eu lieu, et sans sa fille la Nanette dont on avait admiré le courage sur les barricades de Fontenelle, il eût été lapidé.

Cependant M. de Bernerie, l'aïeul, s'était interposé, il avait obtenu qu'on laissât Jean Michel tranquille.

Le fermier avait donc repris possession de sa ferme ; mais la ferme avait été mise en quarantaine.

Aucun paysan du voisinage ne voulait travailler chez Jean Michel.

Les gens qu'il employait venaient de loin, de la haute Champagne ou de la basse Bourgogne.

Ceux de Fontenelle eussent refusé ses *journées* au poids de l'or.

Quand on était obligé de passer près de la Rouanière, si on apercevait le fermier sur sa porte, on faisait un détour.

Les mères disaient à leurs enfants :

« Voilà la maison où on a donné de bon cœur à boire et à manger aux Cosaques. »

Depuis huit jours surtout, l'animadversion générale avait paru redoubler ; la Nanette n'était plus là.

Pourquoi ?

La Nanette avait avec son père et son frère de perpétuelles querelles à propos de la politique.

Son frère surtout ne lui pardonnait pas d'avoir échappé à la proscription dont lui et son père étaient l'objet.

Il l'accablait de reproches, et la Nanette avait fini par s'en lasser.

Un matin, sans rien dire, elle fit un petit paquet de ses hardes, et sortit de la ferme.

Où allait-elle?

Nul ne le sait.

Elle se contenta de dire à un garçon de ferme :

« Je vais gagner ma vie ailleurs ! »

Dès ce jour, et quand le départ de la Nanette fut connu à Fontenelle, les hostilités sourdes recommencèrent.

La nuit, on abîmait les récoltes du fermier, on lui entaillait ses arbres.

Le jour, les enfants jetaient des pierres aux chiens de la ferme.

En revanche, Jean Michel avait pris son fils en haine depuis le départ de sa fille.

Il l'accusait hautement d'avoir maltraité la Nanette; et les querelles continuaient.

C'était le soir surtout, à l'heure du souper, que les reproches éclataient plus violents.

Or, un de ces soirs, comme les gens de la ferme venaient de se mettre à table, le vieux marquis de Bernerie et sa fille, la douairière d'Ormignies, entrèrent.

C'était un beau soir d'été, le soleil était à peine couché et une brume transparente enveloppait la colline au flanc de laquelle se dressait le vieux manoir.

Le père et la fille s'étaient promenés longtemps au bord d'une petite rivière bordée de saules; et tout en se promenant, ils avaient eu, eux aussi, leur querelle de famille.

Mme d'Ormignies voulait savoir ce qu'était devenue Charlotte.

Car, personne au château, pas même le père de la jeune fille, ne savait où elle était.

Seul, le vieux marquis possédait le secret de sa petite-fille, et il le gardait.

Charlotte lui écrivait tous les jours, non au château, mais à la ferme.

Et c'était pour cela que, sous un prétexte quelconque, le vieillard entrait chaque fois chez les fermiers pour y prendre une lettre arrivée le matin dans le carnier du facteur rural.

Ce soir-là, M. de Bernerie avait essayé de laisser sa fille continuer sa promenade et de s'arrêter seul à la ferme.

Mais la douairière n'avait pas voulu le quitter.

Pour comble de malheur, le fermier et son fils se disputaient comme à l'ordinaire ; et une nouvelle servante qui faisait la besogne de la Nanette et à qui on n'avait pas eu le temps de faire la leçon, prit étourdiment la lettre quotidienne sur le manteau de la cheminée et l'apporta au marquis.

« Qu'est-ce que cela ? demanda d'un ton aigre Mme d'Ormignies qui, d'un coup d'œil jeté sur la lettre, avait deviné plutôt que reconnu l'écriture de sa nièce.

— Ceci ne vous regarde pas, » dit sèchement le marquis.

Et s'approchant du seuil de la porte pour profiter des dernières clartés du crépuscule, il ouvrit la lettre.

Mais tout aussitôt, il pâlit et ne prononça que ces mots :

« O mon Dieu ! »

Puis le papier échappa de ses mains, tandis qu'il s'appuyait au mur pour ne point tomber.

La lettre était de Charlotte et ne contenait que ces quelques lignes :

« Je suis en prison, accusée d'avoir conspiré contre les « Bourbons. Raoul a passé devant un conseil de guerre. « Il est condamné à mort; moi, on me fera grâce si je « consens à épouser l'infâme chevalier Justin d'Ormi-« gnies. A moi, mon père, à moi ! je suis folle ! »

Et, comme le vieillard, livide et presque foudroyé allait sans doute s'affaisser sur le sol, deux autres personnes entrèrent dans la ferme....

Deux femmes !

Une jeune fille pâle, l'œil hagard et offrant tous les symptômes de la folie.

Une autre jeune fille qui la tenait par la main et s'écria en franchissant le seuil de la ferme.

« Vengeance ! vengeance ! »

La jeune fille qui avait perdu la raison, c'était Suzanne.

Suzanne tombée au pouvoir de M. Justin d'Ormignies.

L'autre, on le devine, c'était la Nanette.

La Nanette s'en était allée à Paris.

Elle y était entrée de bonne heure, et s'était dirigée vers la demeure de sa sœur, la mère des compagnons.

Là elle n'avait plus trouvé ni mame Toinette, ni Quille-en-Bois, ni personne.

Mais une jeune fille qui riait et pleurait tout à la fois et répétait avec l'accent du délire :

« Non, je ne veux pas être la femme de M. Justin d'Ormignies ! »

La malheureuse était un objet de pitié pour le faubourg.

Mais le faubourg n'osait pas se révolter.

Depuis la découverte de la prétendue conspiration, les troupes royales campaient à chaque coin de rue.

Et la Nanette revenait à la ferme paternelle en disant à son père :

« C'est au nom de votre roi qu'on va fusiller votre fille !

Toinette est condamnée à mort ! »

Et Jean Michel comme son vieux maître le marquis de Bernerie, chancela, semblable à un arbre déraciné.

LIX

La pluie tombait, fine et serrée, comme en plein hiver, bien qu'on ne fût qu'au milieu d'août, et les toits du vieux Paris se perdaient dans le brouillard.

Cependant les rues étaient encombrées d'une foule compacte qui se dirigeait, fleuve immense de chair humaine, vers un point unique, — la place de Grève.

Les ponts, les quais, les fontaines et jusqu'aux tiges de fer des réverbères étaient surchargés de monde.

Un monde qui hurlait, qui trépignait, avide de quelque mystérieux et terrible spectacle.

Deux hommes, deux vieillards, essayaient vainement de s'ouvrir un passage au travers de cette foule.

L'un d'eux, le plus grand, avait une tête noble et fière, en dépit de la profonde douleur à laquelle il paraissait en proie ; et ses vêtements, quoique d'une grande simplicité, annonçaient un homme appartenant à une des classes distinguées de la société de province.

L'autre, vêtu en paysan, ses longs cheveux blancs flottant sur ses épaules, avait arboré à son chapeau une large cocarde blanche.

La poussière de leurs habits disait qu'ils avaient fait une longue route, et à cheval bien certainement, si on en jugeait par l'éperon que le paysan portait à sa botte gauche.

Sans doute qu'à la barrière ils avaient été forcés de mettre pied à terre, tant la foule était grande.

Ils jouaient vainement des coudes, et n'avançaient que difficilement, sans que personne, du reste fît attention à eux.

Cependant un homme d'environ cinquante ans, portant ses cheveux gris roulés à l'oiseau, vêtu d'un habit marron, d'une culotte de nankin et coiffé d'un large chapeau qui rappelait les modes du Directoire, aborda le plus grand des deux vieillards, et lui dit :

« Vous paraissez bien pressé, monsieur.

— En effet, dit le vieillard avec émotion, et je désespère d'arriver, avec cette foule innombrable. Paris est donc bien peuplé maintenant ?

— Pas tous les jours autant, dit l'homme aux ailes de pigeon.

— Il se passe donc quelque chose d'extraordinaire ? dit le second vieillard.

— Levez-vous sur la pointe des pieds et regardez...»

Et l'homme aux ailes de pigeon tendait la main.

Le vieillard suivit des yeux la direction indiquée, et son visage exprima une douloureuse contraction.

Il venait d'apercevoir au-dessus de la foule, dans le lointain, et à demi noyée dans la brume, cette affreuse machine qui a nom guillotine.

« Ah ! dit-il, quel est le malheureux qui va périr, et quel crime a-t-il donc commis ? »

Mais une immense clameur qui s'éleva en ce moment du sein de la foule, empêcha l'homme aux ailes de pigeon de répondre.

« Le voilà ! le voilà ! » hurlait-on de toute part.

Puis il se fit un silence, et la foule cessa d'avancer et fut même refoulée en arrière.

Les deux vieillards, dès lors, ne purent plus faire un pas en avant.

Mais instinctivement, malgré eux, obéissant à une âpre curiosité, ils se dressèrent sur la pointe des pieds et regardèrent.

La charrette des condamnés s'avançait lentement, et un piquet de gendarmerie à cheval lui ouvrait avec peine un passage.

Le condamné était en chemise et pieds nus, avec un voile noir sur la tête.

« Mais qu'a donc fait cet homme ? demanda le vieillard à celui qui lui avait adressé inopinément la parole.

— C'est un officier qui a tenté d'assassiner son général. Selon les uns, c'est un fou ; selon d'autres, un fanatique.

— Son nom ? demanda le vieillard.

— Pétrowitz.

— C'est donc un Russe ?

— Oui. Il avait déserté. Il était même affilié à un complot bonapartiste. »

Le vieillard tressaillit.

L'homme aux ailes de pigeon continua avec complaisance :

« Car vous n'ignorez pas sans doute, monsieur, qu'on a découvert un complot formidable.

— Ah ! dit le vieillard de plus en plus ému.

— Les plus compromis sont des ouvriers des faubourgs, entre autres une femme nommée la mère des compagnons.

— Mon Dieu !

— Une autre, ex-cantinière, nommée la mère Michel, » poursuivit le singulier cicérone.

Le vieillard était d'une pâleur extrême.

Tandis que la foule s'était remise à hurler et à trépigner, l'homme aux ailes de pigeon continua :

« Enfin, il y a parmi eux encore, un ex-colonel de l'usurpateur et une fort belle personne, sa fiancée... mademoiselle de Bernerie.

— Ma fille !

— Votre fille ?

— Oui.

— Qui donc êtes-vous ?

— Je m'appelle le marquis de Bernerie, dit le vieillard d'une voix brisée, et je viens me jeter aux pieds du roi pour obtenir la grâce de mes enfants ; car l'autre aussi est mon fils, » dit-il, faisant allusion à Raoul de Vauxchamps, le fiancé de sa bien-aimée Charlotte.

En ce moment, la charrette arrivait au pied de l'échafaud, et le condamné descendait appuyé sur l'épaule du prêtre.

Le vieillard voulut fermer les yeux et détourner la tête ; mais une force invincible le domina.

Ses yeux demeurèrent ouverts, sa tête tournée vers l'échafaud.

Le condamné monta.

Il monta d'un pas ferme, la tête rejetée en arrière comme un soldat qui ne craint pas la mort.

Quand il fut sur la plate-forme, le bourreau lui arracha son voile noir.

Alors la foule fit entendre une nouvelle clameur, mais pleine de compassion cette fois.

C'était un brave jeune homme, qui avait vingt-cinq ans à peine.

Il promena autour de lui un regard calme et fier, et tressaillant tout à coup, il fit un pas en avant et s'écria :

« Je t'attendais. »

Une femme s'était avancée jusqu'au pied de l'échafaud.

Cette femme était la bohémienne qui avait prédit à Pétrowitz sa mort épouvantable.

Et quand il eut regardé cette femme, Pétrowitz se livra aux exécuteurs.

Alors seulement le grand vieillard ferma les yeux...

Puis un bruit sourd se fit entendre....

Pétrowitz était mort et la prédiction de la bohémienne s'était accomplie.

. . . .

LX

Juliette, la jeune fille qui appelait son père le baron Fenouil-Caradeuc, c'est-à-dire l'infâme Biribi, était en contemplation, un soir, devant une corbeille de mariage remplie de bijoux et de dentelles.

Cependant elle soupirait et il y avait une larme dans ses yeux.

« Non, disait-elle à la vieille Gertrude, je ne pourrai jamais m'habituer à la pensée que je dois être la femme de cet homme, et cela dans huit jours au plus tard, car mon père le veut.

— Il faut obéir à votre père, » dit la servante d'une voix pleine de sourde raillerie et d'amertume.

Juliette soupira plus fort.

« Puisque c'est votre père, ricana encore Gertrude, et que M. de Montrevel est son neveu, par conséquent votre cousin, et qu'il va être fait colonel.

— Comme tu me dis cela !

— C'est bon, dit la vieille servante d'un ton brusque, cela ne me regarde pas, après tout.... et certes, votre père a bien le droit de vous marier comme il l'entend, et puis, j'ai fait un serment.

— Quel serment ?

— Je ne puis le dire. »

Et Gertrude se renferma dans un mutisme absolu.

Mais, en ce moment, un coup de sonnette se fit entendre.

« Voilà votre père qui rentre, » dit Gertrude.

Sa voix avait toujours une inflexion railleuse, quand elle prononçait ces mots : « *Votre père.* »

Elle alla ouvrir et recula un peu étonnée.

Une femme était sur le seuil.

Cette femme, Gertrude l'avait déjà vue, ou plutôt entrevue ; mais où ? mais quand ?

Elle ne pouvait se le rappeler.

« Je désire parler à Mlle Juliette, » dit cette femme.

Et écartant la vieille Gertrude, elle entra et alla droit à Juliette, qui jeta un cri.

« C'est vous, dit-elle, vous qui m'avez enlevée !

— Oui, dit la baronne, car c'était elle. Mais ne craignez rien.... je suis une amie et je suis seule.... »

En même temps elle ferma la porte, ajoutant :

« Je viens vous sauver !

— Me.... sauver ?... dit la jeune fille avec stupeur.

— Vous empêcher d'épouser un misérable !

— Madame ! »

La baronne se tourna vers Gertrude interdite :

« Vous vous nommez Gertrude ? dit-elle.

— Oui.... vous me connaissez donc ?

— Vous êtes née en Sologne ?

— Oui, balbutia la servante.

— Vous étiez la sœur de lait du vrai baron de Fenouil. »

A ces mots, Gertrude poussa un cri à son tour, et fit un pas en arrière.

La baronne continua froidement :

« Vous étiez au château, la nuit où le forçat Germain, le monstre, assassina la jeune baronne de Fenouil-Caradeuc.

— Jésus Dieu ! s'écria Gertrude, comment savez-vous cela ?

— Et où le forçat Duriveau assassina Germain ? continua la baronne impitoyable.

— Seigneur ! exclama Gertrude épouvantée, les morts parlent donc !

— Je ne sais pas, répondit la baronne, mais ce que je sais bien, c'est que depuis tantôt vingt ans vous êtes l'esclave d'un serment d'abord et de votre terreur ensuite.

— Madame.... » balbutia Gertrude.

La baronne continua, en montrant Juliette du doigt.

« Au nom de cette enfant dont le père et la mère ont été assassinés....

— Mon père ! exclama Juliette....

— Au nom du Dieu vivant qui nous voit et nous juge, je vous adjure de parler ! »

Gertrude jeta un cri, le dernier arraché par l'effroi, le premier conseillé par le remords et la crainte si longtemps étouffés.

« Je parlerai, » dit-elle.

Et comme Juliette, pâle et frissonnante, regardait tour à tour cette femme qu'elle ne connaissait pas et cette vieille Gertrude qu'elle ne reconnaissait plus, elle s'écria :

« Mademoiselle, monsieur Biribi n'est pas votre père.

— Ah! dit Juliette, qui se trouva frappée au cœur.

— C'est l'assassin de votre père, » dit-elle encore.

Juliette tomba sur les genoux et joignit les mains.

Alors Gertrude, avec une poésie sauvage, avec une éloquence rugueuse, se mit à retracer cette nuit terrible pendant laquelle le sang avait coulé dans le petit manoir de Sologne.

Et Juliette, éperdue, ployée, anéantie, l'écoutait....

Et quand Gertrude eut fini, elle se releva et s'écria :

« Mais cet homme m'a élevée, cet homme m'a aimée, cet homme m'appelle sa fille!... Oh! vous êtes folles! folles toutes deux...., et je ne vous crois pas!

— Ah! vous ne me croyez pas? fit la baronne en lui prenant vivement la main.

— Non, dit Juliette avec force.

— Eh bien! venez avec moi.

— Où voulez-vous me conduire?

— En un lieu où se trouvent ces deux hommes, dont l'un se dit votre père et l'autre veut devenir votre mari, vous les entendrez et vous ne douterez plus! »

Juliette se sentait dominée par cette femme.

Elle la suivit.

La baronne l'entraîna vers la chambre où Biribi, en rentrant chaque matin au petit jour, reprenait les cheveux gris et la tournure vénérable du vieux baron de Fenouil-Caradeuc.

Puis, soulevant le rideau qui était au fond de l'alcôve, elle mit à découvert la porte secrète.

Et Juliette stupéfaite lui vit mettre une clef dans la serrure et ouvrir cette porte.

Puis la baronne entraîna la jeune fille dans le corridor.

. . . .

Trois personnages étaient réunis dans ce cabinet spacieux où nous avons vu pour la première fois le faux vicomte de Montrevel au début de cette histoire.

Ces trois personnes étaient Biribi, Coqueluche et le chevalier Justin d'Ormignies.

« Ouf! disait Coqueluche en s'essuyant le front et soufflant comme un homme qui a rapidement monté l'escalier, tout est fini, mes bons amis, et la victoire est complète.

— En es-tu bien sûr, au moins, demanda Biribi avec un reste d'inquiétude.

— Jugez-en, mon oncle.

— Voyons? je t'écoute....

— Le roi a commué la peine de mort prononcée contre la mère Michel et mame Toinette, pour la première à la sollicitation du chevalier d'Ormignies ici présent; pour la seconde, en faveur des bons et loyaux services de Jean Michel, son père.

Une seule personne n'a rien pu obtenir, — Mlle de Bernerie.

— Elle a horreur de moi plus que jamais, murmura Justin d'Ormignies, et elle préfère laisser fusiller le colonel de Vauxchamps, plutôt que de m'accorder sa main.

— Voilà ce qui vous trompe, dit Coqueluche en souriant. »

Le chevalier tressaillit.

« Que dites-vous, fit-il.

— Je dis que j'ai vu Mlle de Bernerie ce matin, que

j'ai été éloquent, pathétique, persuasif au dernier point.

— Ah !

— Et que je ne lui ai pas caché que l'exécution du colonel était fixée à demain. Alors, je l'ai vue trembler, pâlir, et elle a fini par se jeter à mes genoux, en me disant :

« Mon ami, sauvez-le ! »

— Car je suis resté son ami, ajouta Coqueluche en souriant, et jamais elle ne me soupçonnera d'avoir noué toute cette intrigue. »

Justin d'Ormignies et le chevalier de Biribi se regardèrent comme doivent se regarder les démons.

Coqueluche continua :

« Enfin, mon cher chevalier, nous avons fait une cote mal taillée, votre cousine et moi.

— Comment cela ?

— Elle consent à vous épouser.

— Bon !

— Elle vous donne toute sa fortune par contrat.

— Parfait !

— Mais à une condition.

— Laquelle ?

— C'est qu'elle se retirera dans un couvent le soir même de son mariage.

— Après tout, dit Justin d'Ormignies après avoir fait une légère grimace, cela m'est égal.

— Voilà donc vos affaires arrangées. Maintenant, passons à celles de mon oncle.

— Voyons ? dit Biribi.

— Le roi accorde à son loyal et fidèle sujet, le vicomte de Montrevel, un brevet de colonel....

— Mais c'est de tes affaires et non des miennes que tu parles, interrompit Biribi.

— Attends, mon oncle.

— J'écoute.

— En outre, reprit Coqueluche, le roi dote la fiancée dudit vicomte.

— Fort bien.

— Il donne la pairie au beau-père.

— Mais c'est moi le beau-père?

— Naturellement; et la croix de Saint-Louis, objet de sa légitime ambition. »

Sur ces mots Coqueluche se mit à rire :

« Hein? mon oncle, dit-il d'un ton railleur, qu'en dirait le sieur Duriveau, s'il était de ce monde?

— Mais, reprit Biribi en riant, il en est encore et se porte à merveille.

— Soit, mais tu feras bien de brûler certain manuscrit...

— J'y songe. »

Le chevalier Justin d'Ormignies les regardait avec étonnement.

« Ceci, dit Biribi, est une affaire entre nous.

— Et Quille-en-Bois, et Jean le manchot? demanda Biribi.

— Oh! ceux-là, personne n'ayant demandé leur grâce, ils seront fusillés.

— Quand?

— Demain matin.

— Silence! exclama Biribi.

— Quoi donc, mon oncle?

Biribi s'était levé avec effroi.

« Mais qu'y a-t-il donc?

— Hé.... tout à l'heure.... »

Et il indiquait la porte.

« Eh bien?

— Il m'a semblé entendre du bruit. »

La porte était fermée. Coqueluche courut et l'ouvrit. Mais soudain il recula pâle, les cheveux hérissés. Un commissaire de police et plusieurs agents entraient en ce moment dans le cabinet.

Le commissaire ceint de son écharpe s'adressa à Justin d'Ormignies :

« Monsieur le chevalier, dit-il, je suppose que vous ne connaissez pas les gens en compagnie de qui vous êtes.

— Monsieur ! exclama Biribi.

— Prenez garde ! cria Coqueluche d'un ton menaçant.

— Ce sont deux repris de justice contre lesquels j'ai un mandat de dépôt.

— Celui-ci, — et il désigna Biribi, — est un assassin du nom de Duriveau.

Celui-là est un voleur affublé d'un faux titre, et dont le vrai nom est Coqueluche. »

Le chevalier était devenu livide et ne trouvait pas un mot à répondre.

En ce moment, on entendit un cri étouffé dans le corridor.

C'était Juliette qui tombait évanouie dans les bras de la baronne.

Et la baronne, se montrant à son tour sur le seuil, dit à Biribi d'une voix railleuse :

« Je me venge !

— Les morts reviennent donc ? s'écria le forçat ivre de rage.

— Non, mais Dieu délivre ceux que tu as condamnés à mourir. »

Le commissaire se tourna vers les agents :

« Emparez-vous de ces misérables ! dit-il. »

LXI

On avait réuni les condamnés.

Ils étaient cinq, à savoir : la mère Michel, mame Toinette, Jean le manchot, Quille-en-Bois et le colonel Raoul de Vauxchamps.

Depuis leur condamnation ils avaient été séparés, ignorant les uns les autres leur sort respectif.

Ils étaient condamnés à mort, — voilà tout ce qu'ils savaient.

Il y avait vingt et un jours que l'arrêt avait été prononcé.

Pendant ces vingt et un jours, on avait permis à Mlle de Bernerie de voir M. de Vauxchamps, une heure chaque soir, en présence d'un officier de police.

Charlotte était allée se jeter aux pieds du roi, — le roi avait été inflexible.

Et cependant l'arrêt rendu ne recevait pas son exécution.

Et chaque soir, Charlotte revenait et disait à Raoul : « Espérons encore ! »

Raoul ne savait pas qu'on avait mis sa vie au prix de la perte de sa fiancée.

Enfin, le vingt-unième jour, comme la nuit approchait et que le dernier rayon de jour qui pénétrait dans son cachot par un soupirail s'était éteint, Raoul vit sa porte s'ouvrir, et son cœur battit.

Il crut que c'était Charlotte.

Mais il vit apparaître le directeur de la prison qui lui dit :

« Monsieur, vous devez vous apprêter à mourir. Cependant le roi a voulu que vous puissiez dire un dernier adieu à vos complices. »

On avait dit la même chose aux autres, et c'était pour cela qu'ils étaient réunis.

Ils avaient soupé en commun ; ils devaient passer leur dernière nuit ensemble.

Quille-en-Bois, le rude soldat, pleurait et disait :

« Ah ! si je pouvais revoir Suzanne !

— Et Saturnin, murmurait mame Toinette.

— Non, murmurait Jean le manchot, je veux bien qu'on nous fusille, nous qui sommes des hommes : mais je ne puis pas m'imaginer qu'on fusille deux femmes.

— Pourquoi donc pas ? disait fièrement la mère Michel ; est-ce qu'une cantinière de la vieille garde a peur de la mort ? »

Raoul pensait tout bas :

« Ils n'auront pas voulu laisser Charlotte me dire un dernier adieu. O Charlotte ! mon dernier soupir sera pour toi…. »

Et la nuit s'écoulait, et les premiers rayons de l'aube commençaient à pénétrer par les vieilles croisées grillées de la Conciergerie.

« On nous fusillera au petit jour, disait Jean le manchot.

— C'est égal, je crierai joliment vive l'Empereur ! avant de mourir.

— Et moi, donc ! fit Quille-en-Bois.

— Du calme, mes amis, disait Raoul. Il faut attendre la mort avec plus de dignité.

— Ah ! si je pouvais voir une dernière fois mon pauvre enfant, murmura la mère Michel. Mais qu'en ont-ils fait? qu'est-il devenu? Peut-être bien qu'ils me l'enverront dans une maison de correction avec des voleurs et des mendiants.

« Charlotte en prendra soin, dit Raoul. »

Des pas mesurés et lourds, puis un bruit de crosses de fusil heurtant les dalles des corridors, retentirent à à la porte.

« Voilà le moment, dit Jean le manchot. »

La porte s'ouvrit et le greffier de la prison entra.

« Je viens annoncer à trois de vous une commutation de peine, » dit-il.

Et comme tous faisaient silence, le greffier continua :

Le roi daigne commuer la peine de mort en un bannissement perpétuel pour la femme Michel, la femme Antoinette, dite la mère des Compagnons, et.... Raoul de Vauxchamps.

Raoul jeta un cri :

« Non, dit-il je veux mourir avec ces braves gens.

— Laissez donc, mon colonel, dit Quille-en-Bois, nous sommes vieux, nous autres, tandis que vous.... »

Il n'acheva pas, la porte s'ouvrit de nouveau....

On vit alors apparaître un vieillard presque centenaire, mais qui marchait droit et ferme comme un jeune homme et sur le bras duquel s'appuyait une jeune femme.

« Vous vous trompez, monsieur le greffier, dit Charlotte de Bernerie. Le roi fait à tous grâce pleine et entière. »

Les condamnés jetèrent un cri.

« Oh! dit Charlotte en se précipitant dans les bras de Raoul, je n'ai pas perdu de temps, va! j'ai vu le roi, je l'ai convaincu de ton innocence, et rien ne nous séparera plus désormais. »

Puis, elle conduisit Raoul auprès du vieillard qui n'était autre que le vieux marquis de Bernerie :

« Mon père, dit-elle, bénissez vos enfants. »

. . . .

Un mois après, jour pour jour, dans la petite église de Pignes, on célébrait un triple mariage.

M. le colonel Raoul de Vauxchamps épousait Mlle de Bernerie.

Un homme déjà vieux, mais dont le visage beau encore ne portait plus aucune trace de folie, Martial, le fou de Fontenelle, donnait la main à mame Toinette, la mère des compagnons.

Enfin un grand coupable réparait son crime.

C'était le chevalier Justin d'Ormignies.

Le roi n'avait consenti à lui conserver son grade dans la nouvelle garde, qu'à la condition expresse qu'il rendrait l'honneur à la malheureuse Suzanne.

Tout le faubourg assistait à la bénédiction nuptiale.

Quand Charlotte sortit de l'église, donnant le bras à son époux, elle vit une femme agenouillée auprès d'un pilier et portant l'habit austère des sœurs grises.

C'était la pécheresse repentie, celle qu'on avait appelée la baronne.

Auprès d'elle, une jeune fille vêtue de noir, pleurait et priait.

C'était l'orpheline, la pauvre Juliette qui demandait à Dieu sa miséricorde pour le forçat Duriveau, l'assassin de ses parents.

Charlotte la prit dans ses bras et lui dit :

« Venez ! je serai votre sœur. »

. . . .

Le même jour, à quatre heures précises, la tête de Biribi tombait sur la place de Grève et Coqueluche partait pour le bagne de Brest.

Quant à la mère Michel, elle s'était embarquée la veille à Toulon, pour Porto Ferrajo. Elle allait à l'île d'Elbe rejoindre l'Empereur, et nous la retrouverons un jour, peut-être, sur le dernier champ de bataille de cette épopée sans exemple dans l'histoire, qu'on appelle le premier Empire.

FIN.

9048 — IMPRIMERIE GÉNÉRALE DE CH. LAHURE
Rue de Fleurus, 9, à Paris.

Librairie de L. HACHETTE et Cie, boulevard Saint-Germain, n° 77, à Paris.

BIBLIOTHÈQUE ROSE ILLUSTRÉE

NOUVELLE SÉRIE
A L'USAGE DES JEUNES GENS ET DES JEUNES FILLES
de 14 à 18 ans

A 2 FRANCS LE VOLUME, FORMAT IN-18 JÉSUS

La reliure en percaline, tranches jaspées, se paye en sus 75 centimes;
avec tranches dorées, 1 franc.

« Si vous n'aimez pas les solides lectures, écrivait Mme de Sévigné à Pauline de Grignan, votre esprit aura toujours les pâles couleurs. » Ce conseil nous a vivement frappés, et le succès de la *Bibliothèque rose*, que nous publions pour les enfants de cinq à quatorze ans, nous a donné la pensée de ne pas abandonner notre jeune public, lorsque le choix des lectures devient plus difficile et plus sérieux.

Nous commençons donc aujourd'hui une troisième série spécialement destinée aux adolescents de quatorze à dix-huit ans, de l'un et de l'autre sexe.

Nous nous proposons de donner, dans cette troisième série, une large place aux chefs-d'œuvre de l'esprit humain, aux voyages et à l'histoire.

Des chefs-d'œuvre de l'esprit humain nous ne prendrons que ce qu'ils contiennent d'irréprochable pour la morale et pour le goût; des résumés remplaceront les passages omis. Nous nous attacherons surtout à reproduire les épisodes célèbres, auxquels la pensée est incessamment ramenée par les poëtes, les sculpteurs, les peintres de toutes les époques et de tous les pays qui y ont puisé tant d'inspirations. — Déjà nous avons publié l'*Iliade* et l'*Odyssée*, *Don Quichotte*, *Gil Blas*, les *OEuvres choisies* de Bernardin de Saint-Pierre et de Xavier de Maistre. — Nous mettons sous presse un *Virgile* et un choix de *Molière*. Dix autres volumes sont en préparation.

La Sibérie, par M. de Lanoye, *la Vie chez les Indiens*, par M. Catlin, *Pompéi*, par M. Marc-Monnier, ont inauguré les voyages.

Enfin, M. Feillet, dont l'Institut a récompensé un travail considérable sur notre histoire nationale, *La misère au temps de la Fronde et saint Vincent de Paul*, s'est chargé de diriger, pour cette troisième série, une collection des *grands Mémoires de l'Histoire de France*, abrégés à l'usage de la jeunesse.

Notre époque est le siècle de l'histoire étudiée dans les documents originaux : une ardente curiosité entraîne tout le monde vers les récits de ces écrivains qui, dans le langage de nos pères, font pour nous, à de grandes distances, revivre les passions et les événements; œuvre vivante qui attache et émeut bien plus fortement que l'histoire, résumée ou écrite par un historien postérieur.

Nous n'avons pas besoin de dire que sans altérer le texte des écrivains, M. Feillet, qui a fait comme directeur de l'un des cours les plus importants de Paris pour l'éducation des jeunes filles, ses preuves de tact et de goût, supprime soigneusement toutes les pages scandaleuses ou même libres de ces confessions quelquefois effrontées. Retranchant également les détails inutiles ou les considérations trop graves, il ne laisse que ce qui peut intéresser son jeune public, et l'habituer peu à peu à des lectures élevées, le nourrir de ce que les anciens nomment si bien « la moelle » des livres.

De courtes notes historiques et critiques éclaireront les passages difficiles et enseigneront les mérites principaux de ces œuvres où, de l'aveu même des étrangers, la France ne compte pas de rivale.

Les illustrations qui orneront ces mémoires seront empruntées à des documents authentiques que M. Feillet recherche avec soin dans les manuscrits et miniatures de l'époque, dans le cabinet des estampes ou des médailles de la Bibliothèque impériale, dans les collections du Louvre, et dans tous nos musées.

Déjà ont paru les *Mémoires du cardinal de Retz* ornés de trente-cinq vignettes; l'*Histoire du chevalier Bayard sans peur et sans reproche* par le loyal serviteur est sous presse. Nous comptons publier successivement : *Épisodes et portraits* extraits des *Chroniques* de Froissart, *Mémoires de Saint-Simon*, etc.

Puisse cette collection, avec notre *Bibliothèque des merveilles*, contribuer à donner à la jeunesse « ces habitudes de curiosité élevée qui sont le charme de la vie et qu'on trouve toujours le temps d'entretenir, quand on en a de bonne heure contracté le goût. »

NOUVELLE SÉRIE DE LA BIBLIOTHÈQUE ROSE

A L'USAGE DES JEUNES GENS ET DES JEUNES FILLES DE 14 A 18 ANS

OUVRAGES DÉJA PUBLIÉS :

Bernardin de Saint-Pierre : *OEuvres choisies.* 1 vol. (20 vignettes.)
Catlin : *La Vie chez les Indiens.* 1 vol. (20 vignettes.)
Cervantès : *Histoire de l'admirable don Quichotte de la Manche,* édition à l'usage des enfants. 1 vol. (54 vignettes.)
Hervé et de Lanoye : *Voyage dans les glaces du pôle arctique.* 1 vol. (40 vignettes.)
Homère : *L'Iliade et l'Odyssée,* traduites et abrégées par P. Giguet, 1 vol. (33 vignettes.)
Lanoye (Ferd. de) : *Les grandes scènes de la nature.* 1 vol. avec de nombreuses vignettes.
— *La mer polaire,* voyage de *l'Érèbe et de la Terreur,* et expédition à la recherche de Franklin. 1 vol. (26 vignettes.)
— *La Sibérie.* 1 vol. (40 vignettes.)
— *Ramsès le Grand, ou l'Égypte il y a 3300 ans.* 1 vol. (40 vignettes.)
Le Sage : *Aventures de Gil Blas,* édition destinée à l'adolescence. 1 vol. (42 vignettes.)
Mac Intosch (Miss) : *Contes américains.* 2 vol. (120 vignettes.)
Chaque volume se vend séparément.
Maistre (Xavier de) : *OEuvres choisies.* 1 vol. (20 vignettes.)
Marc-Monnier : *Pompéi et les Pompéiens.* 1 vol. (20 vignettes.)
Retz (cardinal de) : *Mémoires* abrégés par Alphonse Feillet. 1 vol. (30 vignettes.)

OUVRAGES SOUS PRESSE :

Molière : *OEuvres choisies.* 2 vol. (20 vignettes.)
Virgile : *OEuvres.* 1 vol. (20 vignettes.)
Bayard : *Histoire du chevalier Bayard par le loyal serviteur.* 1 vol. (80 vignettes.)

OUVRAGES EN PRÉPARATION :

Froissart : *Épisodes et portraits.* 1 volume.
Saint-Simon : *Extraits des Mémoires.* 1 volume.
Plutarque : *Les Grecs illustres.* 1 volume.
— *Les Romains illustres.* 1 volume.
Lanoye (Ferd. de) : *Le Nil et ses sources.*

Imprimerie générale de Ch. Lahure, rue de Fleurus, 9, à Paris.

www.ingramcontent.com/pod-product-compliance
Lightning Source LLC
Chambersburg PA
CBHW052135230426
43671CB00009B/1256